Poesia para quê?

FUNDAÇÃO EDITORA DA UNESP

Presidente do Conselho Curador
Mário Sérgio Vasconcelos

Diretor-Presidente
Jézio Hernani Bomfim Gutierre

Superintendente Administrativo e Financeiro
William de Souza Agostinho

Conselho Editorial Acadêmico
Danilo Rothberg
João Luís Cardoso Tápias Ceccantini
Luiz Fernando Ayerbe
Marcelo Takeshi Yamashita
Maria Cristina Pereira Lima
Milton Terumitsu Sogabe
Newton La Scala Júnior
Pedro Angelo Pagni
Renata Junqueira de Souza
Rosa Maria Feiteiro Cavalari

Editores-Adjuntos
Anderson Nobara
Leandro Rodrigues

CARLOS FELIPE MOISÉS

Poesia para quê?
A função social da poesia e do poeta

© 2019 Editora Unesp

Direitos de publicação reservados à:

Fundação Editora da Unesp (FEU)
Praça da Sé, 108
01001-900 – São Paulo – SP
Tel.: (0xx11) 3242-7171
Fax: (0xx11) 3242-7172
www.editoraunesp.com.br
www.livrariaunesp.com.br
feu@editora.unesp.br

Dados Internacionais de Catalogação na Publicação (CIP)
de acordo com ISBD
Elaborado por Vagner Rodolfo da Silva – CRB-8/9410

M714p

Moisés, Carlos Felipe, 1942-2017
 Poesia para quê? A função social da poesia e do poeta / Carlos Felipe Moisés. – São Paulo: Editora Unesp, 2019.

 Inclui bibliografia.
 ISBN: 978-85-393-0792-0

 1. Literatura. 2. Poesia. 3. História da literatura. 4. Literatura e sociedade. 5. Poeta. 6. Moisés, Carlos Felipe. I. Título.

2019-479 CDD 808.81
CDU 801.67

Editora afiliada:

Poesia é o arado que revolve o tempo, para que suas fundas camadas, solo negro, cheguem à superfície. Há épocas, porém, em que a humanidade, insatisfeita com o presente, sonha com camadas ainda mais fundas e anseia, como o lavrador, pelo solo virgem do Tempo.

OSSIP MANDELSTA

Sumário

Nota preliminar . *9*

A poesia ensina a ver . *13*

Make it new . *43*

Pelos olhos e pelos ouvidos . *75*

Da praça pública à mansarda . *97*

Palavra × imagem . *123*

Verso livre ou O anfíbio alado . *137*

Poema em prosa . *167*

O mito da inspiração . *183*

A questão do valor . *205*

Poesia e ortografia . *219*

A hora da poesia . *245*

A verdadeira vida . 275

Referências bibliográficas . 289

Nota preliminar

Os ensaios aqui reunidos, escritos em épocas diferentes e com variados propósitos, de início sem a intenção de que viessem a formar um livro, giram em torno de uma só pergunta básica, quanto ao papel social da poesia e do poeta. Esboçada a ideia da reunião, e à medida que o volume ganhava corpo, tratei de ir chamando a atenção para esse núcleo interrogativo comum, constantemente retomado, a fim de dar relevo à unidade mínima que todo livro, em princípio, requer. Assim, pensei, o conjunto resultante poderá ser lido como tal, isto é, como *livro* propriamente dito, formado de capítulos amarrados uns aos outros, e não como a reunião arbitrária de ensaios avulsos. No entanto (paradoxo?), cada capítulo ainda pode ser lido isoladamente, na ordem de preferência do leitor, não obstante a sequência e as remissões internas. Assim como a pluralidade de enfoques e tratamentos não compromete a unidade que os irmana a todos, essa mesma unidade é suficientemente flexível, para não limitar nem restringir a diversidade de visões subjacente a cada ensaio.

O primeiro deles, "A poesia ensina a ver", sem tirar os olhos da realidade contemporânea, reflete sobre as razões que teriam levado Platão a expulsar o poeta da sua *República*. Embora a ideia perpasse todo o volume, é esmiuçada, com intuito mais abrangente, no capítulo derradeiro. O segundo, "Make it new", recua um pouco mais no tempo e, com o mesmo olhar, posto simultaneamente no passado e no presente, dirige a Confúcio, aos pré-socráticos e à tradição que daí se origina uma interrogação mais abrangente, acerca do lugar ocupado pelo homem no mundo. Daí por diante, vão-se desdobrando os temas e atalhos subsidiários.

"Pelos olhos e pelos ouvidos" investiga os modos de circulação e de percepção da poesia; "Da praça pública à mansarda" discorre sobre o predomínio do lirismo, a crise do individualismo e o isolamento do poeta no mundo moderno; "Palavra x imagem" analisa o antigo aforismo horaciano segundo o qual a poesia é como a pintura; "Verso livre" e "Poema em prosa" lidam com a controvertida questão da métrica e das formas fixas, passo necessário para que se discutam, nos capítulos seguintes, o mito da "inspiração" e as relações entre poesia e crítica; "Poesia e ortografia" detém a atenção nas ameaças que pesam sobre a poesia, no mundo atual; o penúltimo, "A hora da poesia", discorre sobre as implicações da ideia de poesia como "ofício", para retomar a questão-chave (para que serve a poesia?) à luz da resposta pragmática, hoje dominante, segundo a qual poesia não serve para nada, é só um passatempo inútil, quer isto ecoe, 2.400 anos depois, os temores aventados por Platão, quer se prenda às prerrogativas mais avançadas e "realistas" da sociedade em que vivemos.

Se assim o preferir, o leitor poderá ficar com esse juízo taxativo, como poderá aderir ao ceticismo que se desenrola nos capítulos anteriores, e prossegue, à procura de outras respostas, ou ao menos outras maneiras de formular a pergunta. O capítulo final rende tributo a esse ceticismo.

Entre as primeiras tentativas, anos atrás, e este livro, tive a oportunidade de ensaiar outras possíveis respostas à pergunta-chave: afinal, para que serve a poesia? Foram vários trabalhos avulsos, empenhados em ampliar o horizonte da indagação, e só agora me dou conta: ao mesmo tempo que é ponto de chegada, síntese do que vinha tentando formular desde muito antes, este *Poesia para quê?* contém ainda um bom feixe de dúvidas e perplexidades, a pedir desdobramentos cujo termo eu não seria capaz de divisar.

O estímulo que me levou a pensar neste livro foi a constatação do surpreendente interesse que o homem contemporâneo dedica à poesia, um interesse que só tem feito crescer, ano após ano — boa razão, talvez, para insistir na indagação. Meu ponto de partida foi a utópica *República* platônica, a sociedade ideal, em que não haveria lugar para o poeta. Mas o ideal não se cumpriu. A Verdade e a Justiça sonhadas por Sócrates e convivas é que foram banidas da sociedade. O poeta não arredou pé e aí está, até hoje, incitando-nos a prosseguir. Quanto mais certeza tivermos de que só nos resta a Utopia, mais a Poesia insistirá em alimentar o espírito que nos move.

Agradecimentos especiais vão para João de Jesus Paes Loureiro, idealizador do Instituto de Artes do Pará, pela oportunidade que me proporcionou de dirigir ali, em abril de 2002, um seminário subordinado ao tema "Poesia: cognição e imaginação", ocasião em que puderam ganhar corpo as primeiras reflexões aqui desenvolvidas. Vão também para Álvaro Cardoso Gomes, editor da revista *Tempo & Memória*, cujas páginas abrigaram dois dos capítulos que integram o volume. E para

Maria Irene Ramalho de Sousa Santos, responsável pelo Grupo de Estudos Anglo-Germânicos da Universidade de Coimbra, pelo convite para participar, em maio de 2004, do V Encontro Internacional de Poetas, em Coimbra, oportunidade rara de experiência e convívio em poesia, de cujos ricos estímulos este livro muito se beneficiou.

Agradecimentos vão, ainda, para os amigos, poetas e pesquisadores Tarso de Melo, Reynaldo Damazio, Glauco Mattoso, Paulo Franchetti, Abrahão Costa Andrade, Edson Cruz, Wladyr Nader, Luiz Roberto Guedes, Victor Del Franco, Rodrigo de Souza Leão e Cláudio Daniel, a cujas instigações e desafios este livro muito deve.

A poesia ensina a ver

Para que serve a poesia?

Neste nosso tempo de globalização neoliberal, ciosamente empenhado em tecnologia de ponta, qualidade total, produtividade e eficiência máximas, a poesia surpreendentemente continua a ser praticada e consumida em moldes e em escala nada inferiores aos dos períodos precedentes. Anacronismo, diria Auguste Comte, mero resíduo de um estágio civilizacional tecnicamente superado, e a referência ao autor do *Curso de filosofia positiva* prende-se ao fato de que o positivismo, há muito declarado morto, tem insistido em ressuscitar, na mente das pessoas que, a despeito de todas as provas em contrário, mantêm a sua fé inabalável na ciência... positiva. Apesar disso, ou justamente por isso, e enquanto não se dá a superação total, a poesia segue tendo abrigo nos currículos escolares de todos os níveis; eventos dedicados ao antigo gênero literário ocorrem em grande número, desde congressos e simpósios promovidos por especialistas até encontros e festivais frequentados pelo público em geral; oficinas de criação literária, em grande parte consagradas à poesia, atraem um número considerável de participantes; concursos e prêmios dedicados ao gênero, muitos com regularidade de agenda, atraem milhares de concorrentes; os editores relutam, mas os pequenos e os independentes continuam a engrossar o acervo de títulos disponíveis, e o número de novos poetas cresce espantosamente a cada ano – ou a cada dia, se pensarmos na internet; os meios de comunicação convencionais também relutam, mas não têm deixado de dedicar algum espaço à poesia; por fim, em julho de 2014, a www registra 21.000.000 (isso mesmo, 21 milhões!) de ocorrências para "Poesia".[1]

É preciso não esquecer que esse é tão só o número de vezes em que a palavra "Poesia" aparece na rede, onde quer que seja e qualquer que seja o propósito. Ou a falta de... Convém admitir que metade não deve passar de ruído descartável. Metade? Devo estar sendo benevolente. É mais provável que a quantidade de ruído inútil vá muito além. Digamos que não se aproveite mais que 1%, isto é, 210 mil registros válidos para "Poesia". Ainda assim, não é uma cifra descomunal? Seja como for, a julgar pelos indícios atrás enumerados, a velha arte de Homero e Virgílio continua, no terceiro milênio, a ter presença marcante na vida de grande número de pessoas.

Das mais primitivas e rudimentares formas de manifestação cultural (voz, palavra, não mais), a atividade poética tem evoluído ao longo do tempo, adaptando-se às circunstâncias, mas parece conservar ainda hoje muito do impulso de origem:

---

1 A cifra colhida dez anos antes, na mesma fonte, o Google, quando do primeiro esboço deste ensaio, era bem mais modesta: 2,34 milhões, e a progressão tem sido constante.

Poesia para quê?

presença e representação, por meio da palavra, de uma voz humana quase sempre individual, por vezes coletiva ou anônima, que para sobreviver ou até para existir precisa encontrar ouvidos humanos que a propaguem e multipliquem, integrando-a ao cotidiano da vida comum. (No terceiro capítulo cuidaremos mais de perto dessa questão.) Não é surpreendente que algo tão primitivo resista ao pragmatismo dominante e ao império da alta tecnologia? Como explicá-lo?

Que papel representa para nós, hoje, essa milenar atividade que continuamos a chamar de "poesia"? Que espécie de realidade entrevemos ou julgamos entrever num poema quando dele nos acercamos para ouvir a voz do poeta? Que relações mantêm entre si a realidade "poética" e a "outra", esta a que todos estamos presos, antes e depois, ou para aquém e para além do nosso contato com a poesia?

Tais são, em sua formulação mais singela, as questões que pretendemos investigar. Por várias razões, entre as quais não conta pouco a mescla de cautela e ceticismo que deve mover todo empenho ensaístico, proponho que nossa atenção se concentre, o mais demoradamente possível, nas perguntas atrás apenas esboçadas, para só então arriscarmos uma possível resposta. O único propósito que nos move é o misto de curiosidade e perplexidade sugerido na abertura. Por isso convém insistir na reiterada ruminação da dúvida, sem pressa de chegar a qualquer resultado. Nesta nossa era de urgência global, que não tem tempo a perder e incita-nos à corrida desenfreada no encalço de mais produção, mais qualidade e mais eficiência (ou seria eficácia?), proponho que nosso esforço adote de modo deliberado o ritmo contrário, o ritmo pausado e moroso de quem não tem convicções definidas a respeito do que seja "ganhar" ou "perder" em matéria de tempo; o ritmo, em suma, de quem dispusesse de todo o tempo do mundo para dedicá-lo à questão da surpreendente sobrevida da poesia.

Admitamos, de início, que não estamos no encalço de uma *teoria*. Pretendemos tão só especular em torno das implicações de uma *prática*, seja a prática dos indivíduos poetas, que insistem em seguir produzindo seus artefatos chamados poemas, seja a prática da leitura desses mesmos artefatos, atividade a que ainda hoje tantos outros indivíduos se dedicam, regular ou esporadicamente. Admitido isso, não soará estranho aceitar que nossa indagação prioritária não seja "O que é poesia?", ao menos não enquanto ponto de partida. Não tencionamos adotar como meta, ou método, a fixação de uma base teórica sobre a qual erguer ou a partir da qual inferir um bem construído edifício. À margem dessa, nossa indagação poderá ser "Para que serve a poesia?" ou "Que uso tem sido feito e que uso fazemos nós da poesia?".

Isso nos levará a lidar não com bases seguras e firmes, mas apenas com os tijolos possíveis de um edifício virtual, que por esse caminho, claro está, dificilmente chegaremos a construir. Mas não importa. Se o esforço for bem-sucedido, viremos a saber que materiais podem formar a eventual concretização dessa virtualidade. Talvez seja o caso de supor que a poesia só é o que é, embora esta questão não nos preocupe, justamente por estar, há séculos, em permanente construção. Proponho, em suma, que não nos mova o propósito do cientista *profissional*, quaisquer que sejam a sua ciência, a sua ambição e a sua "política de resultados"; proponho que nos mova o anacrônico propósito do *amador* de poesia, aquele que não tem pressa e encara com boa dose de ceticismo a qualidade dos resultados possíveis.

Poesia para quê?

Ver pela primeira vez

Podemos então começar por afirmar, sem maiores compromissos, apenas para averiguar como se porta a afirmação e que ilações podem ser extraídas daí: *a poesia nos ensina a ver como se víssemos pela primeira vez*. Não é uma definição, não é sequer um conceito. A proposição não aponta para a natureza intrínseca do objeto que almejamos apreender, mas para seus efeitos. A hipótese de que a poesia nos ensina a ver, ainda que a provássemos verdadeira, não nos levaria a saber o que a poesia é, já que responde apenas à pergunta subsidiária "Para que *serve* a poesia?": serve ou serviria para ensinar a ver etc. Não obstante, penso que pode ser um bom ponto de partida, desde que sejamos capazes de desmembrar a afirmação em partes, para em seguida relacioná-las, e desvendar-lhe os subentendidos.

Se a poesia *ensina*, isso a torna, de saída, parceira ou coadjuvante da Pedagogia, mas não a iguala a esta última. Se ambas ensinam, a primeira deverá incumbir-se de uma espécie de ensino vedado à (ou negligenciado pela) segunda. Digamos que uma e outra igualmente ensinem, e ensinem a ver — plataforma comum, que torna plausível a aproximação. Ver o quê? Informações, conteúdos ou, como passou a ser hábito dizer, entre nós, no plural: "conhecimentos". Mas antes de prosseguirmos convém esclarecer: o que entendemos aqui por "Pedagogia" é a atividade que, antes de gerar algum conhecimento próprio, específico, empenha-se na manutenção e na propagação de todo conhecimento gerado por outras atividades cognoscentes. Nesse sentido, a Pedagogia não seria prioritariamente uma ciência, mas apenas um método ou uma instância que se responsabiliza pelos padrões necessários ao bom ensino das ciências propriamente ditas, ou da miríade de disciplinas ou ramos que formam a grande árvore do saber. Relativamente a cada um desses ramos, a Pedagogia, alicerçada nos melhores preceitos técnicos, ensina a *ver* o conhecimento ou a ciência adstrita a esse mesmo ramo. A exemplo da Pedagogia, a poesia, que igualmente não é uma ciência, também ensina a ver, mas a ver o quê? Nada específico, nada adstrito a nenhum ramo do saber. A poesia, a bem dizer, não ensina a ver nada; ou então, o que daria no mesmo, ensina a ver tudo. O que a poesia ensina é apenas um *modo de ver*. A coisa vista, ou por ver, ficará a cargo de quem lê. Digamos que a ensinança poética está mais interessada no *processo* da aprendizagem do que na ampla variedade de seus resultados.

Nossa indagação vai ganhando corpo, sem pressa, num andamento que neste ponto sou forçado a tornar mais moroso ainda, para que firmemos posição em torno da questão terminológica. Como o foco da Pedagogia não provém de nenhuma ciência específica, mas do conhecimento forjado pelas ciências em sentido estrito, decorre que o pedagogo terá sempre à sua disposição a terminologia específica de cada uma dessas ciências, da qual deverá lançar mão, se quiser garantir o bom êxito do seu propósito de ensinar a ver. Se, de modo jactancioso, a Pedagogia pretender erigir-se em ciência autônoma, decerto acabará por engendrar uma terminologia própria, excêntrica e abstrusa, mas já não estará apta a ensinar seja o que for. A poesia, por sua vez, como não possui *objeto* específico, e se detém no modo de ver, sem avançar na direção da coisa vista, não tem como dispor de nenhuma terminologia, própria ou alheia, a não ser que incorra na mesma jactância. Por isso, ao discorrerem sobre o tema "poesia", as palavras pululam à nossa frente, em alegre desordem, podendo adquirir sentidos variados e contra-

Poesia para quê?

ditórios. Não por outra razão, tornou-se hábito, nos esforços que almejam um mínimo de objetividade nessa área, definir preliminarmente uma "linha de abordagem", sempre unilateral, da qual se desentranha determinado repertório vocabular, via de regra utilizado com o recurso constante a ressalvas do tipo "de acordo com", "segundo", "na acepção de", às quais se segue a nomeação da autoridade ou da subdisciplina de maior prestígio no momento. Tal procedimento não raro resulta em inócuos exercícios de obscurantismo, como se "terminologia própria" fosse sinônimo de jargão esdrúxulo e incompreensível, disfarce de dogmatismo acovardado, que só faz aumentar a desordem – privando-a, o que é pior, da alegria natural.

Para preveni-lo, nada melhor do que aceitá-lo com clareza e insistir: para lidar com poesia, não dispomos de uma terminologia própria. Não que a desprezemos, na verdade pugnamos por chegar a esse estágio, mas não temos uma *ciência* da poesia, em sentido estrito.[2] No entanto, o reconhecimento desse fato não libera nem aprova a desordem generalizada do tipo cada-qual-use-a-terminologia-que-bem-entender. Não temos um objeto bem definido, temos vários; não temos um método comprovada e universalmente eficaz, temos muitos; mas isso não nos deve induzir à anarquia ou ao império do subjetivismo. Deve, isto sim, estimular-nos a um esforço de rigor ainda maior, para além do pseudoesforço de adotar uma das várias terminologias ou "teorias" disponíveis no estoque de plantão e aplicá-la mecanicamente.

---

2 O antigo *Science et poésie* (Servien, 1947) é um precioso exercício nesse rumo, assim como o ainda mais antigo *Science and Poetry* (1926), posteriormente reeditado, com acréscimos e novo título, *Poetries and Sciences* (Richards, 1970).

Assim, tal como procedemos em relação ao termo "Pedagogia" (sei bem da margem de arbitrariedade aí envolvida, mas isso não nos deve incomodar para além do razoável), convém esclarecer, também: "ver", na afirmação tomada como ponto de partida, e nos comentários subsequentes, vai aqui empregado como equivalente de "conhecer" ou "compreender". Podemos então refazer a proposição anterior e avançar um pouco: tanto o poeta quanto o pedagogo ensinam a conhecer ou a compreender. O primeiro, como não detém o *conhecimento* de nenhum objeto específico, atém-se ao *ato* que pode conduzir à apreensão de objetos em geral; o segundo, por se definir em razão do conhecimento especializado que detém, em cada disciplina ou ramo da ciência a que se dedicar, concentra-se em ensinar esse mesmo conhecimento. Mas a moderna e jactanciosa ciência pedagógica (qualquer principiante o sabe) garante que ensinar não é transmitir conhecimentos, mas, sim, desenvolver habilidades e competências. Quererá isso dizer que nosso esforço terá sido em vão e que ensinança poética e ensinança *tout court* resultam, afinal, em ser a mesma coisa? A Pedagogia, adequadamente entendida como usina em que se forjam habilidades e competências, não cumprirá com o papel ensinante que vínhamos tentando adjudicar à poesia? Talvez sim, talvez não.

"Ensinar não é transmitir conhecimentos, mas desenvolver competências e habilidades" (e seu corolário: "Aprender não é adquirir conhecimentos, mas...") — tal é a *lição* que todo pedagogo, hoje, sabe de cor e endossa sem hesitar. Todavia, ponderemos. Essa lição constitui, de qualquer modo, *um conhecimento*, que corre sempre o risco de ser meramente transmitido como pacote fechado, sem que para isso nenhuma habilidade ou competência se desenvolva, seja da parte de quem ensina, seja

Poesia para quê?

da parte de quem aprende. Por outro lado, desenvolver competências e habilidades para quê, senão para que conhecimentos sejam *adequadamente* transmitidos e adquiridos? Não será por outro motivo que professores de todos os graus, em início de carreira, queixam-se sistematicamente, e não por falsa modéstia, de que não sabem ensinar, não obstante conheçam de cor a sábia e inquestionável lição. Assim, a despeito de ambas partilharem o mesmo bom propósito, a poesia de fato ensina tão somente um modo de ver, enquanto a Pedagogia, como prática, embora ciente de que não deveria ser assim, ensina conhecimentos mecanicamente reproduzidos e reprodutíveis.

Até aqui cobrimos apenas a primeira parte da afirmação tomada como ponto de partida, aquela que designa a plataforma comum à poesia e à Pedagogia: "a poesia nos ensina a ver". Resta esclarecer qual seria o modo de ver ensinado pela poesia, expresso na segunda parte: "como se víssemos pela primeira vez". Até aqui, a análise pôde ater-se aos sentidos denotativos da frase e, de minúcia em minúcia, de subentendido em subentendido, fomos apreendendo todas as implicações do primeiro termo do binômio. Todas? Provavelmente, não: só aquelas com que nosso esforço foi capaz de atinar, mas de qualquer modo chegamos até aqui sem grandes sobressaltos. Deste ponto em diante, porém, deparamo-nos com um dado novo, o obstáculo da comparação – o "como se", que talvez seja, aliás, o obstáculo poético por excelência, a linguagem dita figurada. A partir do "como se", não temos mais cláusulas firmes, que permitam divisar, no nível denotativo, seu campo próprio de significação.

A partir deste ponto, não podemos contar *apenas* com a pura intelecção, somos convidados a "figurar" (formar ou compor a figura de) alguma ideia que não nos é oferecida diretamente, mas por intermédio de uma sua imagem refletida no espelho da comparação. Para atinar com a segunda parte da hipótese que nos ocupa, é preciso que o ato cognitivo se faça acompanhar de alguma competência imaginativa – que certamente será, aliás, uma das competências que a moderna ciência pedagógica nos convida a desenvolver. Mas, fixemos desde já, não se trata de substituir a compreensão pela imaginação, tão logo soe o aviso do "como se". O adequado entendimento da afirmação continuará a ser, necessariamente e em toda a extensão, um ato cognitivo que simplesmente não teria como dispensar o concurso da imaginação.

Tentar compreender a segunda parte da hipótese *apenas* com os recursos da imaginação induzirá o leitor-intérprete a compor devaneios soltos no ar, fantasia subjetiva, desgarrada da realidade, textual ou outra, a ser decifrada. Tais devaneios não têm nenhuma contraindicação em si; entregar-se a eles é autoestimulante e pode resultar em valiosos exercícios de criatividade. Mas não é disso que se trata, aqui. Nossa meta não é tomar aquela hipótese, ou parte dela, como pretexto para criar ou inventar; nossa meta é *compreender* o sentido ou sentidos das palavras que nos desafiam, no papel. Imaginação, então, para o que nos importa, é forma de conhecimento objetivo e, portanto, não se confunde com a livre fantasia – rico e proveitoso exercício, repito, desde que não se pretenda tomá-lo como equivalente de "interpretação". (Voltaremos a esta questão no capítulo final, "A hora da poesia".)

Fixemos a ideia básica: "como se víssemos pela primeira vez" é algo a que não temos acesso direto, assim como temos, por exemplo, à asserção "a poesia ensina a ver". Nossa pergunta é: em que consiste "ver *como se* víssemos pela primeira vez"? Não

Poesia para quê?

se trata apenas de *ver* isto ou aquilo pela primeira vez. Fosse esse o caso, a poesia não teria nada a ensinar, não haveria necessidade de recorrer à imaginação. Quando nos deparamos com um objeto (ou coisa ou ideia) nunca antes visto, basta vê-lo; ainda que seja pela primeira vez, não há necessidade de recorrer a nenhum "como se". O excêntrico modo de ver, ensinado pela poesia, incita-nos a encarar o objeto (ou coisa ou ideia) sobejamente visto, *como se nunca o tivéssemos visto antes*.

"Ver como se víssemos pela primeira vez" quer dizer: abstraindo o fato de que já vimos, assumindo a postura da tábula rasa — ou da ignorância estratégica, digamos. Tal postura é possível? Talvez... Mas, como diria o pedagogo ou o cientista profissional, isso é irrelevante e contraproducente: se já vi, se é possível dar algo como tendo sido visto, não há por que tentar reproduzir a "primeira vez"; se já vi, o que tenho a fazer é seguir adiante, sempre disposto a ver outra coisa, mais coisas — *novidades*, enfim, cuja aquisição há de ser acrescentada ao já visto anteriormente, na ciosa e segura construção do grande edifício da ciência, em permanente expansão. Mas antes de dar inteira razão ao inexcedível bom senso do cientista pedagogo, e abandonar a hipótese de que partimos, examinemos de perto os subentendidos que insidiosamente se escondem tanto na excentricidade do modo poético de ver como no pragmatismo cumulativo da ciência profissional.

O poeta não desperdiçará seu tempo, e o nosso, ensinando-nos a ver o que não tenhamos visto antes: a Pedagogia bem dá conta dessa tarefa, corriqueira, e a poesia não teria aí muito que fazer. "Ver como se víssemos pela primeira vez" só faz sentido, para além ou aquém das práticas pedagógicas de rotina, evidentemente, caso se aplique ao já visto, ou ao já conhecido, a fim de que este seja percebido *como se* desconhecido fosse. O modo de ver ensinado pela poesia pede a negação, ao menos provisória, do conhecimento enquanto resultado, a fim de privilegiar o próprio ato de conhecer, entendido como disponibilidade, como ato a ser reencetado *ab ovo*, incansavelmente, a cada objeto (ou coisa ou ideia) com que nos deparemos. Se formos capazes de aprender a lição da poesia, não haverá mais objetos definitivamente conhecidos: todos serão sempre novos e desconhecidos, à procura do seu lugar na árvore do saber.

Poien e techné

Todo conhecimento adquirido condiciona e prefigura a aquisição de novos conhecimentos – tal é o pressuposto que permite à ciência, em sentido estrito, avançar e progredir. Ver tudo, sempre, como se fosse pela primeira vez, como ensina o poeta, resultaria em marcar passo, por força da repetição incessante do mesmo esforço cravado naquele ponto imaginário da potencialidade ilimitada, a partir do qual todos os edifícios podem ser construídos, mas a partir do qual também, caso insistamos em ver, sempre, como se víssemos pela primeira vez, talvez não cheguemos a construir nenhum. Há séculos, isto que chamamos de "civilização", essa civilização que hoje se espalha globalizada e urgente por todos os cantos do planeta; a civilização que tem no seu bojo o que arbitrariamente vamos designando por "Pedagogia"; há séculos essa nossa civilização optou por construir um só e determinado edifício, abrindo mão dos demais. Desde então, o poeta, com sua insubmissão, recusa-se a colaborar e insiste em recorrer ao "como se", para acenar com outros caminhos.

Poesia para quê?

Com isso, o ensinamento poético resulta em ser uma anti-pedagogia. A poesia não espera e não aceita que conhecimentos se acumulem para formar um *todo* homogêneo e coeso. Aos olhos do poeta, esse *todo* não passa de miragem ou impostura. A poesia ensina que o todo não é a soma das partes; é, antes, cada edifício contido em cada tijolo. (A lógica formal não teria por que, nem como, quantificar os dados fornecidos pela excêntrica lógica poética.) Em matéria de conhecimento, desde que se trate de poesia, o único pré-requisito é estar apto a ver, enquanto ato inaugural, semente de qualquer possível árvore do saber. A poesia, em suma, sempre atuou, e continua a atuar, no sentido contrário ao esforço de séculos, que veio culminar na entronização da ideia de que o ser humano não passa de máquina que produz e consome; que veio culminar na entronização do Lucro e da Produtividade, na devastação concertada e consentida, hoje designada por globalização.

Poesia e insubmissão caminham juntas e a razão é simples: o edifício por construir, seja o que hoje habitamos, seja outro qualquer, uma vez esboçado, prefigura e controla os novos conhecimentos a serem adquiridos, que só serão *novos* em sua formulação exterior. Diante do dado novo, só o olhar poético – a *poien*, o olhar que já encaminha o fazer – será capaz de apreender a novidade que aí se esconda, ao passo que o olhar guiado pela *techné* utilitarista fará apenas incorporar mais um tijolo ao edifício, distorcendo e enquadrando a novidade. (A obsessão do "novo" será estudada no próximo capítulo.) O conhecimento pedagógico, cioso dos resultados e da finalidade prática dos seus propósitos, não vai além do reconhecimento, pois só consegue operar no âmbito da familiaridade, debaixo da segurança do já conhecido. O conhecimento autêntico, que não se limite a trabalhar em série, acumulando resultados, será aquele que atua sempre no âmbito do desconhecido, para efetivamente *conhecer* em vez de apenas *reconhecer*.

"A poesia nos ensina a ver como se víssemos pela primeira vez" é, afinal, a lição elementar que podemos extrair não dos filósofos ou dos pensadores, dos especialistas em arte poética ou dos pedagogos, todos de um modo ou de outro governados pela ciência profissional, mas de um poeta genuíno, como Fernando Pessoa:

> O meu olhar é nítido como um girassol.
> Tenho o costume de andar pelas estradas
> Olhando para a direita e para a esquerda,
> E de vez em quando olhando para trás...
> E o que vejo a cada momento
> É aquilo que nunca antes eu tinha visto,
> E eu sei dar por isso muito bem...
> Sei ter o pasmo essencial
> Que tem uma criança se, ao nascer,
> Reparasse que nascera deveras...
> Sinto-me nascido a cada momento
> Para a eterna novidade do Mundo... (Pessoa, 1958, p.22)

Não há como evitar: não obstante, enraizada na terra firme que todos pisamos, a poesia acaba sempre por alçar voo na direção da utopia. Ver e aprender corresponde a uma aspiração natural em todo ser humano, e se nos deixarmos guiar pelo pedagogo profissional e burocratizado, esse a que nos vimos referindo, não haverá dificuldade em divisar a exequibilidade da aspiração: nada impedirá que se construa o edifício pretendido. Mas, se dermos ouvidos ao poeta, correremos o risco de ficar paralisados. Ou não resistiremos ao impulso de pôr abaixo todos os edifícios – metaforicamente, bem entendido, ou se calhar, até literalmente, como propôs Marinetti, o idealizador do futurismo, no início do século passado (Apollonio, 1973).

O propósito aparente de Pedagogia e poesia, em termos de sua substância, é um só: ver e aprender. "Ver como se víssemos pela primeira vez", porém, nos leva mais cedo ou mais tarde a indagar se esse, que se nos oferece aí fora, é realmente o edifício que pretendemos, se é essa a morada capaz de abrigar o melhor do nosso destino. Se pelo menos hesitarmos em responder, ficaremos paralisados em face da tarefa impossível que então se descortina: adquirir ou recuperar ou inventar "o pasmo essencial/ Que tem uma criança se, ao nascer,/ Reparasse que nascera deveras". Só se fosse capaz de se sentir "nascido a cada momento/ Para a eterna novidade do Mundo" é que o homem estaria apto a construir um edifício menos desumano do que esse em que lhe coube morar. Utopia, sem dúvida. Valeria a pena persegui-la? Mas logo voltaremos a isso. Por ora, e para encerrar este tópico, tratemos de amarrar a heterodoxa parceria que vimos tentando delinear, entre poesia e Pedagogia, recorrendo mais uma vez à voz do poeta:

O essencial é saber ver,
Saber ver sem estar a pensar,
Saber ver quando se vê,
E nem pensar quando se vê,
Nem ver quando se pensa.

Mas isso (tristes de nós que trazemos a alma vestida!),
Isso exige um estudo profundo,
Uma aprendizagem de desaprender. (Pessoa, 1958, p.48)

Temos aí a ideia de poesia como antipedagogia: "uma aprendizagem de desaprender". Ensinando-nos a ver como se víssemos pela primeira vez, o poeta nos induz a conviver com a aparente tautologia segundo a qual para ver é preciso saber ver, não basta *olhar* para as coisas (supostamente) já vistas e catalogadas. Mas, incongruência das incongruências, se o saber ver trouxer como resultado algo que eu possa considerar como tendo sido cabalmente visto, daí por diante já não saberei *ver* mais nada, serei capaz apenas de *rever*, movido pelo intuito exclusivo e dogmático, embora subliminar, de confirmar e reforçar o já visto. Se tenho à mão a *segurança* do caminho mais curto, embora falso, por que correr o *risco* de buscar, na multiplicidade dos atalhos possíveis, o improvável caminho verdadeiro? Tal é a espécie de "cautela" que, ao mesmo tempo, molda a sociedade real em que vivemos e define a antipoesia.

Mais tautologia? Não chegará a tanto, é só a platitude do óbvio: para estar apto a conhecer é preciso desconhecer. Se eu aceitar ou presumir que conheço, ainda que não se trate de operações inteiramente claras para minha consciência, o cognoscível se reduzirá às dimensões do já conhecido, que passará a se reproduzir em série, embora eu possa me iludir com a agradável sensação de estar "descobrindo" novidades, no rumo seguro do avanço e do progresso... sempre no mesmo lugar. Quererá isso dizer que, quanto mais civilizados, nos limites estreitos do que nos habituamos a chamar de "civilização", mais empenhados estamos no retorno à barbárie?

Poesia para quê?

O fato é que, para verdadeiramente aprender e avançar (mais um paradoxo não causará grande transtorno), é necessário, antes, desaprender o anteriormente aprendido, por valioso e seguro que pareça. A poesia ensina, subliminarmente, a estratégia da insubmissão. Por isso, os guardiães do edifício do Saber, ou de qualquer edifício minimamente ambicioso, não sabem como lidar com ela, embora não hesitem em aparentar sabê-lo – como veremos no capítulo final.

Insubmissão e liberdade

A onda predatória que se alastra pelo mundo, hoje, com sua urgência neoliberal e globalizadora, pode levar-nos a julgar que a insubmissão do poeta seja fenômeno recente, resposta imediata à solicitação de momento. Não há dúvida de que a atitude de indignação e revolta, formadora da antiga variante literária que é costume designar por "poesia de protesto" ou "de resistência", é intrinsecamente afim da insubmissão que aqui tratamos de descrever, mas não deve ser confundida com esta última. O espírito de rebeldia, entrevisto na hipótese de que "a poesia nos ensina a ver como se víssemos pela primeira vez", deve ser entendido não em termos do libelo ostensivo contra a desolação reinante no mundo desumano que a globalização vem construindo, mas como insubmissão ontológica, recusa radical em aceitar os fundamentos que possibilitam essa construção. Vale dizer toda poesia genuína, e não apenas aquela que explora tematicamente a denúncia, o protesto, a indignação, é subversiva. Insubmissão designa a condição intrínseca e não premeditada que enforma a autêntica postura poética, desde tempos aurorais, e não a reação deliberada, pontual, contra esta ou aquela tirania, esta ou aquela ignomínia. "Em nossa época", afirma-o W. H. Auden, o poeta inglês naturalizado norte-americano, "a mera criação de uma obra de arte é em si um ato político" (Auden, 1965, p.182). E "política", no caso, diz respeito mais à *atitude* exemplificada no gesto do que aos *temas* ou ao conteúdo programático expostos na obra.

No parágrafo anterior referimo-nos a "tempos aurorais", mas não nos deixemos impressionar, é só um modo de dizer; e não nos entusiasmemos demasiado com o eventual fascínio do aliciamento metafórico: confiemos tais caprichos aos poetas. Para chegar aonde pretendemos não há necessidade de recorrer a nada vago e difuso como "tempos aurorais", não precisamos lançar mão de nada que não possa ser historicamente situado e documentado e que escape, assim, ao nosso esforço de cognição racional. Que a insubmissão, essa insubmissão, acompanhe desde sempre a figura do poeta, podemos detectá-lo, por exemplo, em Platão e sua *República* (Platão, 1963), documento datado e uma das matrizes do modo de ver em que, ainda hoje, assenta a civilização a que pertencemos. Deixemos de lado, por um momento, a aviltada realidade atual, para encetar um breve e sumário recuo de 2.400 anos.

Longo diálogo travado entre Sócrates e alguns interlocutores, a propósito do tema nuclear da Justiça, a *República* resulta em ser a descrição de uma utopia: o Estado ideal, a forma superior e perfeita de organização social e de bem-aventurança individual e coletiva. Platão principia por determinar que Justiça e Verdade, em sentido pleno, são indissociáveis, e situam-se num nível de realidade substancial a que só o conhecimento filosófico tem acesso. Assim, caberá aos filósofos o governo da *República*, a fim de garantir que Verdade e Justiça se distribuam com firmeza

e temperança. Assegurado o fundamento fornecido pelos filósofos, eliminada com isso toda possibilidade de erro, a Cidade
ideal se constrói, como um todo harmonioso e estável.

Daí por diante, a concepção da *República* é uma luminosa
premonição das modernas estratégias de planejamento e ges-
tão de recursos. Em linguagem vulgar (creio que o filósofo
ateniense nos perdoará o aligeiramento), a chave é a divisão do
trabalho, com vistas à racionalização de esforços e à otimização
de resultados. Funções específicas serão confiadas às diversas
categorias de cidadãos, de modo a obter de cada um o desempenho máximo, capaz de atender ao mesmo tempo às aptidões
individuais e às necessidades coletivas: cada qual em seu devido lugar, todos dando o melhor de si, em prol do bem comum.

Ora, se cada cidadão fosse capaz de atinar, por conta própria,
com "o seu devido lugar", com "o melhor de si" e com "o bem
comum" (tal é o raciocínio subjacente à hierarquização de funções concebida para a *República*), não haveria necessidade de uma
classe de filósofos, os únicos mortais, já o sabemos, que têm
acesso ao conhecimento e à sabedoria, sendo por isso que lhes
cabe definir as regras a serem cumpridas com obediência pelos
demais, sem discussão. (O fato, aliás exemplarmente platônico,
de que somos todos obrigados, hoje, a seguir regras estabele-
cidas, digamos, pelos técnicos do Fundo Monetário Internacional – FMI, mostra não que estejamos vivendo novos tempos,
mas só que cada tempo tem os filósofos que merece.) Daí decorre que a saúde da *República* dependerá da submissão e da estrita obediência dos cidadãos, perfeitamente adaptados às suas
funções respectivas. Sabedoria, Platão nos induz a reconhecê-
-lo, não é um dom universal, mas prerrogativa dos filósofos
governantes.

Não é essa, dirá o leitor, a utopia dos nossos sonhos, a utopia que se descortina e começa a ser construída no Século das Luzes, a partir da Revolução Francesa, da ascensão da burguesia, do fim do absolutismo e da declaração dos direitos universais do cidadão – os sonhos de liberdade, igualdade e fraternidade, em suma. O fato é que a estabilidade da *República* platônica depende do assentimento de cidadãos sem direito a escolha: cada qual deverá estar preparado para exercer o papel social que os educadores, amparados nos filósofos, tenham previamente definido. Ninguém terá a prerrogativa de escolher livremente o papel que mais lhe agrade.

O grande sonho da democracia moderna garante saber como lidar com o artesão que desista de seu mister e pleiteie exercer o de guerreiro, alegando sua inclinação natural ou sua aptidão comprovada; ou com o agricultor que se candidate a governar; ou com o cidadão eclético, enfim, disposto a assumir ou ao menos a experimentar, concomitante ou alternadamente, várias funções. Para Platão, isso seria inimaginável. Seria um contrassenso esperar que Sócrates e seus interlocutores cogitassem da absurda hipótese da liberdade individual. Platão cuida do substancial, a Verdade e a Justiça, às quais *o homem comum não tem acesso*, sendo portanto uma temeridade admitir que cada qual escolha o seu próprio destino. O filósofo esclarece, ainda, como deve ser o modo de organização do Estado e das relações entre os homens e afirma: essa *é* a Cidade perfeita. Mas não lhe importa averiguar se isso atenderá à vontade ou aos caprichos de cada indivíduo.

Na arquitetura de tal Cidade, Platão conta com a colaboração decisiva dos educadores. A Educação, concertada pelos filósofos, e por isso igualmente alicerçada em Verdade e Justiça,

Poesia para quê?

será incumbida de preparar (programar?) todos os cidadãos, a fim de que estes desempenhem a contento as funções que lhes forem destinadas. Devemos supor, embora tenhamos dificuldade em imaginar como isso se daria, que essa preparação prevenirá a eventualidade da hipótese aventada no parágrafo anterior, isto é, a hipótese do cidadão insatisfeito com o seu papel e desejoso de mudar ou de assumir mais de uma função. Para a boa consecução da *República*, Educação e governo cuidarão de providenciar, na quantidade justa, cidadãos que, além de respeitarem seus limites, estejam satisfeitos e felizes com a limitação. Tudo correria como se esses limites, e as desigualdades daí decorrentes, não fossem impostos de fora, mas resultassem da desigual distribuição de dons, aptidões e potencialidades com que cada indivíduo seria aquinhoado – ao nascer, supõe-se. Caso contrário, como convencer determinadas classes de cidadãos a assumirem as funções mais humildes, necessárias à manutenção da Cidade, interrompendo aí sua ascensão no encalço das funções mais elevadas ou no rumo do Inteligível? Como aceitar que os privilégios superiores sejam concedidos apenas a esta ou àquela classe?

Muito tempo depois, Aldous Huxley proporá uma solução para o impasse: indivíduos geneticamente programados, produzidos em linha de montagem, para atender aos interesses da Pólis (Huxley, 1980). Restrição ou supressão da liberdade? Tirania e totalitarismo? O pragmatismo da mentalidade moderna parece não ter acrescentado à *República* platônica nada que ali já não estivesse contido, pelo menos em embrião. De outro lado, tantos séculos atrás, Platão talvez não tivesse como levar a sério a possibilidade de tal crítica vir a ser feita à sua utopia, que admite até mesmo uma classe de escravos. O filósofo ateniense lida com o ideal, não com o realizável.

Com o realizável lidarão os administradores, os de antanho e os de hoje, mas já não será mais o caso de alicerçar a vida social em Verdade e Justiça, e sim em Produtividade e Lucro. Estes vêm a ser o verdadeiro ideal realizado. A Utopia maior, a da superação das desigualdades, com a distribuição uniforme, não seletiva, de todos os privilégios e oportunidades a todos os cidadãos, implicaria, segundo Sócrates, a absurda eliminação de toda espécie de governo; implicaria, mais, a assertiva de que todos os cidadãos são conscientes e livres, e portanto autogovernáveis, prescindindo pois de qualquer concelho de filósofos, ou sábios de plantão, que lhes ditem regras.

Assim, ao longo do lapso que separa a utopia platônica da antiutopia de Huxley, os filósofos serão alijados do governo, pelos modernos empreendedores e gestores, e a garantia de submissão e obediência, bem como a satisfação de cada indivíduo no exercício de suas funções, ficarão a cargo da Comunicação Corporativa, externa e interna, em estreita sintonia com Planejamento Estratégico, Propaganda & Marketing.

Words, swords

Um pouco abusado o excurso, é verdade, e excessivamente simplificada a sinopse da *República*. Está claro que a complexidade da idealização platônica se estende muito além do tímido horizonte aqui esboçado. Mas o que aí vai, creio, é leal ao pensamento do filósofo e é o que basta a nosso propósito, qual seja situar o contexto em que se inscreve uma das primeiras manifestações formais a respeito do papel do poeta e da

Poesia para quê?

poesia em nossa cultura. E sugerir que no diálogo platônico ganha corpo, também, a estratégia organizacional decisiva, moderníssima, que consiste em adotar *uma* interpretação rígida e unilateral como *a única* verdade. É um caso típico, diria Barbara H. Smith, de "autoprivilégio epistêmico absoluto" (Smith, 2002, p.117 *passim*). Se a Verdade que serve de fundamento à *República* fosse um dado universal, irrefutável, Platão não precisaria despender tão avantajado esforço, não precisaria sequer ter imaginado uma utopia: bastaria comandar a sua realização, antecipando-se aos infalíveis gestores de hoje.

A sociedade "perfeita", qualquer que seja o sectarismo em que sua concepção se apoie, será sempre montada sobre a rigidez da trilogia ordem-estabilidade-segurança, tornando-se *ipso facto* incompatível com a perigosa ideia de liberdade e com aquela mais perigosa ainda de indivíduos capazes de livre escolha. Utopia e liberdade são inconciliáveis. Os sábios governantes de qualquer república "ideal" sabem ou simulam saber o que é melhor para todos e não hesitam em impô-lo, contra a vontade de quem quer que seja, vedando a partir daí todo avanço, todo conhecimento, toda liberdade.

Auden, no ensaio já referido, vê a *República* de Platão como um "sistema", análogo a um "bom poema", e afirma, peremptório:

> Todas as teorias políticas, como a de Platão, baseadas em analogias extraídas da criação artística, tendem, quando postas em prática, a se transformar em tiranias. [...] Uma sociedade que fosse realmente como um bom poema, que incorporasse as virtudes estéticas da beleza, da ordem, da economia e da subordinação do detalhe ao todo, seria um pesadelo de horror pois, dada a realidade histórica do homem verdadeiro, tal sociedade só

poderia vir à luz por meio de reprodução seletiva, extermínio dos física e mentalmente inaptos, absoluta obediência ao seu Diretor e uma numerosa classe de escravos mantidos em porões. (Auden, 1965, p.179)

Essa linha de raciocínio leva Auden, alguns parágrafos adiante, a uma conclusão sombria:

> O que é peculiar e novo em nossa época é que a meta principal em política, em toda sociedade avançada, não é propriamente política, ou seja, não diz respeito a seres humanos como pessoas e cidadãos, mas como corpos, como criaturas humanas pré-culturais e pré-políticas. Assim é inevitável que o respeito à liberdade individual tenha diminuído tão drasticamente e que o poder autoritário do Estado tenha crescido tão amplamente nos últimos cinquenta anos,[3] pois o principal interesse político hoje diz respeito não às liberdades humanas, mas às necessidades humanas. (Ibid., p.181)

Deixemos por ora a inquietante questão da sociedade "perfeita" e da tirania no mundo moderno; voltemos à Grécia antiga e à questão que nos ocupa desde o início: que papel destina Platão ao poeta, em sua *República*? Resposta: nenhum. Como se sabe, e o tópico vem sendo glosado há séculos, o ateniense opta por desterrar o poeta, mas não terá sido uma decisão fácil. O assunto é abordado de passagem no livro I; vem tratado extensamente nos livros II e III, nos quais já se define a deliberação; mas torna a aparecer no VIII e principalmente no X, o fecho do

---

3 A primeira edição do ensaio de Auden data de 1962.

Poesia para quê?

diálogo, para que se reforcem os argumentos contra a poesia. Se o caso não fosse tão complexo e controvertido, Sócrates e convivas o teriam resolvido mais rapidamente. Mas vamos à argumentação do filósofo.

Platão começa por tecer elogios a Homero, salientando o poder de encantamento de sua arte sublime, que garante à poesia o apreço em que é tida pelos cidadãos. Mas em seguida fixa, entre outros, o argumento capital: o poeta lida com imitação da imitação, afastando-se, portanto, da Verdade em três graus, um a mais que o pintor, dois a mais que o artesão. Homero, Hesíodo e os demais poetas, no entanto, são exímios em imprimir às suas imitações uma intensidade tal que as torna tão persuasivas e convincentes quanto a Verdade do filósofo. O mesmo transporte de emoção intensa, fictícia, porém intensa, que leva o ouvinte a se deixar persuadir pelo poeta resulta, nesse mesmo ouvinte, na debilitação do caráter e da vontade, fatores imprescindíveis à manutenção da Verdade comum, da Justiça e da Felicidade. Como o poeta não se empenha em distinguir o falso do verdadeiro, o injusto do justo, o ímpio do virtuoso, pintando com as mesmas e convincentes cores uns e outros, daí segue que a poesia promoverá, no ouvinte, a mesma indistinção, a mesma confusão dos retos valores que sustentam a *República*. Se o efeito indesejado se limitasse àquele instante fortuito em que o cidadão se entretém com a voz do poeta, de modo que antes e depois os trabalhos da *República* prosseguissem, inabaláveis, talvez não houvesse muito o que objetar. Mas, e Platão o sabe, a voz do poeta costuma ecoar em longos e imprevisíveis desdobramentos; confusão e indistinção, dessa ordem, tendem a se alastrar. O filósofo não tem alternativa senão banir o poeta.

A poesia, Platão o insinua, é um peso morto. Enquanto os demais cidadãos desempenham cada qual sua função *útil*, de modo disciplinado e produtivo, o poeta não têm nenhuma função, não produz nada, a não ser suas inúteis imitações de imitações. A poesia, embora largamente apreciada, nada acrescenta ao esforço de todos na manutenção da Justiça e na consecução da Felicidade. A lógica do argumento é irrecorrível.

Mas, se fosse apenas essa a razão, haveria necessidade de tamanho rigor da parte do filósofo? Certamente não. O fato é que, de acordo com sólida e arraigada tradição, ainda vigente no século de Platão, o papel da poesia não é só comover e entreter, mas também *educar*, e educar enquanto modo de ver, no encalço da efetiva *construção* do conhecimento, como diriam os cientistas-pedagogos de hoje, e não enquanto mera *transmissão* de conhecimento convertido em fórmula estagnada. Não que os poetas se arvorassem em educadores, pretendendo rivalizar com estes últimos, mas é nessa condição que o povo os considera. O encantamento, o poder de sedução e a força persuasiva da fantasia poética tendem a se transformar em "modelos", que o ouvinte busca imitar. Ora, tomada dessa forma pelo cidadão comum, como fonte de "exemplos" e ensinamentos (falsos e impuros, já se vê: imitação da imitação), a poesia representará verdadeiro foco de deseducação. Mais do que peso morto, a poesia é uma séria ameaça à ordem e à estabilidade da *República*. O poeta, em suma, é expulso não por ser inútil ou incapaz, mas por ser perigoso.

Com isso, a lógica platônica dá a entender que nem o elevado esforço dos filósofos e dos educadores, nem o laborioso e homogêneo empenho dos cidadãos bem avisados, em defesa da Verdade, são capazes de enfrentar a inocência da imaginação

Poesia para quê?

poética. Expulsar o poeta é reconhecer-lhe o poderio. Absurdo, protestarão os administradores das cidades realizáveis – os da nossa aldeia global, por exemplo. Palavras, palavras, palavras – dirão eles. E o poeta retrucará: *"wordswordswords / swords"* (Paes, 1980, p.5). Mas eles insistirão: de que modo *isso* pode desestabilizar uma sociedade bem planejada? Quando muito irá perturbar um ou outro indivíduo, já predisposto à perturbação, mas nunca chegará a afetar a organização geral da Urbe. E, ao que parece, assim tem sido. Essa espécie de argumento cético e pragmático, solidamente assentado em seu compromisso com a *realidade* dos fatos e seu descompromisso com as *ideias* (no sentido platônico, evidentemente), acabou por se tornar hegemônica, ao longo dos séculos, desenvolvendo-se de modo prodigioso, no cerne da portentosa árvore da ciência e da técnica, para culminar na Maravilha global do nosso tempo.

Valeria a pena indagar quando se definiu esse rumo? Talvez tenha sido no momento em que os bárbaros da futura Europa ocuparam o Império Romano; ou logo depois, quando se consolidou a Cristandade, com sua radical e irreversível ruptura entre tempo mítico e tempo histórico; mas talvez tenha sido em tempos mais recentes: os descobrimentos, o mercantilismo, o capitalismo, o colonialismo; ou mais atuais ainda: a revolução industrial, o neocolonialismo, a globalização. No próximo capítulo, veremos até onde é possível insistir nessa indagação, mas por ora seria irrelevante especular a respeito. Para o que nos importa, o essencial é observar que em algum ponto no curso da História, difícil se não impossível de precisar, aquela espécie de argumento cético e pragmático, atrás assinalada, tornou-se hegemônica e definiu os rumos que vimos seguindo até hoje.

Em tempos aurorais, ou na aurora dos nossos tempos (retomar, agora, a metáfora não causará nenhum dano), o arquiteto da *República* relutou, mas acabou por admitir seu temor ao poeta e por isso desterrou-o. Já os administradores das cidades bem concebidas, responsáveis pelo "mundo real das sociedades modernas", por exemplo, como veremos no fecho do volume, desdenham com arrogância crescente não só o poeta e a poesia, como também toda modalidade de idealização, a ponto de não tomarem sequer o cuidado de enxotá-los de vez, permitindo que poeta e filósofo, com seu ideal, continuem por aí, sobrevivendo nos interstícios da Aldeia, largados no monturo geral dos mitos inúteis e das excentricidades obsoletas.

Com isso, a severa advertência de Platão continua a ecoar e a nos ensinar a lição de base: a Cidade perfeita exige a cessação das mudanças e transformações, a utopia é a negação da História. No dizer lapidar de Benedito Nunes, toda utopia é uma "ucronia".[4] Por quê? Porque a sociedade perfeita só é concebível como aquele limite (fictício, porém tomado como verdadeiro) em que todos os recursos materiais e humanos, como diriam nossos gestores, tenham atingido o máximo de sua potencialidade, não havendo mais por que nem por onde evoluir, restando tão só consolidar a meta atingida. Com a negação da temporalidade, imposta pela Cidade perfeita, a História se interrompe e estagna, para se tornar sempre igual a si

---

4 "As utopias são também ucronias. Os tempos revoltos da história não chegam às portas da Amaroutas de Morus nem atravessam os sete círculos que rodeiam a Cidade do Sol de Campanella. A Icária, imaginada por Cabet, está a salvo das contingências do tempo e da necessidade" (Nunes, 1969, p.27.)

mesma; a História devém um eterno presente, como em todas as versões conhecidas do Paraíso. "Para Platão", observa R. G. Collingwood ([s.d.], p.74),

> as substâncias são imateriais embora não mentais; são formas objetivas. [...] Ora, uma metafísica substancialista implica uma teoria de conhecimento segundo a qual apenas o que é imutável é cognoscível. Mas o que é imutável não é histórico. O que é histórico é o evento transitório. A substância em que se manifesta um evento, ou de cuja natureza este procede, não é nada para o historiador. Daí o fato de a tentativa de pensar historicamente e a tentativa de pensar em termos de substância serem incompatíveis.

Com efeito, a utopia da Cidade ideal, como a temos na *República*, é sinônimo de estabilidade e imutabilidade, não enquanto freio odioso, que impeça a evolução, mas enquanto plenitude absoluta, *et pour cause* utópica, de uma evolução que tenha esgotado todas as suas potencialidades. Platão não nos pergunta se tal meta é factível, mas garante-nos que Perfeição, seja o que for, é isso mesmo: estabilidade, imobilidade, negação da História. E, portanto, negação ou "superação" do conhecimento, da consciência e da liberdade... Platão demonstra, ademais, que o grande inimigo da Perfeição não é o erro, o desvio ou a discordância, mas... a poesia, tomada esta em sua essência, enquanto afirmação da História, enquanto aposta radical na mudança e na transformação incessantes.

Já o tínhamos assinalado alguns tópicos atrás ("A poesia nos ensina a ver como se víssemos pela primeira vez"), mas faltava elucidar: a utopia só é pensável caso se admita que todas as coisas já tenham sido satisfatória e definitivamente vistas, caso se aceite que não haja mais o que ver e, sobretudo, não haja outros modos de ver – hipótese firmemente repudiada pela insubmissão do poeta, que naturalmente só sabe lidar com a variedade e o permanente dinamismo de suas imitações.

Muitos haverá que, neste mundo globalizado em que nos é dado viver, neste mundo regido pelo dogma da Produtividade, do Lucro e do Consumo – o "império do efêmero", como o define Lipovetsky (1989) –, vejam aí o melhor dos mundos, a realização da utopia. Já outros o verão como antiutopia. Num caso e noutro, o resultado é o mesmo: não temos escolha. Eis aí a Verdade única do nosso tempo, como afiançam, sem perder tempo em discuti-lo, os filósofos e os educadores da república que nos coube.

Não seria o caso de voltar a indagar (enquanto isso for possível): para que serve a poesia? E repetir: a poesia nos ensina a ver como se víssemos pela primeira vez. A poesia nos ensina a subverter permanentemente o já visto, no encalço da renovação e do aperfeiçoamento ilimitado, em eterno confronto com o simulacro de "perfeição" imposto pela ideia sectária e utilitarista de uma sociedade esvaziada de memória, consagrada ao consumo e à descartabilidade de todas as coisas. A História, enquanto esse outro velho mito prevalecer, poderá confirmá-lo. É do que nos acercaremos no próximo capítulo.

Make it new

Novo dia novo

Detenhamos a atenção, por um momento, na banalidade da frase "Amanhã será um novo dia". Quaisquer que sejam o pretexto, a circunstância e as conotações, extremamente variáveis, ninguém pensará em premonição ou futurologia. A hipótese de um "novo dia" assenta com tal segurança no terreno da previsibilidade que raramente chega a ser cogitada como *hipótese*. A frase só será proferida em forma dubitativa ou interrogativa por alguém que, em condições excepcionais, julgue estar vivendo o último dos seus dias, ou a véspera do Apocalipse. Fora daí, expressará a certeza de que, sim, haverá um novo dia, vale dizer a certeza de que teremos um novo dia. Caso não estejamos aí para confirmá-lo, outros o farão por nós, e sempre seguirá havendo um novo dia. Se não houver quem o confirme, então não haverá nada: nem hipótese, nem cogitação, nem tempo, nem realidade humana. Antes que isso se dê, e pode dar-se a qualquer momento, tornemos à frase banal e ao ponto de partida.

A certeza de que haverá um novo dia é um dado meramente ideativo, construto da mente habituada ao *in fieri* da temporalidade, a mente apetrechada de formas e modelos, no encalço da utópica certeza inabalável. Tal é a aspiração subjacente ao "modelo", como todos os modelos, arbitrário, que fraciona o transcorrer temporal em intervalos de horas, por exemplo, ou dias. Nada disso, porém, guarda qualquer relação com o dia efetivamente *novo*, que nos surpreenda com a sua real novidade, o dia que, ao deixar de ser hipótese ou construto mental, enfim se concretiza diante de nossos sentidos, tão logo se cumpra o intervalo previsto pelo modelo a que nos apegamos.

Novo dia, dia novo. O primeiro, mera hipótese, só é "novo" no enunciado, mera prestidigitação verbal. Na verdade, o *novo* dia da conjectura impregnada de certeza é um dia velho, igual a todos os precedentes, desde que entendido como pressuposto repetido *ad infinitum*. O segundo, não se sabe se graças tão só à inocente inversão da ordem das palavras, este sim pode de fato carregar a dimensão inexcedível da novidade anunciada pelo primeiro, desde que estejamos aptos não a confirmá-lo, pois isso só o congelará na condição de construto mental, mas a experimentá-lo e vivê-lo *hic et nunc*, como tal, isto é, como efetivamente novo. Só assim o tempo prosseguirá, para repetir indefinidamente as mesmas velhas formas... sempre renovadas.

O dia novo, ao contrário do novo dia, não é mera hipótese; por isso, não há plataforma segura na qual assente. O dia *novo* só o é porque deita raízes no húmus fertilíssimo, cambiável e insondável da imprevisibilidade, sem a qual a ilusória passagem do tempo equivaleria à inércia, a esvaziamento de sentido, à ausência de vida: à negação da História ou à utopia realizada, como a temos na *República* platônica.

Mas, antes que a divagação nos leve longe demais, assinalemos que o comentário atrás esboçado apenas tece umas voltas ligeiras em torno da antiga sabedoria que Confúcio,

Poesia para quê?

no século V a.C., foi buscar em Tching, fundador da dinastia Shang. Certa manhã (tal é o relato preservado por Confúcio), enquanto o Sol começava a galgar o horizonte, Tching, no alto da montanha, logo após as orações matinais, teria gravado, na parede da tina em que costumava banhar-se, a célebre inscrição: "Novo Dia Dia Novo". Repetição, simetria, espelho, circularidade: o paradoxo vertido em expressão concisa.

A concisão pode avançar ainda um passo: "Novo Dia Novo". Neste outro arranjo, pouco mais concentrado, a repetição permanece, simplificada, e com ela se mantêm a simetria, a circularidade e o espelho. Condensada pela redução de quatro para três elementos, ou do quadrado para o triângulo, a expressão não perde: ganha o índice supremo da ambivalência e da ubiquidade. O "Dia", agora mediador e vértice da construção, e não apenas um dos componentes que se repete em cada metade, torna-se concomitantemente velho *e* novo. Velho na medida em que participa, como ponto de chegada, do movimento que se inicia com o primeiro "novo"; novo uma vez que assinala, também, o ponto de partida do segundo movimento, que culminará com a verdadeira novidade. O Dia é *o mesmo*, agora no centro geométrico da figura, mas é também *outro*, já agora diante de nossos olhos atentos, isto é, depois de submetido à nossa capacidade de compreensão e expressão, que nos prepara para agir.

Condensada ou não, a inscrição de Tching, que tanto fascinou o espírito criador e irrequieto de Ezra Pound, parece estabelecer um vínculo firme e necessário entre o novo e (paradoxo!) o velho. Sem este, para lhe servir pelo menos de contraste, o novo nem sequer poderá ser percebido como tal; sem o novo, por outro lado, e na mesma medida, o velho simplesmente deixará de existir. Um não subsiste sem o outro. O velho estagnado, que repudie o novo, decretará com isso a sua própria extinção, ao passo que o novo radicalmente novo, sem relações com o que o anteceda, caso seja possível superar o impasse epistemológico aí implicado, condenar-se-á à condição de ato gratuito, lançado para fora do espaço e do tempo. Outro poeta, por acaso contemporâneo de Pound, já alertara:

> A novidade, em si mesma, nada significa, se não houver nela uma relação com o que a precedeu. Nem, propriamente, há novidade sem que haja essa relação. Saibamos distinguir o novo do estranho; o que, conhecendo o conhecido, o transforma e varia, e o que aparece de fora, sem conhecimento de coisa nenhuma. (Pessoa, 1966, p.391)

Confúcio retoma a questão em um de seus *Analectos*, repondo-a a partir de um ângulo precioso, o do ensino, e agora já será possível tornar mais consistente o nosso ponto de partida, no excurso de abertura, relativo à afinidade entre poesia e Pedagogia:

> O homem que mantenha vivo o que é velho e, ao mesmo tempo, reconheça a novidade, esse homem pode, eventualmente, ensinar. (Confúcio, 1951, p.199)

Aí o temos: só se for portador da sabedoria que consiste em reconhecer o novo sem descurar do velho, o homem poderá de fato ensinar. Mas sabemos bem: o novo não depende do nosso esforço para que se mostre vivo. Ser novo é, por si, ao se manifestar, a evidência ostensiva de vida pujante. Já o velho, não. É necessário, *se for o caso*, mantê-lo vivo, contra os que afoitamente o julgam morto, e nisso consiste a sabedoria que qualifica para a atividade verdadeiramente ensinante. Mas não nos apressemos. Indaguemos, antes, com Tze-Kung, discípulo de Confúcio: que sabedoria é essa? Qual é o homem capaz de ensinar? Qual é o homem que reconhece o novo e ao mesmo tempo não descura do velho? Tal homem, no entendimento de Confúcio, e na tradução de Pound, é o *proper man*, o homem correto, adequado. Não satisfeito com a resposta, Tze-Kung insiste: "E o que vem a ser um homem correto ou adequado?". O Mestre responde: "O homem adequado é inclusivo e não sectário; o homem pequeno é sectário e não inclusivo" (Ibid., p.200). Ao exaltar a virtude, Confúcio realça o vício que lhe corresponde, o mais grave entre todos, o sectarismo, apanágio do homem incorreto ou inadequado, vale dizer o adepto fanático e exclusivo, seja do velho, seja do novo.

Este segundo comentário vai um pouco adiante, mas basicamente reforça a perplexidade que se apossou da mente de Pound, quando este, no início do século XX, ao navegar por águas da antiga sabedoria chinesa, guiado pelas investigações de Fenollosa, Pauthier, Morrison e outros, topou com a inscrição atribuída a Tching e traduziu-a por *"Make it new"*:

Tching prayed on the mountain and
       wrote MAKE IT NEW
on his bath tub
       Day by day make it new
cut underbrush
pile the logs
keep it growing. (Pound, 1971, p.265)[1]

---

1 Tradução literal: "Tching orou na montanha e/ escreveu FAÇA-O NOVO/ em sua tina de banho / Dia a dia faça-o novo / apare a moita/ empilhe as toras/ mantenha-o crescendo".

Poucas frases tiveram destino tão auspicioso e ganharam tão larga popularidade quanto o brilhante achado poundiano. "*Make it new*", independentemente do sentido que se lhe atribua, espalhou-se pelo mundo, tornou-se moeda franca, espécie de ícone universal, emblema da Era Moderna.[2] Proposta desde o início como tradução da máxima confuciana, a frase foi ganhando, já a partir da primeira transposição, conotações insuspeitadas, algumas consideravelmente afastadas do sentido de origem. Mas só assim seria possível entender que o vislumbre de sabedoria, lavrado por Tching, mais de 3.700 anos antes, tenha vindo a ser adotado como "definição" de modernidade, no século XX. Parece que permanecemos no âmbito do paradoxo: desde Confúcio, e até antes, não haveria nada de novo, *em si*; novo só será o que formos capazes de *ver e utilizar* como tal. Novo é o mesmo velho, renovado, a exemplo do milenar "Novo Dia Dia Novo", filtrado pela mente criadora de Pound.

---

2 O leitor interessado em confirmá-lo pode recorrer à World Wide Web, na qual encontrará nada menos que 153 mil entradas no Google (acesso em: 12/08/2006) para o *slogan* famoso. Algumas têm a ver com Pound e Confúcio, ou com a modernidade literária, em geral; mas a maioria lida com (por ordem de aparição, só nas primeiras dezenas): aconselhamento financeiro; *haute cuisine*; negócios imobiliários; como instalar uma joalheria doméstica; como construir uma lareira ou reciclar brinquedos; propaganda de instituições de ensino; venda de *philosophy t-shirts* (?); tacos de bilhar; livros usados; a melhor maneira de esquiar ("*ski it new*") etc. Em todos esses casos, "*Make it new*" é o nome do site/empresa ou o emblema do benefício a ser adquirido/conquistado, graças aos milagres do produto oferecido. Repetida em agosto de 2014, a consulta revela que o total de entradas cresceu para a cifra espantosa de 1,2 bilhão, embora isso não trouxesse nada de... novo: tantos anos depois, o quadro continua a ser substancialmente o mesmo.

Poesia para quê?

Talvez seja instrutivo, então, examinar as relações possíveis, as explícitas e as latentes, entre a inscrição original e a tradução.

O homem no mundo

Dentre estimados 2.500 ideogramas disponíveis na escrita chinesa antiga,[3] Tching escolheu dois, para expressar o vislumbre que teve certa manhã, ao concluir suas preces, no topo da montanha. O primeiro, de cima para baixo, tal como aparece à direita dos versos de Pound, chamado "*hsing*", combina dois símbolos, o da árvore e o do machado, e representa a transformação ou o "novo"; logo abaixo, "*jih*", símbolo do Sol, representa o "dia". Em seguida, os dois ideogramas se repetem, invertida a ordem.

Pound traduziu-o por "*Make it new*", o que parece justo, se aceitarmos que a tradução se limite a atualizar o nexo lógico (causal, digamos) implícito na inscrição original, deixando subentendidos tanto os nexos restantes, que são em grande número, quanto o formato icônico da inscrição, que não haveria como "traduzir" da escrita ideográfica chinesa para a escrita fonética do inglês ou de qualquer idioma similar. Ciente das limitações naturais, o poeta fez o que pôde.

Na frase conservada por Confúcio, a conversão do falso *novo* dia em genuíno dia *novo* pressupõe de fato a intervenção do olhar ou do espírito, que permite realizar (*make*) a passagem.

---

3 Como não tenho nenhuma familiaridade com escrita ideográfica chinesa, valho-me neste passo do ensinamento haurido na bibliografia especializada. Um bom começo, para o leitor disposto a refazer o percurso, pode ser *The Pound Era* (Kenner, 1973).

No centro da figura, entre os dois pares de ideogramas, e antes que se inicie o segundo movimento, inversão do primeiro, há uma pausa imperceptível. Sem essa pausa e essa intervenção, a frase não passaria de inócuo jogo de palavras ou de símbolos; sem a interferência do olhar atento, e por isso renovador, o dia novo do segundo movimento seria tão falsamente novo quanto o novo dia do primeiro.

Intervir, interferir, realizar: *fazer*. Menos confiante que Confúcio, no que diz respeito à capacidade de percepção do leitor, Pound não admite dúvidas e ordena, peremptório: "faça-o novo". O dia, qualquer dia, nunca será novo em si e por si, só porque acaba de nascer, pujante do frescor da manhã, ou só porque as horas, afinal, transcorreram conforme o previsto. Esse dia é tão velho quanto os que o precederam e só será portador de novidade se *você* o tornar novo. Será esse o sentido que a tradução poundiana atribui à máxima antiga?

Para Tching (para Confúcio talvez não, como veremos adiante), basta a impessoal constatação do fato: *dia novo*. Para Ezra Pound, o que importa é a *ação* necessária para atingir, aparentemente, o mesmo propósito. *"Make" it new*: fazer, tornar, converter, transformar; agir, intervir, participar; acrescentar ao mundo o timbre de uma presença pessoal, particularizada. É nessa dimensão que opera a brilhante intervenção de Pound. Caso alguém o questionasse ("Fazê-*lo* novo? *Make* it' – 'it', o quê? Como assim?"), Pound provavelmente recomendaria proceder como ele, que apanhou uma frase velha, "Novo Dia Dia Novo", e renovou-a.

Com isso, a tradução parece ajustar-se a uma possível intenção subjacente à frase. Com efeito, não será abusivo imaginar que, em vez de "Novo Dia Dia Novo", Tching poderia ter escrito:

Poesia para quê?

Não repita a sua oração, mecanicamente, toda manhã; transforme-a, insuflando nela, *nessa mesma fieira de palavras, sempre as mesmas*, o melhor do seu espírito, o melhor do seu fervor. Reze, toda manhã, como se fosse uma nova oração e uma nova manhã: *"make it new"*.

Isto é, faça-o como se fosse pela primeira vez, a exemplo da máxima segundo a qual "a poesia nos ensina a ver como se víssemos pela primeira vez", examinada no capítulo precedente.

Tching poderia ter optado por deter a atenção nos tufos de grama a serem aparados, ou nas toras a serem empilhadas e assim por diante, *day by day*. O ensinamento seria: não se dedique a nenhuma de suas tarefas como autômato. Embora sejam rotineiras e consabidas, empenhe-se nelas de modo que tenham sempre o sentido genuíno que brota da sua particular relação com elas. As ocupações do dia merecem o melhor de sua concentração e não o descaso do gesto mecânico, desatento, ausente. ("Sinto-me nascido a cada momento/ Para a eterna novidade do mundo", como vimos páginas atrás.)

Ou ainda... Bem, estamos de volta ao comentário inicial. Seria o caso de prosseguir? Se Tching tivesse optado pelo rumo do comentário analítico, acima exemplificado, a madeira de todas as tinas de banho da dinastia Shang não teria sido suficiente para tão larga inscrição, não haveria como dar forma explícita a todos os subentendidos de "Novo Dia Dia Novo". Ainda que houvesse, seria, além de desnecessário, mero exercício de prolixidade, profundo desrespeito à inteireza e à densidade do pensamento aí contido.

A tradução poundiana é justa, sem dúvida. Além disso, por trazer à tona a intervenção que produz a novidade factual, abre insuspeitadas perspectivas, uma das quais é a eventual dicotomização das esferas, a da ação e a da contemplação, digamos, para simplificar, que na versão original aparecem indissociavelmente ligadas, em plena e harmoniosa unidade.

Ao deter a atenção no machado, à direita da árvore, no primeiro ideograma, a consciência capta a noção abstrata de "fazer" e subsidiariamente a de "dever", isto é, o dever de usar o machado para algum fim, o que aliás justifica a forma imperativa escolhida por Pound. Capta também a noção igualmente abstrata de "crescimento" ou de "renovação", seja da árvore, seja do homem, aquela porque aos poucos se robustece, propiciando melhores condições para a poda; este porque aos poucos, também, desenvolve sua habilidade no manejo da ferramenta e a capacidade de compreensão do dever e da finalidade implícitos no seu uso.

Baixando o olhar na direção do segundo ideograma (mas atenção: a percepção não precisa ser linear, pode principiar pela captação da figura como um todo para só depois desmembrá-la em partes, como pode ir e vir de um para outro nível, quantas vezes forem necessárias); seja como for, feito o esclarecimento, podemos adotar o caminho mais óbvio: *baixando o olhar*, a consciência depreende no símbolo do Sol outra noção abstrata, a da passagem cíclica do tempo. Além de ver o Sol brilhar no interior da delicada inscrição, a consciência vê, também, o dia, os dias, o tempo – ontem-hoje-amanhã – em seu fluir incessante.

Diante da sequência de ideogramas, que mimetiza a sequência temporal, alheia à nossa presença, não temos dificuldade em intuir a espessa massa de conceitos e abstrações aí subentendidos. Tching registra o instante iluminado, na máxima condensação da *poien*, a visão criadora, ciente de que no âmago

Poesia para quê?

da sequência Novo-Dia-Dia-Novo, entranha-se a *techné* responsável pela consecução do ideal vislumbrado.

A concretude de Árvore-Machado-Sol + Sol-Árvore-Machado articula-se de modo a formar uma cadeia abrangente, circularidade prenhe de um sentido que brilha, intenso, em cada parte e ao mesmo tempo ilumina o conjunto, em regime de estreita cumplicidade e dependência. Assim, graças à visão criadora, *poética*, o fazer, os afazeres, todas as intervenções humanas, propiciadas pela mediação da *técnica*, abrigarão sempre uma razão de ser, propiciada pela indissociabilidade das duas esferas.

Já "*Make it new*" oferece à consciência noções abstratas e indeterminadas (fazer, algo, novo), que privilegiam a *techné* e deixam subentendido o resto. Traduzida a visão original, que é de ordem contemplativa, para o pragmatismo generalizador e abstrato de "Faça-o novo"; privilegiada a *techné*, ficando apenas implícita a *poien* que lhe daria sustentação; substituída pela ordem imperativa, ou pela obrigação, a noção de "dever", que ficaria igualmente implícita; e assim por diante: haverá ainda a garantia de que a circularidade, a sequência abrangente, a cumplicidade das esferas, a *razão de ser*, em suma, esteja sempre e necessariamente presente?

Na visão original, o fazer, anunciado pela presença concreta de um utensílio como o machado, há de se multiplicar numa série ilimitada de intervenções, como aparar os tufos de grama, empilhar as toras, banhar-se etc., de modo que todas elas, isoladamente e em conjunto, quaisquer que sejam, estarão impregnadas do sentido primordial. Na passagem para "*Make it new*", as intervenções continuam a ser em número ilimitado, conforme pressupõe a abstração do objeto escolhido, o neutro "it", que pode remeter a algum utensílio como o machado ou

53

qualquer outro. Ou a tudo quanto é "velho", em suma, e ao mesmo tempo a tudo quanto ocorra à livre iniciativa de quem acate a ordem: "Faça-o novo". Caso se trate apenas da *indeterminação* do objeto a ser renovado, o vínculo entre as duas esferas será mantido; mas a tradução-adaptação poundiana abre a possibilidade de um fazer que se multiplique *indiscriminadamente*, desobrigado de remeter, a cada vez, à visão de origem, isto é, um fazer comprometido, agora, tão somente com o eventual *sentido em si* do ato isolado, granular, e não com o sentido comum propiciado pela cadeia, da qual o ato abdica de participar, uma cadeia que talvez tenha simplesmente deixado de existir.

Aceitemos que, mesmo privilegiando a *techné*, a tradução tenha conseguido preservar, subentendida, a *poíen* de que aquela se origina e lhe dá sustentação. O que não haveria como preservar, isto é, fazer migrar para o inglês ou para qualquer dos nossos idiomas fonéticos, é a peculiar atitude espiritual que levou esse notável Tching a não incluir na inscrição famosa nenhuma marca pessoal, salvo o subentendido segundo o qual a inscrição seria sempre atribuída a ele e só a ele. Mas "não incluir" não é o mesmo que "excluir": assinalar o índice de sua presença pessoal não faz parte dos propósitos de Tching, sequer enquanto marca subentendida.

É surpreendente, para nós, modernos, e até, quem sabe, também para Confúcio, que Tching tenha abdicado de marcar a inscrição com seu timbre pessoal. Imerso no silêncio do alto da montanha, a sós com sua mais secreta intimidade, mergulhado no recolhimento da meditação, Tching teria pleno direito, julgamos nós, irremediavelmente modernos, de escrever "Eu...", e prosseguir nesse rumo, o rumo que, tantos séculos depois, como veremos nos próximos capítulos, conduzirá ao

Poesia para quê?

isolamento do poeta moderno. No entanto, ao que se supõe, Tching nem sequer cogitou dessa possibilidade e por isso "não incluiu" sua marca pessoal; *ergo* não haveria o que "excluir". O que ele fez, isto sim, provavelmente sem hesitar, foi escrever "Árvore-Machado-Sol...", isto é, ateve-se a objetos visíveis, realidades do mundo exterior, autorreferenciadas. E isso lhe permitiu registrar, com fidelidade (paradoxo, cremos nós), a *sua* intuição personalíssima.

Dezoito séculos antes de nossa Era (mas não seria preciso avançar tanto: doze séculos antes de Confúcio), Tching não alimentava nenhuma dúvida quanto ao lugar ocupado pelo homem na realidade circundante: apenas um entre os mais, parte integrante de um todo que *aí* está, oferecido quer à ação, quer à contemplação. Contemplar ou agir, e o que daí resulte, não se distinguem substancialmente da série inumerável de objetos e eventos que integram a *empeiria*, o mundo empírico. Por isso, "Novo Dia Dia Novo" diz respeito *também* ao ser humano; diz respeito *também* à pessoa particular à qual se atribui a autoria da inscrição, mas nada disso é merecedor de destaque. Caso o fosse (e virá a ser), aquela integração da parte no todo já não seria possível.

O lugar ocupado pelo homem... Aí talvez resida uma das chaves para o bom entendimento da célebre tradução poundiana, ou da vitoriosa fortuna do "*Make it new*", como emblema definidor da modernidade.

A medida de todas as coisas

A inscrição de Tching interessa a Confúcio na medida em que lhe permite assinalar os nexos de dependência entre o novo e o velho, a circularidade, as relações entre a parte e o todo, a cumplicidade das esferas, a cadeia prenhe de sentido, conforme vem sendo exposto. Já a impessoalidade da inscrição não contaria com seu endosso, não ao menos o endosso incondicional. Confúcio não parece especialmente interessado na Natureza, nas coisas em si, ou no homem enquanto coisa entre coisas. O lugar do homem, para Confúcio, é entre os seus semelhantes – na família, no trabalho, nas obrigações para com os governantes, as instituições e o Estado. Foi a esse domínio, o da Ética e da Política, que Confúcio dedicou sua vida, e não aos domínios da Cosmologia, da Religião ou da Metafísica. Confúcio tem, dos homens e do Mundo, uma visão muito pragmática, avançadíssima para seu tempo – como se vê, por exemplo, na importância por ele atribuída ao autoconhecimento:

> A inteligência se desenvolve por meio do processo que leva cada um a olhar diretamente para dentro do seu próprio coração, a fim de agir com base no que aí encontrar. [...] O homem verdadeiro deve encarar de frente o seu coração. (Confúcio, 1951, p.27, 47)[4]

Caso não os separasse o largo intervalo de doze séculos; caso Tching tivesse chegado a conhecer os ensinamentos de Confúcio, é possível que não escrevesse "Novo Dia Dia Novo", em sua tina de banho, mas talvez uma das frases acima, ou qual-

---

4 "Coração", nesse contexto, não deve ser associado a sentimentos e afetos, mas sim à "memória" (latim, *cor-cordis*, "saber de cor"), vale dizer a consciência capaz de conservar e rememorar/reviver a experiência verdadeiramente valiosa.

Poesia para quê?

quer outra, dentre as tantas que o sábio dedicou ao "coração" e à vida íntima, pessoal, já que foi disso mesmo que se tratou, naquela manhã de 1766 a.C., enquanto Tching rezava, no alto da montanha: encarar de frente o seu coração.

No mesmo rumo, Tching poderia ter adotado o fragmento atribuído a Heráclito: "O Sol é novo todos os dias". Caso o endossasse, e caso dispusesse de uma escrita fonética apta a dar representação precisa às abstratas maquinações do *logos* separado da *empeiria*, e portanto liberto do "peso" ornamental dos ícones e símbolos figurativos da escrita ideográfica, ele talvez optasse, para ser mais explícito, pelo ensinamento de Protágoras: "O homem é a medida de todas as coisas". E por que não o de Sócrates: "Conhece-te a ti mesmo"? Confúcio certamente o aprovaria. Se levasse adiante sua incursão no tempo e chegasse até os seiscentos, já na nossa Era, Tching aceitaria de bom grado a afirmação de Descartes: "*Cogito ergo sum*". Se avançasse um pouco mais, mas sem arredar pé do alto da montanha onde se encontrava, teria cravado de vez: "Faça-o novo", poupando assim Ezra Pound, 3.700 anos depois, do invulgar esforço.

Em suma, a ênfase que a tradução poundiana coloca no pragmatismo da ação pessoal não seria endossada por Tching, mas não é, em absoluto, estranha ao genuíno pensamento de Confúcio, bem como à tradição que daí se origina, em estreita associação com os primórdios do pensamento grego, matriz aparentemente inesgotável de um tipo muito peculiar (novo) de civilização – esta nossa, dita ocidental – que desde o início do século passado parece estar maciça e definitivamente seduzida pelo poder aliciante do "*make it new*".

A bem dizer, não é só "desde o início do século passado". Ao traduzir "Novo Dia Dia Novo" por "*Make it new*", Ezra Pound não introduziu entre nós nada que a velha realidade do Ocidente já não conhecesse e praticasse, de longa data, pelo menos desde que a alma romântica, um século e meio antes, divisara o território até então inexplorado da vida interior, ao mesmo tempo que descobria o encanto da cor local e das circunstâncias singulares, vale dizer todo um mundo novo, diferente do velho mundo balizado pelas generalidades universais dos antigos.

No tempo que antecede o Romantismo, jactâncias como a de Camões, ainda no século XVI, são raras: "Cesse tudo o que a Musa antiga canta,/ Que outro valor mais alto se alevanta" (Camões, [s.d.], p.53). Antes da reviravolta romântica, o que predomina é a aceitação de que o máximo a que o homem pode aspirar é reproduzir, pela imitação, os modelos antigos, fixando-se no passado o ideal a ser atingido. Os clássicos almejam assemelhar-se aos antigos e não diferir deles. Antes do esforço libertário dos românticos, a história dos eventos singulares, individual e coletiva, não contava ou contava pouco. Mas a partir daí o que passa a contar é exatamente a circunstância irrepetível, o momento presente, em que começa a ser escrita uma nova História. A alma romântica anseia pelo novo, o gesto original, o traço distintivo, a *diferença*, em suma, de modo que o ideal a ser agora atingido não se localiza mais no passado, mas no porvir. O novo rumo aponta para o futuro, em permanente construção, e isso o escraviza de modo irremediável ao passado, que deve ser incessantemente negado — negação subserviente, que resulta em ser tão só uma forma involuntária de afirmação do passado.

Nos seus primórdios, porém, o espírito romântico ainda oscila: ora privilegia o novo rumo, a originalidade e a diferença, ora tenta conciliá-lo com os valores tradicionais, consagrados, na esteira da clássica afirmação de Samuel Johnson, segun-

Poesia para quê?

do a qual "a originalidade é excelente, desde que não exclua o seu contrário". O mesmo doutor Johnson o exemplifica, em seu comentário a determinadas estrofes do poeta neoclássico Gray: "são originais, para mim; nunca vi antes essas noções em outro lugar; apesar disso, tendo contato com elas, qualquer um se deixará persuadir de que sempre as sentiu" (apud Abrams, 1973, p.65). Será preciso aguardar até a segunda metade do século XIX para que o novo e a originalidade se imponham como foco privilegiado, como no momento precioso em que, no bojo da segunda revolução industrial, Baudelaire detectou (e justamente em quem, Victor Hugo!) certo atraente *"frisson nouveau"*, o mesmo momento em que, por exemplo, os impressionistas se deixavam maravilhar pela incidência da luz e pelas possibilidades insuspeitadas que daí brotavam. É então que deslancha a modernidade.[5]

Nesse rumo, o *"Make it new"* poundiano corresponde à exacerbação do grande ideal romântico. A novidade, nas primeiras décadas do século XX (diferença de grau, não de essência), é a radicalização, a desusada importância que a partir daí se passa a atribuir à ideia antiga; ou, ainda, a presteza com que o mundo moderno arroga para si a "descoberta" do fato e se rende ao fascínio da frase, adotando-a como lema exclusivo.

O velho, o novo... Na mesma altura em que Pound ensaiava o seu gesto radical, outro poeta norte-americano, T.S. Eliot, ponderava, com surpreendente moderação e invulgar acuidade:

---

5 Uma boa incursão nesses e outros antecedentes da modernidade encontra-se em *The Innocent Eye* (Shattuck, 1984), ou no volume coletivo *Modernism: 1890-1930* (Bradbury; McFarlane, 1981), ou ainda em *Tudo que é sólido desmancha no ar* (Berman, 1986).

O que acontece quando uma nova obra de arte é criada é algo que afeta simultaneamente todas as obras de arte que a precederam. Os monumentos existentes formam, entre si, uma ordem ideal, modificada pela introdução entre eles de uma nova (realmente nova) obra de arte. Antes do surgimento da nova obra, a ordem existente constitui uma completude; para que essa ordem persista após a aparição da novidade, seu *todo* precisa ser alterado, ainda que minimamente, assim como as relações, as proporções e os valores de cada obra de arte devem reajustar-se em face do todo; e isso traduz a conformidade entre o velho e o novo. [...] O passado deve ser alterado pelo presente, na mesma medida em que o presente é moldado pelo passado. (Eliot, 1941, p.25-26)

As circunstâncias, porém, foram amplamente desfavoráveis a que essa espécie de moderação, de raízes confucianas, não chegasse sequer a rivalizar com o apelo formidável do radicalmente novo. As mentes apressadas ou oportunistas não hesitam, desde então, em aplicar a T.S. Eliot o rótulo de "conservador", ao mesmo tempo que elegem Ezra Pound como o campeão imbatível do "avanço" e do "progresso", reduzindo a um maniqueísmo pueril a complexidade das questões envolvidas. A conjugação de fascínio e arrogância que daí resulta foi tão intensa, e tão reveladora da "verdade" definitiva pela qual havia séculos ansiávamos, que até hoje, ao que parece, a ordem emblematizada no *"Make it new"* ainda vigora, inquestionável, embora seu âmbito predileto, no nosso tempo, seja a mixórdia do consumismo, a descartabilidade de todas as coisas, e não as altas paragens a que o poeta dos *Cantos* pretendera destiná-la. A própria arte moderna, em várias de suas manifestações, não tem conseguido (por vezes nem sequer almejado) manter-se

Poesia para quê?

imune aos efeitos dessa degradação. Os dias globalizados que vivemos, enfim, sob o império da alta tecnologia, do *diferente* a todo custo, da banalização do novo, da entronização da "experiência" atomizada, sem antes nem depois, assim como da dominação sem fronteiras, são ao mesmo tempo a prova e a causa. E a justificativa para seguirmos obedecendo, sem hesitar, à ordem formulada por Pound.

"*Make it new*" (podemos recuar um pouco mais) é a formulação feliz da aspiração milenar que, desde Protágoras, nos acompanha e nos forma. Se o homem não é apenas um dentre os demais seres viventes, mas ocupa no Mundo o lugar privilegiado que lhe permite arvorar-se em "medida de todas as coisas", então há que transformar radicalmente esse Mundo, a fim de torná-lo inteiramente outro, reduzido à medida humana. Para que Pound chegasse ao emblema definidor, não teria sido necessário ir buscar àquele mundo exótico e enigmático, a China de tantos séculos atrás, nada além de pretexto. A não ser que esse mundo onde se originou a inscrição "Novo Dia Dia Novo" com o lugar, para nós, tão surpreendentemente modesto aí reservado para o homem tenha passado a representar uma aspiração ainda maior.

Tal aspiração teria começado a germinar entre Confúcio e Protágoras, na passagem do *mythos* para o *logos*, ou do *logos* "mítico", que concebe o homem como ser incluído na *physis*, para o *logos* "noético", a partir do qual o homem é concebido como ser à parte.[6] *In illo tempore*, o sentimento de que o homem é

---

6 O leitor encontrará em *Paideia* (Jaeger, [s.d.], p.171-180) e em *Os filósofos pré-socráticos* (Bornheim, 1967, p.7-16) excelentes explanações sobre *physis*, *mythos* e *logos*.

apenas um ser entre os demais é fato vigente, cotidianamente vivido e confirmado, tal como o registra a inscrição de Tching, ao lado de tantas outras tradições, do Oriente e do Ocidente. A partir de Confúcio, talvez, ou de Protágoras, decerto, pode ter começado a se formar na *memória* do fato desfeito a aspiração maior do retorno à origem – aspiração recessiva, já se vê, certamente desprezada pela maioria dos homens, que, de Protágoras em diante, passam a ver nessa miragem redutora (o homem, simples coisa entre coisas) nada mais que mito e superstição, vestígio de uma era arcaica definitivamente superada. A maioria dos homens passa a empenhar-se, com orgulho, na saga gigantesca anunciada na "verdade" proposta pelo filósofo pré-socrático. "O homem é a medida de todas as coisas" quer dizer: então, todas as coisas devem ser submetidas à sua vontade e ao seu domínio.

Mal germinado, dessa forma ou de outra qualquer, o sonho recessivo da reintegração do homem no Mundo, sonho de artistas e poetas, revela-se de imediato aspiração irremediavelmente perdida. Tantos séculos depois, Pound registra, ao mesmo tempo, a persistência da aspiração e a impossibilidade de que esta se realize. *"Make it new"*, por volta de 1930, traduz o legítimo orgulho, pouco mais, pouco menos arrogante, do homem moderno capaz de se altear, soberano, sobre o Mundo em redor, para transformá-lo todo, vale dizer subjugá-lo por inteiro, graças à prodigiosa multiplicação e ao ilimitado aperfeiçoamento dos seus machados, apto agora a desbastar todas as árvores, a podar toda a grama, a empilhar todas as toras; apto a mudar o curso do Sol (tão monótono, previsível), se preciso for. Ou, até, se nem preciso for: cravar a marca do Homem no olho do descomunal círculo de fogo, outrora dito Astro-Rei, já será razão suficiente. Faça-o novo!

Poesia para quê?

Presente contínuo

Assim como trouxemos o velho Tching para perto de Protágoras, depois para perto de Sócrates e até de Descartes, sem danos visíveis para a clareza da explanação, podemos repetir a experiência, imaginando agora que algum sagaz e ousado discípulo de Confúcio tivesse empreendido saltos semelhantes, sem se afastar da província de Lu, sem viajar no tempo, mas graças tão somente à sua aguda percepção das várias camadas de sentido subjacentes às lições do Mestre.

Tendo refletido sobre a máxima do *"proper man"* (homem adequado), que adere ao novo, mas ao mesmo tempo mantém vivo o velho, máxima da qual discorda, com veemência; tendo extraído do fundo de seu coração o que lhe pareceu o verdadeiro sentido da inscrição de Tching, o discípulo travaria com Confúcio o diálogo que segue.

— Mestre, não lhe parece que o entendimento correto de "Novo Dia Dia Novo" deveria ser "Faça-o novo"?

— Ah, curioso entendimento esse! Deve ter-lhe custado grande esforço. Fazer, "Faça-o"... Sim, você parece estar no caminho certo. Mas, se assim for, não bastaria fazê-lo, e fazê-lo bem? O resultado sempre será, além de necessário e valioso, inescapavelmente novo. Não é preciso preocupar-se com a novidade, esta acontecerá naturalmente.

— E se o que eu fizer for só necessário e valioso, mas não novo?

— Gostaria que me mostrasse algo assim; não conheço nada que esteja nesse caso.

— De qualquer modo, o ponto não é esse, o ponto é: meu coração pede algo novo.

— Ainda que não seja necessário nem valioso?

— Direi então que a novidade, em si, atenderá ao quesito da necessidade: todos nós necessitamos de algo novo; e o valor da coisa nova consistirá precisamente na novidade.

— Talvez... Mas com isso você não concederá ao novo a fortuna de envelhecer, isto é, amadurecer e estabilizar-se. Uma vez criado, esse novo, gerado pela necessidade da novidade e pela suposta valia, em si, da mesma novidade, precisará ser de imediato substituído por outro, de igual teor, e logo outro e mais outro, instalando-se assim o império da instabilidade.

— Não importa! A busca pelo novo almeja conviver com a instabilidade. O contrário, a estabilidade, é a eterna desculpa dos medrosos, que se apegam ao que atingiu a rigidez senil. Mas o Mestre me desconcerta e me desvia do ponto.

— Qual é seu ponto, então?

— O ponto é que a novidade ensinada e autorizada pelos antigos será sempre algo parcial, novidade acuada, impedida de verdadeiramente inovar, até as últimas consequências. Isto não significa atribuir ao velho a primazia e o comando?

— Você o viu e expressou bem.

— Mas então isso não serve.

— Não serve para quê?

— Não serve para o coração realmente inovador, para o indivíduo que se vê condenado a reduzir seus anseios aos limites impostos pelo velho. Por que eu não poderia romper com esses limites e criar algo inteira e verdadeiramente novo?

— Claro que pode! Não sei de nada velho e de nenhum limite que o impeça.

— Então não compreendo.

— Compreende, sim. O que o perturba não são os limites representados pelo velho, mas, isto sim, a sua necessidade de aprovação e reconhecimento. Isso é um contrassenso. Você pretende contrariar o velho, mas faz questão de *ser reconhecido e aprovado por esse mesmo velho. Ainda será velho o velho capaz de aplaudir, de bom coração, o novo? O novo precisa da aprovação de quem quer que seja? Por outro lado, os limites que o incomodam não são impostos pelo velho, mas pela aspiração do novo a fazer sentido. Isto é, para que seja necessário e valioso, e faça sentido, o novo precisa de limites. O ilimitado é o carente de sentido. A propósito, você falou, há pouco, em "inovar, até as últimas consequências". Terei ouvido bem?*

— Correto. Esse é o meu propósito, aliás condenado in limine, pelo axioma do "homem adequado".

— Aí parece esconder-se outro contrassenso. A ousadia inovadora, como você a imagina, representará sempre algo provisório, experimental (não é isso mesmo o que tanto o atrai, a experimentação?), à espera, portanto, de se efetivar. Assim, a verdadeira "última consequência" almejada pelo seu propósito será deixar de ser experimento provisório. Perpetuá-lo como tal não será ir às últimas consequências, mas tão somente arrogar-se o direito de glorificar esboços e rascunhos, como se leviandade e arrogância fossem uma virtude. Você pretende que suas tentativas sejam aplaudidas pelo fato de trazerem novidade ou pelo seu valor intrínseco?

— Como assim?

— Inove, mas dentro dos limites existentes. A novidade criada passará aos poucos a integrar os novos limites. Assim que estes se delineiem no horizonte, o novo atingirá a rigidez da senilidade, como você bem observou, mas antes terá gerado bons frutos, se o que você tiver criado for necessário e valioso. Assim, os que vierem em seguida poderão beneficiar-se dos novos limites, que você ajudou a ampliar, e as coisas seguirão, sucessivamente, sempre novas. Compreende?

— Compreender, talvez compreenda. Mas não estou convencido.

— Então experimente inventar algo radicalmente novo... Não afirmo que isso seja impossível, o dia de amanhã poderá desmentir-me, mas garanto-lhe nunca ter havido nada assim. Tudo quanto chega à existência é reaprovei-

tamento do que já existia. *Mesmo assim, admitamos que você crie algo de tão inusitado teor, nada que o limite, nada que se lhe compare e portanto, também, nenhum limite a oferecer à geração vindoura, salvo o vazio da ausência de limites.*

— *E daí?*

— *E daí que, ou você terá criado a Obra Definitiva, condenando o Tempo, a transformação e a História à paralisia total; ou terá criado apenas uma futilidade presunçosa, condenando as gerações a seguirem repetindo* ad nauseam *a gratuidade desse novo, autoerigido em valor em si, quando é apenas parceiro, aliás imprescindível, do processo comum que leva à criação de todas as boas obras. E esse processo, você bem o sabe, só deverá ser interrompido quando a Perfeição for atingida. Torço para que você ou alguém o consiga, mas torço também para que não seja enquanto eu estiver de olhos abertos e respirando. Seria a morte em vida.*

— *Agora já não lhe compreendo as palavras, Mestre.*

— *Insisto em afirmar que compreende, sim. O que você pretende não é criar algo inteiramente novo, mas algo que não possa ser avaliado senão pela tautologia do pseudocritério gerado pela obra inusitada que você tenha trazido ao Mundo. E, ao mesmo tempo, algo que lhe sirva de pretexto para desobrigá-lo de conhecer o que existe, para só depois pensar em inovar. É o que você pretende? Espero que não, pois isso não passa de arrogância, disfarçada pelo capricho da novidade absoluta. Criar algo apenas parcialmente novo, que venha a ser avaliado pelos critérios existentes, aos quais se adicionará, sem dúvida, a novidade que você trouxer — isso não lhe serve? Então crie a Obra Perfeita e Definitiva, nada o tolhe. Mas não atribua à novidade, em si, a condição para o conseguir. Nem culpe o velho por impedir que chegue lá.*

— *Não sei, Mestre... Minha razão talvez não seja capaz de rebater a sua, mas meu coração diz que não devo concordar.*

— *Que seja, não vejo mal nenhum em suas palavras. A não ser que... Repare, o Sol já se põe, amanhã teremos um novo dia, ou um dia novo, se*

Poesia para quê?

você o consentir, dando alguma trégua a esse aflito coração, de onde brotam sombras e ansiedades demasiadas.

O oco acelerado do mundo

O velho sábio, já se vê, foi irredutível, o ousado discípulo não conseguiu demovê-lo de suas arraigadas convicções, e o tempo lhes deu razão, a ambos. Confúcio legou a seu país e a seu povo ensinamentos que prevaleceram por 2.500 anos.[7] Necessários e valiosos, caso contrário não teriam prevalecido, não se sabe por quanto tempo esses ensinamentos conservaram o frescor da novidade ou a partir de quando se converteram em obediência servil, imobilismo e tirania. O discípulo estava certo, mas foi preciso aguardar que outra cultura e outra civilização se desenvolvessem para confirmá-lo.

Parece ter havido um tempo longínquo, registrado na inscrição de Tching, em que o necessário e o valioso constituíam sólida virtude comum a toda a sociedade, a todos os homens e a todas as atividades humanas, um tempo em que a vida coletiva era um só corpo, coeso e integrado, homens entre homens, o Homem entre as coisas naturais. Doze séculos depois, cinco séculos antes da nossa Era, só o esforço de Confúcio foi capaz de preservar, de alguma forma, a memória desse tempo. Daí por diante, esse mito passa a ser prerrogativa da arte e da poesia de aspiração humanista.

---

7 Séculos de experiência prática em confucionismo (autodisciplina, temperança, equilíbrio entre os extremos etc.) parecem ter desempenhado papel de relevo no recente e extraordinário crescimento econômico da China, hoje superpotência, perfeitamente adaptada às regras da globalização ditadas pelo Ocidente.

Entre nós, há mais de vinte séculos, tal coesão e tal integração de fato não passam de mito, presente em alguma arte e alguma poesia, sugerido pela teimosa e intermitente revivescência da *poien*, em meio à *techné* que nos governa. Nossa civilização não tem conhecimento de nenhuma *virtù* universal, capaz de orientar na direção de outros rumos o contínuo aperfeiçoamento das ciências e das técnicas, cada vez mais especializadas, sem as quais não conseguiríamos realizar nosso propósito de reduzir o Mundo à nossa medida. Como assevera Lewis Mumford,

> o homem do Ocidente vem-se empenhando em viver num mundo não histórico e impessoal, um mundo de matéria e movimento, um mundo sem valores, salvo o valor das quantidades, um mundo de sucessões causais e não de finalidades humanas. (Mumford, 1952, p.16)

Para nós, desde a origem, o necessário e o valioso são decididos segundo critérios técnicos, em razão não de "finalidades humanas", mas de fins imediatos, específicos, a serem atingidos por meios que variam ao infinito e se equivalem, esvaziados de qualquer sentido propriamente humano. O único sentido capaz de prevalecer; o único "valor" inquestionável, tal como o antevira o sagaz discípulo de Confúcio, aí está, estampado na fórmula poundiana: *"Make it new"*.

Pound talvez tivesse em mente a tarefa que então se oferecia a artistas e poetas modernos, as "antenas da raça": inovar radicalmente, a fim de que arte e poesia viessem a sintonizar com o mundo contemporâneo, mergulhado em prodigiosas transformações. Mais do que definir um programa de arte, porém, ou um ideal a ser atingido, *"Make it new"* confirma e legitima o que os meios de produção do mundo capitalista já haviam adotado, tempos atrás, como condição de sobrevivência do sistema assim concebido: produção em escala industrial, cujo apogeu é a economia globalizada, o que significa entronizar o avanço, a mudança incessante e a expansão sem limites, enquanto valores em si, impostos pela *techné*, independentemente de quaisquer "finalidades humanas".

Ao analisar esse processo, do ângulo da produção artística em regime de "indústria cultural", Yves Michaud observa:

> Essa industrialização, essa comercialização e essa circulação em larga escala tendem a favorecer novos modos de relacionamento com as obras e novas formas de experiência estética. A extensão dos livros diminui; o papel da escrita diminui; a capacidade de atenção diminui; olhamos distraídos, só fazemos zapear e escanear; em música tecno há técnicas de *sampling* e ouvimos trancados numa cabine, bolha de som, individual; o turismo situa-se, frequentemente, na base da experiência estética, fornecendo-lhe o pretexto. De modo geral, eu diria que a experiência estética se torna flutuante, instável e encapsulante.[8]

Nesse contexto, é compreensível que a ordem decretada por Pound tenha sido imediatamente acatada, não porque contivesse alguma atraente "novidade", mas por endossar o que todos sabiam, embora alguns o temessem e disfarçassem. *"Make it new"*, no caso de artistas e tendências que aí divisaram uma

---

8 "L'homme vu à travers l'art", conferência proferida em 09/09/2004, na Universidade São Marcos (SP). (Cf. também Michaud, 2003.)

perspectiva promissora, abriu caminho para a exacerbação da experimentação técnica ou para a hipervalorização de meios, recursos, formas, materiais, suportes etc., "ferramentas", em suma, que precisam ser substituídas por outras, cada vez mais "avançadas". Os que enveredam por esse rumo, pondera Weidlé (1954, p.108-109),

> no mais das vezes, substituem a criação pela ginástica verbal e a arte plena, pela demonstração de suas possibilidades abstratas – como certos pintores cubistas, quando tentam substituir o quadro, que desdenham pintar, pelo inventário dos procedimentos que julgam necessários para a sua criação.

Assim concebida, a produção artística ou se enclausura no reduto rarefeito da hipersofisticação hermética, incomunicável, ou, no outro extremo, opta por disputar espaço, sempre em desigualdade de condições, com a parafernália tecnológica e o poder econômico da indústria da moda, da comunicação de massa e do entretenimento, sob a égide do consumismo e do culto à descartabilidade. Num caso e noutro, o resultado faz pensar em autodestruição. Ou em destruição da *poien* responsável pelo mito milenar da reintegração do Homem no Mundo, que só seria possível entrever no sentido humano posto a circular pela obra e não no teor mais "avançado" das ferramentas de que o artista se utilize.

Tão logo se instala o processo, por volta da metade do século passado, e tendo constatado a rápida disseminação da ordem que Pound foi buscar em Tching, Mumford põe ênfase nesse aspecto (auto)destrutivo:

Poesia para quê?

Ordem exterior, caos interno, racionalismo exterior, irracionalidade interior. Nesta civilização da máquina, impessoal e hiperdisciplinada, tão orgulhosa de sua objetividade, a espontaneidade assume frequentemente a forma de atos criminais e a faculdade criadora encontra sua principal válvula de escape na destruição. (Mumford, 1952, p.14)

Seria redundante assinalar que o mito da reintegração do Homem no Mundo se torna, então, obsoleto? O fato é que a exacerbação do novo, com a inevitável saturação que daí decorre, não tarda a decretar a obsolescência *de tudo*. Não só o velho é sumariamente dado como obsoleto, mas o novo também, por mais avançado que seja ou pareça, tão logo se manifeste, torna-se entulho. Beco sem saída, imobilismo; espaço fechado, no interior do qual, paradoxalmente, a novidade saturada continua a se mover, insaciável, autofágica. Sem saída, já se vê, se o considerarmos à luz dos mitos pretéritos, como o faz Mumford. Mas, debaixo de outra luz (mito presente?), a saída aí está: a reintegração conquistada, a nossa realidade pós-moderna, finalmente livre das armadilhas do Tempo. Enquanto o Velho teima em lamentar a perda, o Novo desfruta, com inocência, a sua realização plena e definitiva.

Louis Pauwels e Jacques Bergier (1960) imaginaram em seu livro famoso um cavaleiro das cruzadas que de repente regressasse à Terra, na nossa época. Tão logo chegasse a Nova York, Tóquio ou Paris, ele perguntaria, espantado, mas pronto para o combate: contra quem é essa guerra? Parece ser um bom exemplo. Imaginemos então, no fecho deste excurso confuciano-poundiano, que o velho Tching saltasse da placidez do alto de sua montanha, em 1766 a.C., para a agitação de qualquer praça no centro de Pequim, hoje – a Praça da Paz Celestial, digamos.

Tching indagaria ao primeiro passante, isto é, o primeiro disposto a parar e a despregar da orelha seu pequeno reluzente objeto falante-ouvinte-vidente:

– Diga-me, bom homem, a que suprema divindade estarão todos, ao mesmo tempo, a render seu fervoroso culto?

Culto? Não haveria como explicá-lo ao velho Tching. Divindade? Há muito desapareceram todas. A não ser que o mesmo sagaz discípulo de Confúcio o tivesse acompanhado na súbita viagem, e concedesse em traduzi-lo na linguagem metafórica que Tching, ele o sabe, está apto a assimilar e a julgar que entende.

– Todos, hoje, rendemos culto ao Algures Absoluto, à Luz Interdita e ao Número Quântico de Estranheza, vale dizer ao Magnífico Novo, perpetuamente renovado, que nos une e nos integra ao que somos e ao que não somos, tudo irmanado sobre a face da Terra. Finalmente conseguimos atinar com a Boa Nova, há milênios anunciada: Nós e não o Outro é que somos aquilo que É-Foi-Será,[9] todos afinal integrados na certeza ou na incerteza absoluta, posse de todos e de ninguém. Finalmente temos aí o Tempo congelado, a rodopiar na vertigem do Oco acelerado do Mundo.

---

9 Mero jogo de palavras, sem nenhuma conotação teológica, embora "Yahveh" ou "Javé", o nome "impronunciável" de Deus no Velho Testamento, possa relacionar-se aos diversos aspectos temporais de *"hoveh"*, o verbo *ser*, em hebraico. O nome impronunciável daria, em português, algo como "É-Foi-Será" (Cf. Monloubou; Du Buit, 2003, p.401-402; ou Born, 2004, p.755-756).

Poesia para quê?

Tching faria que sim, sem demonstrar nenhuma surpresa, só um discreto agrado pela sonoridade das palavras. O discípulo de Confúcio prosseguiria:

— *Graças à nossa divindade suprema e ao nosso culto incessante, hoje somos todos um só amálgama, cada qual a sós consigo, na companhia de tudo, dispersos e congregados no Útero informe de todas as coisas.*

Satisfeito, Tching regressaria à sua montanha, à sua árvore, ao seu machado, às suas preces; aos mesmos tufos de grama, às mesmas toras e ao mesmo Sol, para tornar a inscrever, na mesma tina de banho, a mesma velha frase: "Novo Dia Dia Novo".

Pelos olhos e pelos ouvidos

Ler poesia: vício solitário

A pergunta que vimos perseguindo desde o início, "Para que serve a poesia?", conta já com mais de uma resposta. Duas provêm do primeiro capítulo: "Serve para nos ensinar a ver", que devemos descartar, já que demasiado genérica, e "Serve para atemorizar planejadores de sociedades perfeitas", inaproveitável, pois só se aplica a um tipo específico de sociedade, no qual a nossa não se enquadra. Os tecnocratas que nos governam tentam a todo custo convencer-nos de que estamos muito perto da Perfeição, mas como ainda não cuidaram de formalizar a expulsão do poeta, ignorando a severa advertência platônica, poderíamos considerar uma terceira resposta: "A poesia serve para manter o homem e o mundo em estado de permanente renovação", embora tal "renovação" se destine, por ora, a servir tão somente aos propósitos de propaganda & marketing. Como continuamos interessados em saber que papel cabe à poesia na efetiva realidade social em que vivemos, não nos resta senão insistir – de outro ângulo, talvez.

Com efeito, chegamos até aqui assentados na hipótese de que nosso interesse deve concentrar-se nos *sentidos* veiculados pela poesia, isto é, seus conteúdos, seus temas e motivos, as "mensagens" por meio das quais os poemas fazem referência aos homens e ao mundo. Com isso talvez estejamos deixando de lado um aspecto decisivo, tão óbvio que por vezes escapa, relativo ao *modo de circulação* da poesia. O leitor familiarizado com a matéria reconhecerá, neste passo, algum eco da estética da recepção (Lima, 1979) impulsionada pelas teorizações de Hans Robert Jauss, Wolfgang Iser ou Hans Ulric Gumbrecht (Tompkins, 1981), ou das especulações do medievalista Paul Zumthor, em torno da oralidade (Zumthor, 1983). Enquanto conceito básico, sem dúvida, mas o nível em que nos situamos é bem mais modesto. Nosso propósito é lançar um primeiro olhar, empírico, à questão do *modo de circulação* da poesia, fato usualmente negligenciado. O papel do leitor, ou a *qualidade* da recepção do fato poético, é na verdade o que nos interessa e provavelmente será, em última instância, a meta visada pela indagação; mas, considerado o nível de generalidade em que a situamos, tentar conduzi-la diretamente a esse objetivo seria apenas insistir em divagações.

Se quisermos saber qual o papel da poesia e do poeta na socie-dade contemporânea, precisaremos determinar de alguma forma por quais vias se dá, hoje, o acesso à antiga arte dos aedos – a mesma arte que, *mutatis mutandis*, poetas e leitores, a julgar pelos números, insistem em cultivar. Na altura própria, cuidaremos não da teoria geral da oralidade, empenho de largo espectro, que remete para muito além da poesia e até mesmo da litera-tura, mas de uma questão nesse contexto subsidiária, pontual, relativa à hipótese de uma nova poesia, já não mais "literária"

Poesia para quê?

e, a bem dizer, já não mais "poesia", a chamada "poesia *vocal*", isto é, uma poesia da voz e não da palavra, manifestação performática, feita de soluços e grunhidos, praticada pelos seguidores das teorizações de Zumthor. Em seguida chegaremos a isso.

A resposta imediata à pergunta pelo modo de circulação da poesia, ou pela via de acesso a ela, parece óbvia: desde Gutenberg, a poesia circula predominantemente em forma impressa, o que a condenou, há muito, a deixar de ser experiência coletiva, para se tornar uma espécie de vício secreto, pessoal e intransferível, cada vez mais afastado, pelo menos aparentemente, dos interesses gerais da coletividade. O consumidor de poesia, há mais de cinco séculos, leva para casa um livro, um folheto ou equivalente, por meio do qual, em silêncio, entra em contato com a voz do poeta. É a partir dessa via que se estabelecem as relações possíveis entre poesia e sociedade; é a partir desse contato solitário que as fantasias do poeta (imitação da imitação, não nos esqueçamos) *podem* migrar para a realidade e transformar-se em outra coisa. Elementar, claro está; mas as implicações do fato talvez não sejam tão elementares.

Sabemos bem que a poesia no nosso tempo não se oferece apenas sob forma impressa. A despeito de Gutenberg e da prodigiosa expansão do livro no mundo moderno, alguma poesia continua a circular por via oral, mas isso tem sido, desde sempre, exceção, e a bem dizer uma duplicação. Hoje, como ao longo dos últimos séculos, um número reduzido de poetas, de fato, aprecia *dizer* os seus poemas – os mesmos, porém, que também circulam impressos em papel ou em superfícies equivalentes. O esmagador predomínio do livro e da escrita na cultura moderna, aliás, tem estimulado Zumthor e seguidores a empenhar-se numa verdadeira cruzada em prol da revalorização da oralidade; mas, como alegam os teóricos dessa experiência, admitindo-se que a palavra oral se subordina à semântica e à sintaxe, portanto às frases, portanto ao *sentido* logocêntrico imposto pela escrita, essa modalidade acabou por se radicalizar, fixando-se na voz ou no grito não articulado. Aquém da palavra? Não propriamente. A genuína oralidade, conforme afiança a especulação em curso, seria aquela do *"vocema"*, neologismo cunhado por Zumthor, que "é mais da ordem do grito que do verbo" e se situa ubiquamente aquém *e além* do simples "fonema". A poesia "vocal" deve localizar-se no nível da pura corporalidade, naquela dimensão do corpo que ainda não faz nem pretende fazer sentido, mas ao mesmo tempo almeja recobrir (recobrar?) todos os sentidos possíveis.[1] A ideia é sem dúvida aliciante, com seu apelo a uma espécie de barbárie ultracivilizada, e por isso tem granjeado bom número de adeptos e praticantes, descontentes com a "literatura" e com toda a civilização dita ocidental, e sequiosos de uma vanguarda radicalmente revolucionária – no Canadá, onde se fixou o medievalista suíço, no final da carreira, mas também nos Estados Unidos, na Europa e em outras partes do mundo. Nosso propósito, porém, não é levar a tais extremos a modesta e cautelosa interrogação que vem sendo insistentemente formulada: para que serve a poesia?

---

1 "Vontade de restituir à linguagem sua virtude mímica: não no sentido em que esta palavra designaria uma imitação figurativa, mas sim enquanto se trata de imitar os ritmos vitais do homem"; "tentar um modo de expressão situado aquém do sentido"; "em busca de uma protolinguagem transracional que assegurasse a imediatidade absoluta do dizer"; "uma 'língua natural' (*Natursprache*) que, sequência sonora sem palavras, exaltaria a voz emancipada da servidão da linguagem" etc. (Zumthor, 2005, p.154 et seq.)

Poesia para quê?

O que nos move, como foi enunciado um pouco antes de a poesia "vocal" nos desviar, embora não muito, do rumo pretendido, é a poesia ainda enquanto "literatura", com mais ou menos "servidão" aos fonemas, à semântica e à sintaxe. Nosso intento pede a investigação da forma predominante de circulação da velha e sempre renovada *ars poetica*... antes que esta se transforme em outra coisa, como querem os poetas "sonoros". Nossa meta, enfim, é buscar entender o que se passa, hoje, no trâmite que vincula, de um lado, a voz ou a palavra do poeta e, de outro, o seu ouvinte ou leitor.

Ao longo de séculos, da Antiguidade à alta Idade Média, a poesia destinou-se quase exclusivamente a ser ouvida.[2] Poesia impressa, quando tal artefato começa a circular, graças a Gutenberg, é um sucedâneo da forma falada ou cantada, mas — e eis aí a primeira diferença — nos limites da nova modalidade de percepção, pelos olhos e não pelos ouvidos, um tempo considerável passa a transcorrer entre o ato da produção do poema e o seu consumo pelo ex-ouvinte, agora leitor. Ler poesia, como o fazemos desde a invenção da imprensa, ou até antes, é um hábito tardio, fruto de um estágio avançado de civilização. Em nosso universo de língua portuguesa, por exemplo, a extensa produção de cantigas trovadorescas, dos séculos XII-XIV, foi consumida por um sem-número de ouvintes, nas cortes ou nas ruas, de geração em geração, extasiados diante da presença real do trovador, do jogral ou do menestrel.[3] Só bem mais tarde é

---

2 Ao lado das várias obras que Paul Zumthor dedicou ao tema, como *La poésie et la voix dans la civilisation médievale* (1984), uma preciosa investigação a esse respeito é *Na madrugada das formas poéticas* (Spina, 2002).

3 Obra inestimável, nessa área, não só do ponto de vista estritamente filológico, mas cultural, no amplo sentido, é o estudo clássico *A lírica trovadoresca* (Id., 1996).

que essa mesma poesia (a mesma?) começa a fixar-se no papel, passando a ser oferecida a uns poucos leitores, numa época distanciada do tempo da produção dessas mesmas cantigas, quando a arte trovadoresca tinha evoluído e os poetas já não entravam em contato direto com seus ouvintes. Só no nosso tempo é que a poesia pode ser criada e rapidamente divulgada e consumida, graças à agilidade dos meios de reprodução industrial e de comunicação, mas o resultado continua a ser oferecido predominantemente aos olhos e não aos ouvidos. Para nós, a presença real da voz do poeta é virtualmente inacessível, quando não irrelevante. É a esse fato que se apegam, não custa insistir, as especulações um tanto apocalípticas e os sibilinos exercícios da chamada poesia "sonora".

Neste capítulo, fixaremos a atenção no ângulo do leitor, tentando avaliar em que medida a mudança da palavra oral para a palavra escrita produz ou induz formas e sentidos específicos de *percepção* do fato poético. No próximo capítulo, examinaremos os efeitos que essa mesma mudança provoca no modo como o poeta se relaciona consigo mesmo, com a sua arte e com a coletividade, e como isso afeta o teor intrínseco da própria poesia.

Poesia e música

Na passagem da forma oral para a escrita – de poesia para os ouvidos à poesia para os olhos – há perdas e ganhos. Poesia sempre foi e continua a ser, *também*, massa sonora, qualidade acústica, e não há evidência de que esse atributo tenha deixado de existir, quando a escrita passou a prevalecer. A forma escrita não circunscreve a poesia ao olho e à materialidade da folha em

Poesia para quê?

branco, apenas serve-se dos sinais gráficos, não sem profundas repercussões, claro está, como representação circunstancial da totalidade dos seus estratos, incluindo o sonoro. Na passagem, a sonoridade perde seu estatuto de modo único de circulação e se torna potencial, mas não virtual, pois continua a integrar o fenômeno poético. O poeta norte-americano Wallace Stevens, nosso contemporâneo, assim se pronuncia a respeito:

> Aqueles dentre nós que se ocupem dos rumos da poesia, aqueles atentos ao fato de que palavras são pensamentos, e não apenas os nossos pensamentos, mas os pensamentos de homens e mulheres que eventualmente ignoram o que estejam pensando, precisamos estar cientes disto: acima de tudo, poesia é palavras; e palavras são, em poesia, acima de tudo sons. (Stevens, 1965, p.43)

Outro poeta moderno, o inglês Dylan Thomas, incide basicamente no mesmo ponto, embora parta de outro ângulo, o da experiência universal do primeiro contato com a poesia:

> Os primeiros poemas de que tive conhecimento foram canções de ninar e, antes de poder lê-las por mim, já me apaixonara pelas palavras, as palavras em si. O que elas representavam ou simbolizavam ou queriam dizer era de importância secundária. O que importava era o *som* delas, enquanto eu as ouvia pela primeira vez, produzidas pelos lábios dos adultos distantes e incompreensíveis que pareciam, de algum modo, habitar o mesmo mundo que eu. (Thomas, 1965, p.185)

Depoimentos semelhantes, de todas as épocas, poderiam multiplicar-se, mas não há necessidade: podemos constatá-los empiricamente. A representação gráfica da criação poética, era gutenberguiana adentro, ao menos a princípio pode e deve ser encarada não só, mas também, como sucedâneo da forma oral de comunicação. No confronto com um poema no papel, deve-se ter em mente que os sinais aí registrados não remetem apenas a conteúdos ideativos, mas também a sonoridades representadas, tornadas portanto *potências*, à espera de que a recepção as atualize. Na leitura silenciosa do poema, o leitor deve ativar o seu, por assim dizer, "ouvido interior", a fim de que se reconstitua a qualidade acústica dos vocábulos isolados, bem como de suas sequências no fluxo dos versos e estrofes. Essa tarefa decisiva, a cargo do declamador ou intérprete, na forma primitiva do aedo e do trovador, e em seus remanescentes modernos, passa a ser confiada, na forma impressa, à consciência íntima e à arbitrariedade do leitor comum.

Acontece, porém, que essa consciência vai aos poucos se esgarçando. Em nosso mundo gutenberguiano, a fruição do poema tende a ser concebida apenas como percepção de pensamento, sentidos e ideações conceptuais, proporcionados pela carga semântica inerente às palavras, e, em épocas mais recentes, como percepção de formas visíveis, captadas instantaneamente pelo olho, página a página. Gutenberg induz o moderno leitor de poesia a atrofiar sua capacidade de percepção auditiva. Com isso, a comunicação poética perde uma porção substancial de seus efeitos e possibilidades.

Não foi por outra razão que a estética simbolista, nas últimas décadas do século XIX, empenhou tanto de seu esforço, teórico e prático, em restabelecer o primitivo consórcio entre poesia e música, não pela aproximação dicotomizada entre letra e melodia, duas linguagens unidas no propósito comum, mas a

Poesia para quê?

partir de dentro, pela exploração das sonoridades potenciais da palavra poética: *"De la musique avant toute chose"*,[4] Paul Verlaine[5] chegou a proclamar. Por essa via, a experimentação simbolista pôs ênfase no *processo* de criação, tornado desde então extremamente rico e sofisticado, mas não explorou o que essa redescoberta da música poderia representar em termos de *comunicação* com o leitor-ouvinte. A aventura simbolista circunscreveu-se a preocupações substancial e estritamente estéticas, quando não esteticistas.

A propósito desse desvio e seus desdobramentos, Weidlé considera-o um efeito tardio e distorcido do desejo de "inovar", introduzido pelo espírito romântico, de onde

> provém o refinamento extremo da técnica do verso na época simbolista, a fuga exasperada do vulgar, do já visto. E, sem dúvida, a exacerbação que se seguiu não pôde trilhar outro rumo senão o da decomposição do verso, o que culminou por debilitar ao limite a sua matéria, separando-a da vida, da linguagem vivente e do homem vivente. (Weidlé, 1954, p.88)

Foi preciso aguardar até por volta da metade do século XX para que se colocasse em outro nível a questão da oralidade e da música, aspecto decisivo no que se refere aos modos de circulação e de comunicação da arte poética. Nessa altura ocorreu, em várias partes da Europa e da América (espontaneamente, ao

---

4 Trad. livre: "A música antes de mais nada". (N. E.)
5 Um texto básico para o conhecimento desse período é *Message poétique du symbolisme* (Michaud, 1969). De consulta indispensável, também, é a coletânea de textos doutrinários *A estética simbolista* (Gomes, 1985).

que parece), numa área paralela, a música popular, um movimento inverso àquele empreendido pelos simbolistas, já agora da música para a poesia: Georges Brassens, Bob Dylan, Peter Tosh, Violeta Parra, Victor Jara e tantos outros. Boa parte do êxito obtido por essa tendência, que é costume abrigar sob o rótulo de "canção de protesto", deveu-se — *não só, mas também* — à notável qualidade literária das letras. Tratava-se, então, de atender a uma forte demanda social, variável, no que se refere às diferentes circunstâncias históricas e regionais, cada qual com sua constelação de temas e motivos específicos, mas invariável no que se refere à demanda comum por comunicabilidade e inteligibilidade, que a poesia em sentido estrito, com sua sofisticada experimentação de raiz sonoro-simbolista ou visual-vanguardista, nesse mesmo período, estava longe de satisfazer.

Entre nós, no mesmo rumo, nos anos 1960, concomitantemente ao requinte e ao hermetismo da experiência visual-concretista, foi notório o magistério exercido por Vinicius de Moraes, o compositor, não o poeta em sentido convencional, além de Geraldo Vandré, Chico Buarque, Edu Lobo, Capinam, Caetano Veloso, Milton Nascimento e tantos mais, quer sobre os jovens poetas, quer sobre o público, a ponto de muitos julgarem que a poesia em sentido convencional teria morrido ou migrado para o cancioneiro popular.[6] A questão a enfatizar, em suma, é que a sobrevivência da poesia, assim como o temor

---

6 Essa vertente foi inventariada por Affonso Romano de Sant'Anna (1980b, p.97-111 e 177-268). É referência obrigatória, nessa área, "A poesia no purgatório" (Paes, 1985, p.260-270). Mais recentemente, José Miguel Wisnik (2005) passou a desenvolver um interessante trabalho teórico e prático a respeito das relações entre poesia e música.

que levou Platão a expulsar o poeta da *República*, relaciona-se basicamente não à poesia "em si", mas ao modo como esta circule: pelos olhos e/ou pelos ouvidos. Embora os argumentos platônicos girem em torno de Justiça e Verdade, em torno, portanto, dos "conteúdos" mais ou menos edificantes que o poeta inocule em sua criação, o temor do filósofo se prende à forma de circulação oral, capaz de comover, instantaneamente, um público numeroso. Não é por acaso que, no nosso tempo (entre nós, nos anos 1970, assim como em outras partes, em outros períodos), a odiosa censura é sempre mais amena, às vezes grotescamente amena, ou negligente, com o livro, mas implacável com o teatro e os espetáculos públicos — a comunicação de massa, em suma.

Oralidade e tirania

Digamos que a poesia de circulação restrita ao quadrilátero da página, oferecida à experiência íntima, ao entendimento subjetivo do leitor, causaria pouco ou nenhum temor a Platão. O que o filósofo da *República* teme é a poesia declamada ou cantada nos festivais consagrados aos deuses, nas datas cívicas, em véspera de batalhas ou em meio a jogos e competições. O temor advém do fato de que essa poesia é parte integrante de eventos em que grupos numerosos de cidadãos ouvem, *todos ao mesmo tempo*, o mesmo poema, o que intensifica a carga de comoção ali contida. Já a poesia de circulação impressa atinge cada cidadão isoladamente (o vício secreto, a que antes aludimos), de modo que o efeito tende a diminuir na proporção em que o ouvido atrofia. Por quê? Porque o poder de comoção do poema não depende só do conteúdo ou dos sentidos expressos pelas palavras, mas também do ritmo que vai sendo produzido e modulado no *tempo* da elocução/audição. Uma vez confiados ao olho, que fixa sua atenção no *espaço* limitado da página, os atributos rítmicos do poema tendem a se dissolver, seja na consciência do leitor de ouvido atrofiado, seja na performance original do próprio poeta, de ouvido e voz tornados obsoletos ou inúteis, caso não tenha assimilado a lição simbolista ou a da canção de protesto.

A sibilina teorização que viceja no âmbito da chamada "poesia vocal" (voltemos mais uma vez à questão), na verdade, não faz senão pôr ênfase extremada, e distorcida, em constatações meridianamente óbvias, como as expostas acima e nos parágrafos anteriores, quer se trate da oralidade da poesia medieval, quer se trate da atual experiência em torno da vocalidade.

Séculos atrás, na passagem da forma oral para a escrita, tivemos evidentemente uma perda, que não deixou de ser um ganho: a poesia se intelectualizou, o poeta da era Gutenberg foi ganhando uma consciência cada vez mais apurada do poema como veículo de formas, ideias ou pensamentos, elaborados e sutis, e não só como veículo de emoções e sensações. A poesia destinada a ser lida, vale dizer a poesia "liberta" da música e, no extremo, de toda oralidade, exigirá naturalmente uma espécie peculiar de consumidor, o leitor solitário, destinado a se tornar, no trato com a poesia, um agente mais ativo que seu antecessor, o ouvinte. Antes de se oferecer como estímulo à comoção grupal, a poesia escrita se apresenta como desafio à capacidade cognitiva do leitor solitário. Mas, entendamo-nos, essa capacidade se transformará em exercício unilateral e inócuo se não for acompanhada da percepção das sonoridades tornadas potenciais, que continuam organicamente integradas às palavras portadoras de

Poesia para quê?

sentido, bem como às suas sequências rítmicas. Paralelamente, a intelecção lógico-racional do poema será de pouca valia se não der conta do seu poder de comoção, na mesma medida em que deixar-se comover pelo poema sem atentar em sua dimensão ideativa é pretender que a poesia se reduza à sua função mais primitiva, negligenciando séculos de evolução da forma escrita.

Quando a poesia se oferece aos ouvidos, os significados aí propostos passam tão mais despercebidos quanto mais complexos e elaborados forem. As circunstâncias inerentes à audição pública do poema incitam o ouvinte a se comover e não a se concentrar no teor intrínseco do que esteja ouvindo, para lhe analisar as sutilezas e implicações. Será por essa razão que a poesia participante, ou politicamente engajada, corre sempre o risco de que seu alcance ideativo se reduza à repetição de "palavras de ordem", de fácil e imediata assimilação, que no geral apenas confirmam o que a plateia já sabia. Nesse caso, não se trata de comoção *gerada* pelo poema, ou de conhecimento poético propriamente dito, mas de um acordo de circunstância, entre poeta e ouvinte, com base no qual o poema apenas sublinha uma comoção preexistente, permitindo que todos reconheçam, na previsibilidade do ato, as crenças e convicções comuns, ali encenadas. O perigo, alerta Alfredo Bosi, é que, nesse caso, "o trabalho da poesia pode também cair sob o peso morto de programas ideológicos: a arte pela arte, tecnicista; a arte para o partido, sectária; a arte para o consumo, mercantil" (Bosi, 2000, p.226).[7]

---

7 No excurso final, "A poesia e os acontecimentos", voltaremos a essa questão.

Reduzida a essa forma didática e previsível, e a despeito do conteúdo de rebeldia que possa conter, a poesia dita *participante* será privada de qualquer atributo que permita considerá-la propriamente insubmissa ou subversiva. Subversão e insubmissão verdadeiras só ocorrem no nível da consciência individual que se deixe impregnar pelo revolucionário modo de ver do poema genuíno. *Ver como se fosse pela primeira vez* é a experiência decisiva, propiciada pela poesia autêntica, única possibilidade de a tirania e a opressão virem a ser de fato abaladas. A poesia que confie seu propósito contestatário ao efeito retroativo de *slogans* e palavras de ordem será imediatamente neutralizada pelo Sistema, cuja má consciência a reduz sem dificuldade a mero *happening* pitoresco, logo tornado inofensivo.[8]

O fato é que o *ouvinte*, em princípio, não é convidado a exercitar sua capacidade de refletir, analisar, decifrar: essa será a tarefa confiada ao *leitor*. A poesia de circulação oral (podemos voltar mais uma vez a Platão e seus temores), por deixar em suspensão as faculdades cognitivas do ouvinte, favorece a adesão irrefletida, com sua larga margem de irracionalidade; já a de circulação impressa aposta na racionalidade, uma peculiar racionalidade que não espera substituir o primitivismo da comoção, antes o incorpora. Todo leitor atento o sabe: aí reside a perda que é um ganho.

Se assim é, não há que lamentar o fato de a poesia ter deixado de circular oralmente, já na Idade Média, embora poetas isolados ou movimentos inteiros, ao longo do largo lapso de

---

8 A respeito desse tema, remeto o leitor à "Vida experimental", sobre a poesia marginal de Roberto Piva (Moisés, 2001, p.301-320).

Poesia para quê?

vigência da forma escrita, tenham pregado a volta à oralidade, seja no rumo esteticista dos simbolistas, seja no rumo da comunicabilidade imediata do cancioneiro popular, seja no rumo da assim chamada poesia "vocal" ou "performática", pós-moderna. Podemos até admitir: talvez fosse de fato melhor que a poesia deixasse de circular sob forma impressa e voltasse a ser apenas cantada ou declamada, mas isso seria negar a História, especular no vazio e referendar uma indesejável postura nostálgica, embora os poetas "sonoros" pretendam que a falta de sentido de sua poesia "expresse" todos os sentidos possíveis.

É na poesia "literária" do nosso tempo que estamos interessados; é ao presente e não ao passado, nem a qualquer espécie de oráculo, que cabe endereçar a pergunta que nos incita: qual é a função da poesia? Nossas incursões ao passado, no entanto, advertem: a poesia do nosso tempo é outra, mas continua a ser virtualmente a mesma. A velha arte dos aedos evoluiu, sem dúvida, mas não em termos de "superação" de etapas logo tornadas obsoletas e descartáveis, à maneira do que ocorre com os avanços tecnológicos e as ciências utilitaristas, em meio às quais a poesia insiste em sobreviver. "Nesse mundo sério, racionalizado, funcional", afirma Jean Onimus,

> a poesia, que parecia extinta e por assim dizer ultrapassada, está quem sabe mais próxima de nós do que nunca. Essa redescoberta permanecerá como um dos traços mais extraordinários de uma época na aparência inteiramente dedicada às conquistas da técnica: descoberta de uma poesia primitiva, anterior a toda a literatura e bem próxima desse contato com o sagrado que outrora fazia do poeta um sacerdote e de Orfeu, um iniciado. (Onimus, 1966, p.19)

Carlos Felipe Moisés

A poesia não evolui?

Não obstante poder oferecer ao leitor, mas sobretudo ao ouvinte, várias formas de satisfação imediata, propiciada pelo impacto dos seus ritmos e cadências aliciantes, a poesia solicita concentração e distanciamento, para que esse impacto seja assimilado em todas as suas dimensões, embora isso não se aplique, já se vê, a todas as modalidades de poesia, mas só àquelas que de fato contenham tais dimensões, vale dizer, a grande poesia. A busca obcecada do novo ou do mais avançado, porém, em todas as áreas de atividade, como vimos no capítulo anterior, não favorece, antes repele o distanciamento necessário ao recolhimento e à reflexão. Retomemos neste passo, mais uma vez, a reflexão em torno da busca obcecada do "novo".

Tangidos pela ordem peremptória e inquestionada do "*Make it new*", somos todos instados a mergulhar na vertigem. Quem parar para refletir, ainda que só por um instante, será tomado pela sensação de que foi posto à margem da História ou de que se transformou em anacrônico inimigo do avanço e do progresso. Mas, de nossa parte, tal sensação não nos deve tolher. Se estivermos efetivamente empenhados na poesia genuína, nosso ritmo, como o definimos de início, não deverá ser o da corrida frenética no encalço de resultados imediatos e mensuráveis, mas sim o de quem esteja disposto a dedicar um largo tempo às dúvidas que, enquanto não forem satisfeitas, não nos permitirão avançar.

A chave talvez esteja exatamente aí. Se tentarmos *avaliar* a poesia (mas não só, decerto) sem distanciamento, recolhimento e reflexão, não haverá saída: ou bem tudo o que é novo ou mais avançado é intrinsecamente melhor, caso nos filiemos à

Poesia para quê?

hoste da vanguarda; ou bem é melhor tudo o que seja antigo e consagrado, caso nos alistemos na falange do conservadorismo. Ambas as atitudes têm em comum a nefasta mistura de dogmatismo e sectarismo, superficialidade e irreflexão. Trata-se de posições apriorísticas, que se recusam a examinar de perto as implicações do fato — o fato de que mudanças, transformações e avanços ocorrem à nossa volta, em ritmo cada vez mais acelerado. Embora muitos se iludam a respeito, não é possível resolver *de antemão* todas as dúvidas e impasses daí provenientes.

O fator complicador é que, em determinadas esferas de atividade da Aldeia Global, o novo tornou-se de fato valor em si, pouco importando se representa ou não algum efetivo aperfeiçoamento. A cada estação, um vasto conluio de estrategistas despeja, no ávido mercado, novos ou mais avançados "modelos" seja-lá-do-que-for, que imediatamente tornam obsoletos e descartáveis os antigos. Aceitemos, com relutância, que tal regra vigore quando estiver em causa a torradeira do café da manhã, o formato do bico ou do solado dos sapatos, a versão do sistema operacional que instalamos em nossos computadores, a nova estratégia de *suporte* ao cliente adotada pelas empresas, e tantas outras "necessidades" que, se nao forem imediatamente satisfeitas, nos levarão a experimentar a desoladora sensação de que fomos alijados da História. O que temos aí é um simulacro daquele eterno presente subentendido na utopia platônica, como se a celeridade do nosso tempo não almejasse ser outra coisa senão caricatura de utopia — versão terceiro milênio, mas ainda assim utopia, e triunfalmente realizada.

Se a falsa "inovação" se limitasse àquelas áreas de interesse, talvez fosse até benigna: manteria aquecida a economia e garantiria emprego para boa parcela da população. O problema se põe quando o flagelo da descartabilidade ameaça estender--se para além do reino encantado do consumo, aplicando-se ao próprio ser humano ou a seus valores mais altos. O que fazer, para falarmos em termos das categorias propostas por Confúcio ou Platão, quando Justiça, Verdade, Beleza, Educação, Temperança, Equilíbrio, Caráter etc. passam a ser tratados como torradeiras e sapatos, segundo as leis infalíveis do Planejamento Estratégico, da Qualidade Total e da Otimização dos Lucros? Quando isso se concretizar de vez, conforme *sinaliza* o *cenário* da ordem econômica globalizada, não haverá mais o que fazer: todos teremos abdicado, por inteiro, da liberdade de escolha e da capacidade de refletir. Na esteira do propósito milenar de dominar o Mundo, estaremos reduzidos a máquinas que produzem e consomem.

> A impossibilidade de conciliar a ideia da poesia e da criação poética com o culto da ciência e a superstição do progresso indefinido resulta de vivermos em um mundo desintegrado pela análise racional, em um mundo que se desagrega em átomos humanos estranhos uns aos outros e que não se unem senão pelo laço dos interesses práticos. (Weidlé, 1954, p.90-91)[9]

A "superstição do progresso indefinido" vem a ser, então, responsável pelo totem máximo do nosso tempo, a "avidez da novidade", como a designa Heidegger. O filósofo de *Ser e tempo* é radical em sua crítica:

> A avidez de novidades, no gozo de sua liberdade plena, não cuida de ver para compreender o visto, ou seja, para incorporar

---

9 "O aplicativo dos sonhos", no capítulo final, retoma essa questão.

Poesia para quê?

um "ser" relativo a isso, mas tão somente para ver: busca o novo apenas para de imediato saltar no encalço de outro novo. Não é o apreender, e com isso o ser, que na verdade interessa aos cuidados desse ver, senão a possibilidade de se abandonar ao mundo. Daí a avidez de novidades se caracterizar por um específico "não se demorar" no imediato, e não buscar sequer o ócio propiciado pelo demorar-se na contemplação, mas sim a admiração, a inquietude e a excitação diante de algo sempre novo, em permanente mudança. Nesse não se demorar, a avidez de novidades confina sempre com a constante possibilidade de "dissipação". A ela não importa que a admiração conduza à incompreensão, pois a avidez de novidades só cuida de saber, simplesmente para ter sabido. (Heidegger, 1962, p.191-192)

O fetiche do novo, ou o princípio do novo como valor em si, com sua excitação embasbacada, seu descaso pela compreensão e sua dissipação, de fato ameaça tomar conta de todas as esferas de atividade da Pólis, incluindo aquelas outrora governadas pela Filosofia e pela Educação, como pretendia o arquiteto da *República*. Tudo o que nos cerca corre o risco de se tornar mercadoria descartável, até que se descarte também o único obstáculo capaz de resistir à perversão dessa espécie de "progresso" indiscriminado: *a consciência*. Antes que isso aconteça, voltemos ao ponto de partida, para prosseguir com o reconhecimento do óbvio.

Avanço e inovação são conquistas evidentemente benignas de toda a Cultura, aí incluída, como não podia deixar de ser, a antiga arte dos poetas. Tudo o que nos diz respeito, agrade-nos ou não, está sujeito à História, *é* História, e História é isso mesmo — avanço, inovação, progresso. É preciso, porém, estar atento ao fato de que a poesia sem dúvida evolui, como tudo o mais, mas as etapas dessa evolução estão todas presentes, embora nem sempre perceptíveis, em qualquer bom poema, hoje. E nenhuma das etapas anteriores pode ser descartada, não ao menos do modo como descartamos os modelos obsoletos de um eletrodoméstico.

Um bom poema cantado em praça pública, na Idade Média, não deixou de ser bom só porque outros bons poemas começaram a circular em folhas de papel, lá por volta do século XV; estes, por sua vez, não serão "ultrapassados", umas centenas de anos depois, por outros bons poemas que comecem a ser registrados no mesmo papel, ou exibidos numa tela, ou produzidos por qualquer outro meio oferecido pelo avanço tecnológico à inventividade dos poetas, desde que a palavra, plena de significação, continue a ser parte integrante da matéria poética. Giacomo Leopardi, o grande poeta italiano, já o afirmara: "Tudo se aperfeiçoou de Homero em diante, mas não a poesia" (apud Bosi, 2000, p.131).

Resultado de séculos de evolução contínua, não obstante mais lenta e menos perceptível que a evolução dos utensílios que nos cercam, e num rumo predominantemente à margem do dogma do "progresso" tecnocientífico da sociedade como um todo, a poesia do nosso tempo deixou de ser, há muito, fato objetivo, público e notório, *e por isso ameaçador*, como nos tempos de Platão, mas continua a ser um fato, que não consegue sobreviver senão na intimidade da consciência de cada leitor.

Embora muitos amantes fervorosos da poesia insistam em acreditar que esta seja "eterna" e sobreviverá *a tudo*, sabemos que não é bem assim, pelo menos desde que Walter Benjamin detectou, nos anos 1930, o fim da "aura" (Benjamin, 1977,

Poesia para quê?

p.217-251). A surpreendente longevidade da poesia, ponto de que partimos, só tem sido possível graças justamente às incessantes transformações pelas quais tem passado, algumas das quais desfiguradoras de suas feições primitivas. A poesia só seria "eterna" caso se vinculasse *apenas* à natureza biológica do ser humano, como se o primeiro poema da espécie tivesse correspondido ao primeiro orgasmo, ao primeiro parto, à primeira morte; como se a poesia, em suma, tivesse sido, na origem, um grito primal, o mesmo grito destinado a reviver milênios afora, em cada poema articulado na forma de canto ou escrita, por mais avançadas e elaboradas que sejam as suas manifestações no mundo civilizado. Mas essa mesma poesia "articulada", a única que conhecemos (o "grito primal", por aliciante que seja, não passa de conjectura de etnógrafos ou de poetas "sonoros"), é *também* fenômeno cultural, historicamente situado, dependente do contexto social em que se constitui. Por isso, o fato de que "a poesia há muito não consegue integrar-se, feliz, nos discursos correntes da sociedade" (Bosi, 2000, p.165) deve ser tributado não só às idiossincrasias do poeta, mas também à própria sociedade. Não há como escapar da ilação: o receio da "morte" da poesia há de ser entendido como receio da morte do homem; qualquer eventual "crise" da poesia será só sintoma da crise de consciência no mundo moderno. À perda da "aura", afinal de contas, mero símbolo ornamental, no caso do artista, corresponderia no homem à progressiva perda da sua humanidade, e aí sim teremos a prova definitiva de que a poesia não é eterna e a longevidade tem limite.

Nossos poetas têm pejo de repetir o brado retumbante dos antigos, como o de Castro Alves: "Senhor Deus dos desgraçados,/ dizei-me vós, senhor Deus,/ se é mentira, se é verdade/

tanto horror perante os céus!" (Alves, 2005, p.222), cientes, talvez, de que a retumbância acaba por favorecer os que se beneficiam desse mesmo horror. Preferem, antes, dizer o seu *Poema sujo* (Gullar, 1976), que maliciosamente indaga, à maneira de Affonso Romano de Sant'Anna (1980a), *Que país é este?*. E em todos ecoa a severa lamentação drummondiana: "Este é tempo de partido,/ tempo de homens partidos./ [...] Este é tempo de divisas,/ tempo de gente cortada./ De mãos viajando sem braços,/ obscenos gestos avulsos" (Andrade, 1967, p.144).

Era gutenberguiana adentro, a *leitura* solitária de poesia talvez tenha deixado de ser apenas sucedâneo da *audição* coletiva, para se converter em condição de existência da arte poética, ou (daria no mesmo?) condição de sobrevivência da consciência de cada um, não só a consciência da poesia em si, o que seria uma inutilidade, mas a consciência da vida e da realidade em que estamos inseridos. E a consciência de cada um guarda estreita relação, hoje, com a viagem sem retorno que o poeta vem empreendendo ao interior de si mesmo, há séculos, desde que foi dispensado, por Platão e seus sucessores, do papel que outrora desempenhava nas atividades da República.

Da praça pública à mansarda

Poeta e cidadão

Na era Gutenberg, a passagem da circulação oral para a escrita impôs, no intervalo de duas ou três gerações, se tanto, a leitura individual e silenciosa como forma dominante de acesso à poesia, perdendo-se rapidamente no espírito do *leitor* a memória de sua anterior condição de *ouvinte*. A mudança também afetou o próprio poeta, mas este levará um largo tempo para reconhecer e assimilar as consequências daí resultantes, entre as quais o inevitável isolamento a que a mesma mudança o condena, embora não de imediato. A solidão do leitor, diante do poema oferecido pela página impressa, define apenas a condição de acesso a uma experiência que continua a depender de sua efetiva participação e não compromete sua identidade pessoal, podendo até reforçá-la, graças à oportunidade de concentração e recolhimento propiciada pela leitura silenciosa. Já para o poeta, a passagem não constitui um fator meramente extrínseco, mas interfere na intimidade de sua condição e tem efeitos decisivos sobre sua identidade e razão de ser. O ato da criação muda de registro a partir do momento em que o poeta passa a compor para ser lido e não para ser ouvido.

Antes da passagem, o lugar do poeta era assegurado pelo acordo tácito mediante o qual a coletividade o acolhia e cultuava, em eventos dedicados a interesses vários, como a vida moral e religiosa, as competições, as celebrações do amor, os rituais funerários, a guerra, o trabalho, as tradições e aspirações comuns, das quais a poesia era parte integrante e inalienável. Entre poesia e sociedade tramava-se, em linhas entrecruzadas, o denso enredo do *ethos* gregário, em que verdade e fantasia, realidade histórica e mito consentido se acumpliciavam, em constante e sempre renovado vaivém. Enquanto prevaleceu a forma de circulação oral, a identidade do poeta, enquanto poeta *e* cidadão, sem que um se distinguisse do outro, era claramente marcada de fora, a partir da cultura geral em que a poesia se gestava, e que reciprocamente essa mesma poesia ajudava a manter e a revigorar.

A vigência dessa identidade não se limitava ao momento da audição, cuja função, quanto a isso, era fornecer ao poeta a *confirmação* do lugar por ele ocupado na sociedade, mas estendia-se a um tempo anterior, fundamento e justificativa do pacto firmado com a comunidade, bem como, ainda, a um tempo posterior, garantido pela expectativa de que esse mesmo pacto haveria de se perpetuar, enquanto perdurassem os valores culturais em que o processo se inscrevia. Longe de ser um dado de circunstância, vigente apenas por ocasião do efêmero contato com o ouvinte, a identidade do poeta se lastreava em verdades de largo espectro, era um fato histórico, não limitado à *forma* oral de circulação da poesia, mas abrangendo por igual a *matéria* de que esta se plasmava: temas e motivos, pensamentos e emoções, modos de sentir e

Poesia para quê?

de dizer, memórias e anseios – expressão de uma realidade pertinente, ao mesmo tempo, ao indivíduo poeta e à coletividade.

A mudança para a forma escrita promove uma série de transições e rupturas, de largo alcance. O lugar ocupado pela poesia não terá desaparecido de imediato, uma vez que não dependia exclusivamente do fato da oralidade, mas o poeta perde a confirmação exterior, regular e unânime, de que esse lugar lhe estava reservado. O pacto anterior de algum modo se prolonga, já que as tradições, os costumes e os valores comuns aparentemente não se alteram em razão de a poesia ter deixado de circular oralmente, mas passa a ser mero pressuposto ou subentendido, uma "verdade" dependente da conivência de cada leitor e que, por isso, não tem como ser dimensionada e historicamente *situada*.

Não é só na identidade do poeta que a mudança interfere. A própria poesia, enquanto forma e enquanto matéria, vai aos poucos perdendo seus vínculos com o modo de ser coletivo, passando a se encaminhar no rumo das inquietações pessoais do poeta, cuja voz, tendo deixado de ecoar fora, passa a aguardar no silêncio da página impressa que a intervenção do leitor lhe atualize as potencialidades, tornando-a voz de todos. Não sendo mais convocado para as celebrações comuns, que no entanto prosseguem, o poeta passa a enfrentar o dilema virtualmente insolúvel do ser dividido entre personalidade civil e personalidade literária. Caso continue a participar dessas celebrações, não mais o fará como poeta, mas como cidadão. Nesse caso, que rumos seguirá sua poesia? Caso opte por ignorar a dissociação, insistindo na ideia anterior de que, nele, poesia e cidadania se confundem, tornar-se-á cidadão para si mesmo, autoexcluído da Cidade comum. Neste outro caso, também, que rumos seguirá sua poesia? O divórcio entre poeta e sociedade resulta, naquele, em cisão entre o cidadão e o poeta.

Personalidade civil, personalidade literária... O primeiro efeito da cisão será, para o poeta, a suspeita, quando não a certeza, de que sua identidade como cidadão foi posta em dúvida. Por outro lado, sua identidade como poeta, ao mesmo tempo que passa a depender da presumida conivência do leitor, torna-se também uma condição a ser buscada e construída, a ser definida por ele próprio. É como se, para o poeta da escrita e do livro, não bastasse *ser* poeta: é preciso *agir* como tal, sendo que a ação, no caso, é mister do cidadão e não do poeta. A perspectiva que a partir daí se abre é a da autoidentidade possível, em substituição à identidade efetiva, antes reconhecida e conferida pelo meio.

Um dos efeitos capitais dessa mudança diz respeito à dicção, que por muito tempo conserva ainda vestígios da antiga encenação oratória, por vezes altissonante, mas vai aos poucos se encaminhando no rumo do coloquialismo intimista, imposto pelo novo teor confessional, sobretudo a partir do período pós-romântico. Em meados do século XX, Auden chegará a apontar a dicção intimista como traço definidor da poesia moderna, consequência derradeira do empenho do poeta em buscar ou forjar sua identidade própria:

> O estilo característico da poesia moderna é um tom de voz íntimo, a fala de uma pessoa que se dirige a outra pessoa, não a um público amplo; quando quer que erga sua voz, o poeta moderno soará teatral. E o herói característico dessa poesia não é nem o "Grande Homem" nem o rebelde romântico, mas o homem ou a mulher que, nos caminhos da vida, a despeito de todas as pressões

Poesia para quê?

impessoalizadoras da sociedade moderna, se esforça por adquirir e preservar um rosto próprio. (Auden, 1965, p.178)

A valorização da intimidade, na lírica moderna, define o caminho a ser explorado tanto pelo leitor como pelo poeta: o do convívio mais estreito com a vida interior. Dispensado das atividades diárias da Urbe, o poeta se refugia na subjetividade, de onde espera extrair a matéria de sonho e realidade a ser carreada para seus poemas. Já o leitor será convidado a reproduzir a experiência do recolhimento, na condição de confidente privilegiado diante de quem, ou diretamente a quem, o poeta expõe suas inquietações profundas, sua mais secreta intimidade, na expectativa de encontrar algum acolhimento, recepção afetiva e compreensão. O convívio com a interioridade do poeta conduzirá o leitor, num segundo momento, a desenvolver a experiência paralela do convívio com sua própria vida interior, seja sob o signo do contraste e da repulsa provocada pelas excêntricas inquietações do poeta, seja sob o signo da empatia e da identificação eventualmente experimentadas diante dessas mesmas inquietações.

Eis aí a condição ideal para que escritor e público se acumpliciem no mesmo propósito, tornando o fato literário expressão conjunta de criação individual e intervenção coletiva. O pacto antigo, que via no poeta a manifestação da coletividade, e por isso tanto temor causara a Platão, tenderá a ser reposto por outra via, a da identificação do leitor com o poeta. Bem por isso, Jean-Paul Sartre, teórico e praticante da literatura "engajada", destaca a contribuição decisiva do leitor, sem a qual a obra literária, a bem dizer, não chegaria sequer a existir: "A leitura é um pacto de generosidade entre o autor e o leitor; cada um confia no outro, conta com o outro, exige do outro tanto quanto exige de si mesmo" (Sartre, 1989, p.46).

Formado por linhas que se cruzam em várias direções, o quadro assim esboçado tem no seu núcleo a experiência decisiva que leva a consciência a se dividir em sujeito e objeto, polos cujos sinais se intercambiam, dialeticamente. Para saber do Outro, é necessário sair de si, a fim de captar a objetiva individualidade alheia; para saber de si, é preciso afastar-se da subjetividade e converter a consciência em olhar neutro, real ou simulado, capaz de se apreender como objeto. "Sujeito" e "objeto" não passam, claro está, de condições ao mesmo tempo relativas e provisórias, cambiáveis e concomitantes. Tal é o jogo complexo que sobretudo a partir de Freud, século XX adentro, a teoria (mas sobretudo a prática) psicanalítica desenvolverá, um jogo que já começara a ser praticado, simbolicamente, entre o poeta pós-romântico e seu leitor, e continua a ser praticado, hoje, independentemente da disseminação e da popularização da psicanálise.

Poesia épica, poesia lírica

Na era pós-gutenberguiana, o poeta é cada vez mais consciência isolada em si mesma, ora à procura de sua *identificação* com o Outro, ora orgulhoso de sua diferença e sua singularidade. Na tradição de língua portuguesa, uma das primeiras evidências dessa transição é fornecida pela conhecida lamentação camoniana, no final da sua epopeia:

Não mais, Musa, não mais, que a Lira tenho
Destemperada e a voz enrouquecida,

Poesia para quê?

E não do canto, mas de ver que venho
Cantar a gente surda e endurecida.
O favor com que mais se acende o engenho
Não no dá a pátria, não, que está metida
No gosto da cobiça e na rudeza
De uma austera, apagada e vil tristeza. (Camões, [s.d.], p.335)

No fecho da larga empreitada em que se propôs cantar "o peito ilustre Lusitano", vale dizer a comunidade à qual se orgulha de pertencer, aí está o poeta a falar de si, isolado, centrado em si mesmo, ciente da distância que o separa do seu povo, do seu leitor. Para o que nos importa, dois aspectos merecem atenção. O primeiro prende-se à linguagem, seus símiles e metáforas: poesia, para Camões, no final do século XVI, ainda é referida como "voz" e "canto". Linguagem figurada, sem dúvida. Nem ao poeta nem a seus leitores ocorreria, nessa altura, julgar que pudesse tratar-se de poesia de circulação oral. Mas, ao mesmo tempo, a figuração não deixa de assinalar a nostalgia da oralidade, a tentativa de prolongar simbolicamente a condição havia muito perdida. E assim será, séculos afora, como o vimos no capítulo anterior. O segundo aspecto diz respeito ao "gosto da cobiça", alusão ao espírito mercantilista que o poeta detecta e denuncia como o verdadeiro motivo da expansão marítima e dos descobrimentos, mal disfarçado sob o que deveria ser o motivo principal, a expansão da Fé. Para que não haja dúvida, já na abertura do Poema, Camões diz estar empenhado em cantar "as memórias gloriosas/ Daqueles Reis que foram dilatando/ A Fé, o Império, e as terras viciosas/ De África e de Ásia andaram devastando".

A Fé e o Império... Podemos ler aí, de um lado, a Religião, emblema dos valores espirituais que fundamentam todo um projeto civilizacional e justificam o ato heroico e a proeza das conquistas; de outro, a Dominação, o comércio, o lucro, o acúmulo de bens e a belicosidade, mera estratégia na escalada de poder – falsos valores ou valores mesquinhos, claros sinais de que o mundo real vai aos poucos abandonando os ideais sonhados pela tradição. No mesmo gesto em que exulta pela glória da Nação, Camões denuncia-lhe a decadência: ideologia e contraideologia, conjugadas. E não se trata de uma face contraposta à outra: glória e decadência coincidem, mescladas na hibridez que toma conta do *ethos* coletivo, sob o olhar consciente e severo do poeta.[1]

Isso nos remete de volta, por via indireta, aos temores de Platão. Na sociedade "perfeita", essa que o homem do Renascimento não apenas sonha, mas põe ou julga pôr em prática, não haveria lugar para o poeta, alma descontente, voz destoante. No século XVI, porém, consagrada a forma escrita de circulação da poesia, condenado o poeta à inércia da palavra muda, represada na página impressa, os donos do poder já não veem por que tomar a sério a advertência platônica. D. Sebastião, rei de Portugal, não só não expulsa Camões do convívio com seus semelhantes, como lhe financia a publicação da obra e lhe concede uma modesta pensão – pelos serviços prestados na Índia como soldado, é verdade, mas sua dupla condição de soldado *e poeta* não o desqualificou para o privilégio real. A poesia, enfim, já não representa, no mundo moderno, o perigo que representara para Platão e passa a ser tratada como inofensivo adorno. Da praça pública, digamos, o poeta é instado a retirar-se para

---

1 Esse entendimento da epopeia camoniana é extensamente desenvolvido no ensaio "A máquina do mundo" (Moisés, 2001, p.23-57).

a sala de visitas. (À mansarda, anunciada no título, chegaremos logo adiante.)

A intromissão da subjetividade, num poema épico desejadamente impessoal, assinala o ponto de encontro de vários caminhos, encruzilhada de crucial importância para a sobrevivência e a evolução da poesia no mundo moderno. De início, é o caminho da própria epopeia, sonho antigo que atravessa toda a Europa medieval; encontra sua realização suprema em *Os Lusíadas* e aí se extingue. Do final do Renascimento em diante, as sagas heroicas, impregnadas de algum sentimento gregário, correrão por conta da prosa narrativa, a princípio mescla de ficção e historiografia, mas já no final do século XVIII essa vertente atinge sua maioridade com o romance, gênero literário por excelência da nova era urbana, industrial e burguesa, para onde serão canalizadas as pulsões coletivas, antes recolhidas no poema épico. Desalojado da praça pública, o poeta não terá mais o que registrar e o que narrar da alma comum, confinando-se cada vez mais na sua alma pessoal. E aí temos também o caminho da antiga tradição lírica, que encontra em Camões uma realização e uma forma singulares.

A intromissão da subjetividade prende-se a essa tradição, na medida em que o lirismo é, desde a origem, expressão do Eu, destinada a circular ao som da *lira*, e como tal uma modalidade subestimada pela cultura clássica. Poesia genuína, desde Homero, é apenas aquela criada a partir das tradições e dos sentimentos coletivos, recheada de matéria narrativa, histórica ou mítica. Já a lírica sempre foi tida como fraqueza, hesitação de poetas menores que se comprazem na autocontemplação, enquanto se preparam para voos mais altos. O caso camoniano é sintomático. Para o poeta português, a epopeia é descrita como "tuba canora e belicosa" ou "som grandíloquo e corrente", ao passo que a lírica é humilde "frauta rude" ou "agreste avena", razão pela qual, aliás, Camões deixou praticamente inédita sua vasta produção lírica.

Essa concepção antiga, consagrada no século XVI, reflete a ideia da poesia como representação da alma coletiva, ideal que só a suntuosa orquestração do poema épico poderia realizar, com larga vantagem sobre a lírica, formada de manifestações parcelares, nas quais o poeta se defrontaria tão só consigo mesmo, como "caso" isolado, ego disperso nos meandros da própria sensibilidade, incapaz de aceder aos níveis mais profundos da realidade social, em que se alojam os fundamentos da Nação ou do Povo. Tal entendimento, decerto preconceituoso aos olhos do leitor moderno, que não conhece outra espécie de poesia senão a lírica, embora há muito desacompanhada da *lira*, já é desmentido por Camões, apesar de ele próprio não se ter dado conta, chegando a endossar de forma explícita o preconceito ainda vigente no seu tempo. O fato é que o lirismo camoniano é surpreendentemente heterodoxo, e "moderno", pois abriga a mesma dimensão, a mesma grandeza e a mesma profundidade da épica, uma vez que aí se configura uma visão de mundo que é sem dúvida pessoal, mas ao mesmo tempo traduz as inquietações mais significativas do homem da época, não só de Portugal, mas de toda a Europa.

Em Camões, a lírica muda de rumo, ganha uma densidade e um alcance antes desconhecidos, e antecipa o que será, daí por diante, a tendência mais consistente do lirismo no mundo moderno: a poesia que brota da mais recôndita intimidade do poeta – contra o mundo, ignorado do mundo –, mas expressa

Poesia para quê?

a condição humana, geral, e não a sentimentalidade egotista, ortodoxamente lírica. Esse novo entendimento dignificador da lírica, já concretizado na poesia camoniana, será anunciado como verdade geral no início do século XIX por Hegel, no sétimo volume de sua *Estética*:

> Apesar de originada no particular e no individual, a obra lírica pode ainda exprimir o que há de mais geral, mais profundo e mais elevado nas crenças, representações e relações humanas. [...] A verdadeira poesia lírica, como toda verdadeira poesia, tem por missão exprimir o conteúdo autêntico da alma humana. [...] A poesia lírica, longe de ser o produto de certas fases de desenvolvimento espiritual, pode florescer nas épocas mais diversas, principalmente nos tempos modernos, em que cada indivíduo reivindica o direito de ter uma maneira de pensar e de sentir eminentemente pessoal. (Hegel, 1964, p.294-295 e 310-311)

Como se vê, essa dignificação do lirismo tem seu quê de nostalgia e idealização: "*pode ainda* exprimir", "*tem por missão exprimir*", "*pode* florescer"... O filósofo não nos coloca diante de fatos, mas de uma aspiração de denso teor metafísico, amparada no princípio da coesão espiritual entre Ser e Cultura, que, na imaginação hegeliana, seria capaz de resistir ao poder corrosivo dos "tempos modernos [...] em que cada indivíduo reivindica o direito de ter uma maneira de pensar e de sentir eminentemente pessoal".

O triunfo do individualismo, tipicamente romântico, ao mesmo tempo que atende ao ideal burguês de mobilidade e ascensão social, é forçado a conviver com o anonimato imposto pelo novo estilo de vida da grande Urbe. Nesse novo espaço, alijado da Natureza e do ambiente comunitário do campo, o homem passa a se nortear pela exterioridade da posse de bens materiais, pela aparência e pela ostentação. Tipicamente romântico, tipicamente burguês... Nessa altura, entre o final do século XVIII e as primeiras décadas do XIX, o isolamento do poeta (excentricidade "literária" que se desenrolava desde o XVI) passa a ser experiência vivida pelo homem comum. Antes da mudança que levara a poesia a transitar da forma oral para a escrita, o poeta se identificava com o meio e era por este reconhecido; tempos depois, a relação se inverte. Agora é o homem comum que, sentindo-se "excluído", pode vir a se identificar com o poeta, desde que veja nos devaneios e estranhezas da nova poesia confessional o retrato indireto das suas ansiedades pessoais, banhadas de incerteza, no encalço de um "rosto próprio" e de autoafirmação. E, claro está, desde que a rasa mediocridade da vida cotidiana lhe permita aperceber-se dessa possibilidade.

Je est un autre

Inebriado pelo sonho da posse de si mesmo, o poeta se dá conta, como observa Albert Béguin, de que "o caminho que leva ao verdadeiro conhecimento do Eu também pode conduzir à perda da individualidade, à sua irremediável dissolução". Em seu anseio por se libertar da realidade imediata, prossegue Béguin, o poeta começa por descobrir que,

para além de sua significação, boa para os intercâmbios da vida coletiva, as palavras têm outra virtude, propriamente mágica,

Poesia para quê?

que lhes permite captar a realidade que escapa à inteligência. [...] Assim, a poesia será uma resposta, a única possível, à angústia primária da criatura prisioneira da existência temporal. (Béguin, 1946, p.483-484)

A vida interior aparece então como labirinto sem saída, povoado de recantos secretos, visões fulgurantes, sombras espessas, que ao mesmo tempo dão ao poeta a posse do que lhe parece ser seu Eu verdadeiro, e o tornam um estranho para si mesmo, alter ego sonâmbulo, vinculado a uma dimensão de realidade que o ultrapassa. Na esteira dessa forma peculiar de autoconhecimento deliberadamente não racional, o poeta romântico envereda no rumo do onirismo e do inconsciente, das forças misteriosas da Natureza e dos mitos arcaicos.

Desde que sua poesia passou a circular no espaço silencioso da página impressa; cindido entre personalidade civil e personalidade literária; isolado do mundo, ilhado em si mesmo, e já agora mergulhado numa densa atmosfera de sonho e estranheza criada por ele mesmo, o poeta, sem disfarçar a melancolia do gesto, se esforça por encarar como "vingança" o haver encontrado aí seu refúgio, muito acima da banalidade em que se tornou a realidade do homem comum, diluído no anonimato da vida moderna:

A poesia emanada da vida secreta só pode ser assimilada a um conhecimento caso a estrutura mais profunda do espírito e seus ritmos espontâneos sejam idênticos à estrutura e aos grandes ritmos do universo. Para que a cada jorro de imagens corresponda uma afinidade real no universo objetivo, é preciso que

109

uma mesma lei impere no que chamamos exterior e no que nos parece interior a nós mesmos. (Ibid., p.485)[2]

Essa vertente onírico-metafísica, a mais característica do grande ideal romântico, presente em poetas como Hölderlin, Novalis, Brentano, Nerval e tantos outros, perde muito de seu vigor original quando se converte, pouco depois, no sentimentalismo epidérmico de um Lamartine ou um Musset, forma na qual migrou para o resto do mundo, inclusive de volta para a Alemanha, mas deixa fortes vestígios nas gerações seguintes, delineando o perfil básico da lírica moderna. Na metade do século XIX, *As flores do mal* representa o núcleo para onde converge essa linhagem. Baudelaire não só refina o pendor onírico-metafísico de seus antecessores, como o traz de volta à realidade pedestre, à vulgaridade da rua percorrida pelo homem comum, que o poeta agora reconhece como seu "semelhante", ao mesmo tempo amado e repudiado: (auto)atração e (autor)repulsa que se conjugam, indissociáveis. Desse estranho consórcio brota, enfim, a modernidade em poesia.

Instalada agora no meio da rua malcheirosa, vulgar, mas sem abrir mão de suas ambições oníricas e metafísicas, essa nova poesia representa uma reviravolta profunda em duas direções concorrentes: a banalidade cotidiana deixa de ser alheia aos interesses do poeta, assim como as excentricidades do mesmo poeta deixam de ser alheias aos interesses do homem comum. A poesia já não constitui um universo paralelo, incomunicável,

---

2 Além do estudo clássico de Béguin, o leitor interessado nessa vertente do romantismo conta ainda com duas excelentes investigações: *Archetipal Patterns in Poetry: Psychological Studies in Imagination* (Bodkin, 1965) e *Ancient Myth in Modern Poetry* (Feder, 1977).

Poesia para quê?

às margens do qual a vida "real" continua a fluir. Eliminados ou abstraídos os disfarces e as máscaras de parte a parte, o "paraíso artificial" do poeta e a rua banal da vida diária se tornam instâncias permeáveis. Trata-se enfim do mesmo universo comum, conturbado e heterogêneo, inóspito em relação não só ao poeta, mas também ao leitor, ainda que este eventualmente não se dê conta disso. Tal é o núcleo da reviravolta baudelairiana, destinada a impregnar, sob variadas formas, boa parte da poesia do nosso tempo.

O que temos aí é um conluio de dissonância, obscuridade e despersonalização, que veio a compor o *rosto* enigmático, por vezes impenetrável, da poesia moderna. Essas características começam por se manifestar no plano da linguagem. Afirma Hugo Friedrich (1974, p.24),

> Entre a linguagem comum e a linguagem poética estabeleceu-se uma tensão desmesurada que, combinando-se com a obscuridade do conteúdo, aturde o leitor. O vocabulário corrente ganha significados insuspeitados, palavras procedentes das especialidades mais remotas se eletrizam liricamente, a sintaxe se decompõe ou se simplifica para formar expressoes nominais intencionalmente primitivas [etc.].

As raízes desse procedimento, como não podia deixar de ser, remontam ao exacerbado individualismo romântico, como em Jean-JacquesRousseau, que por sua atitude "autística", ainda no dizer de Friedrich (Ibid., p.32),

> encarna a primeira forma radical de ruptura com a tradição, que é ao mesmo tempo ruptura com o mundo ambiente. [...] O Eu

absoluto, que em Rousseau ganha o caráter patético da grandeza incompreendida, supõe um desligar-se da sociedade.[3]

Tensão, dissonância, obscuridade: a linguagem assim constituída traduz o processo de despersonalização do Eu, que tanto mais se diluirá quanto mais insista em se definir, perdido no labirinto de caminhos que se multiplicam, na fluidez de um poder-ser que jamais se atualiza. Entre a identidade civil irremediavelmente perdida e a identidade poética em permanente construção, o Eu lírico enfrenta a intransitividade de uma vida interior plena de virtualidades, mas carente de vínculos efetivos com a realidade da vida *lá fora*, ao mesmo tempo execrada e almejada. Sartre diria que a autoidentidade buscada pelo poeta só chegaria a fazer algum precário sentido *para si*, mas o autêntico sentido almejado não atingirá sua plenitude se não o for, também, *para-os-outros*.

Daí a essência emblemática da lírica moderna girar em torno do verbo "ser", conjugado na primeira pessoa. Quando na forma da positividade, o que resulta é a fieira interminável de atributos parciais, facetas de circunstância, fragmentos de vida íntima à procura da inatingível unidade, até a extrema despersonalização que Rimbaud, por exemplo, cristalizou na equação definitiva "*Je est un autre*" [Eu *é* um outro], e que em Mário de Sá-Carneiro, também por exemplo, assume a forma da negatividade, para reforçar a fluidez e a indeterminação do polo positivo, em permanente embate dialético:

---

3 A propósito da importância de Baudelaire para a poesia moderna, o leitor pode se beneficiar ainda de outro clássico, *De Baudelaire au surréalisme* (Raymond, 1966).

Poesia para quê?

Eu não sou eu nem sou o outro,
Sou qualquer coisa de intermédio:
Pilar da ponte de tédio
Que vai de mim para o Outro. (Sá-Carneiro, 1953, p.94)

Autodefinição pela negatividade é o que prevalece no poeta pós-romântico, sem que isso remeta a niilismo, autodestruição ou mesmo à autonegação. A negatividade, agora, já não guarda relação com o "mal do século" de uma geração atrás, que respondera com derrotismo e obsessão suicida ao difícil convívio com a subjetividade. A forma negativa na lírica pós-romântica reflete, antes, a consciência da mutabilidade e da indeterminabilidade que passaram a fazer parte integrante do sujeito; reflete, portanto, a multiplicidade de modos de ser, que caracteriza não só o poeta, mas também o homem comum, consciente de suas circunstâncias, que igualmente não tem como *situar-se* em meio ao leque infinito de possibilidades que a realidade em permanente construção lhe oferece.

Esboçada a fórmula "Eu sou...", a expectativa alimentada pelo poeta e pelo homem consciente é de que o predicativo faltante venha a ser uma definição cabal, abrangente, capaz de apreender não um "acidente" de circunstância, mas a "essência" incondicional do sujeito que se interroga. No mundo moderno, porém, não há nada que possa ser experimentado ou sequer designado como "essência". Na realidade que se estende à frente de poetas e leitores, nenhum sujeito "é", apenas "está". No mundo moderno, a identidade do sujeito se resume a algo que se constrói, para logo em seguida se desmanchar e voltar a se construir, e assim indefinidamente, na sequência aleatória de experiências granulares, intransitivas, no bojo de cada qual se desenrola o continuado esforço de construção/desconstrução.

Por trás do roteiro aí delineado, esse que culmina na absoluta inocuidade da cláusula "Eu sou...", descortina-se o longo processo que, em filosofia, de Kant a Heidegger, parece estar empenhado na desconstrução do sujeito, ou da "metafísica do sujeito", tal como esta se configurara com o *cogito* cartesiano. Desde Descartes, a noção de individualidade vem sendo posta em causa, sobretudo no que esta poderia representar, para o homem moderno, de fundamento epistemológico e ontológico. Pondo ênfase na decisiva contribuição de Nietzsche a esse processo, Luc Ferry assim descreve o núcleo da crise que então se instala, e que vem a aflorar na consciência estilhaçada do homem pós-moderno:

> O que se mostra, então, errôneo na noção de individualidade não é o conceito de indivíduo em geral, mas sim um conceito particular de indivíduo, a saber, o indivíduo autonomizado relativamente ao mundo e ao devir e posto como um átomo ou como uma "mônada", quer dizer como uma unidade última, estável, duradoura, até mesmo indestrutível (imortal), fonte última de seus próprios atos e de suas próprias representações. [...] Em cada homem, reina antes uma pluralidade de centenas de forças que se combinam e se combatem a cada instante. A unidade do Eu é apenas uma ficção. (Ferry, 1994, p.228-229)

Desse modo, ganha livre trânsito, na modernidade, uma espécie de individualismo sem sujeito que, negando o *cogito* cartesiano, desloca do intérprete para a interpretação o centro de gravidade do real. O resultado será o primado de um perspectivismo múltiplo, em permanente mutação. Assim, no caso do poeta, a autodefinição pela negatividade apenas sublinha a gra-

Poesia para quê?

nularidade do "estar", único espaço possível para esse "indi-
dualismo sem sujeito", que então se multiplica aleatoriamente,
em busca de si mesmo, enquanto o próprio ato de se buscar
e se construir/destruir insiste, naquele "ser" cabal, ou na essência absoluta, inatingível, uma vez que "a unidade do Eu",
no dizer do filósofo, tornou-se ou revelou-se "apenas ficção":

> Não sou nada.
> Nunca serei nada.
> Não posso querer ser nada.
> À parte isso, tenho em mim todos os sonhos do mundo.
> (Pessoa, 1992, p.135)[4]

Na perspectiva do poeta, não se trata de alimentar apenas
este ou aquele, mas *todos* os sonhos do mundo, de modo que
afirmação e negação acabam por se equivaler: *ter* todos os sonhos (positividade) é o mesmo que não *ser* nada (negatividade), e vice-versa. Algumas estrofes adiante, o poeta esclarece
e tipifica sua ambição totalizante, positivo-negativa:

> Tenho sonhado mais que o que Napoleão fez.
> Tenho apertado ao peito hipotético mais humanidades do
> que Cristo.
> Tenho feito filosofias em segredo que nenhum Kant escreveu.
> Mas sou, e talvez serei sempre, o da mansarda,
> Ainda que não more nela. (Ibid., p.136)

---

4 Ao leitor interessado nos aspectos ontológicos da autoidentidade
do poeta, sugiro o meu *O poema e as máscaras* (Moisés, 1999, p.51-
72 *passim*).

Eis-nos então chegados à morada final que o mundo moderno destina ao poeta: a *mansarda*. Acerquemo-nos desse tópico, com o vagar necessário para extrair daí as reverberações nele contidas.

A opacidade do mundo

Tendo frequentado primeiro a praça pública; tendo passado depois pela sala de visitas, de onde logo migrou para o anonimato da rua, o poeta parece ter encontrado nessa intrigante "mansarda" o seu verdadeiro lugar na sociedade moderna. Derivada do francês *mansarde*, sinônimo de "água-furtada" ou "sótão", a palavra designava, de início, um estilo de telhado – uma vertente vertical, outra quase horizontal – concebido no século XVII pelo arquiteto francês François Mansart. O objetivo era prover as residências de um modesto cômodo a mais, improvisado no piso superior, a ser utilizado como depósito de trastes semiabandonados, quinquilharias de pouco uso. No século XIX, após a segunda revolução industrial, tendo sido as cidades invadidas por levas de camponeses em busca das oportunidades oferecidas pelo meio urbano em franco desenvolvimento (a semelhança com o inchaço das nossas metrópoles, hoje, está longe de ser mera coincidência), as mansardas começam a servir para acomodar os recém-chegados, que se sujeitam ao desconforto da "habitação miserável" – é esse o sentido que a palavra passa a ter – enquanto não encontrem pouso melhor. O modesto cômodo inventado por *monsieur* Mansart passa então a integrar a lógica burguesa e capitalista da mobilidade social, primeiro como solução prática e econômica para uma emergência, em seguida como símbolo de condição inferior,

Poesia para quê?

marginal, mas *provisória*, dos que anseiam pela ascensão que a nova ordem lhes propicia.

Não assim na autodefinição do poeta, para quem a condição de inferioridade e marginalidade é *permanente*, seja pelo acréscimo do "e talvez serei sempre", seja sobretudo pela concessão do "ainda que não more nela". Só assim, situando-se à margem da sociedade, mas imiscuído nela, é que o poeta pode sentir-lhe a pulsação plena, de dentro e de fora, como alguém que é "da casa", mas continua a ser um estranho, ou como alguém, enfim, capaz de dedicar a todas as coisas um olhar ao mesmo tempo familiar e estrangeiro.

Quando, nos anos 1930, ou até antes, poetas como Pessoa – e foram muitos – escancararam sua negatividade radical, como essa do "Não sou nada", o gesto pode ter soado, para o leitor de então, como excentricidade de "artista"... esse tipo estranho que nunca sabe o que quer. Hoje, no entanto, a singela sequência de negações traduz a consciência do homem médio, aturdido não pela obscuridade da poesia, mas pela opacidade da vida real, esvaziada de qualquer sentido que lhe permita definir-se e situar-se de forma unívoca, minimamente satisfatória e estável.

Tal é a visão exacerbadamente crítica da ordem econômica imposta à sociedade moderna pelo capitalismo, sociedade que Max Weber, por exemplo, define como "cárcere de ferro" – símile forte, que Marshall Berman assim desenvolve:

> Não só a sociedade moderna é um cárcere, como as pessoas que aí vivem foram moldadas por suas barras; somos seres sem espírito, sem coração, sem identidade sexual ou pessoal, quase podíamos dizer: sem ser. [...] O homem moderno, como sujeito, como ser vivente capaz de resposta, julgamento e ação sobre o mundo, desapareceu. (Berman, 1986, p.27)

Embora situado em outra esfera, e com outras ressonâncias, o depoimento do psicanalista Leopold Nosek, entre tantos outros testemunhos a que poderíamos recorrer, em diversos setores, parece apontar na mesma direção:

> O que vemos [nos consultórios] é pobreza construtiva no que nos falam os pacientes de distúrbios alimentares, pânico, humores depressivos ou até mesmo os que apresentam queixa explícita de falta de sentido. Não falam muito, pouco se estendem em suas formulações ou, quando o fazem, não abstraem sua apresentação, têm uma concretude dura, uma exterioridade densa e pouca possibilidade de suspeitarem da existência de uma interioridade. (Nosek, 2004, p.36)

Vida interior tornada nebulosa, mentes semiorganizadas, percepção grosseira, expressão verbal rudimentar, incapacidade de abstração... Mas não nos deixemos iludir. O quadro aí descrito não diz respeito apenas àquela parcela mínima de indivíduos que se socorrem do consultório psicanalítico. Não se trata de algo a ser sumariamente descartado como exceção, anormalidade ou patologia. O quadro parece traduzir, antes, a norma ou a "saúde" média do homem comum, em quem esbarramos em qualquer rua e com o qual interagimos. Desde que não a tomemos ao pé da letra, a descrição diz respeito, embora em graus variáveis, a todos nós. Neste nosso tempo globalizado e urgente, o homem médio hesita, ou, no outro extremo, deixa-se paralisar, quando entrevê, através de algum interstício por acaso aberto na massa espessa de inconsciência em que se tornou a vida cotidiana, a pergunta ao mesmo tempo banal e assustadora: "Quem sou?". A resposta, quando alguma ocor-

Poesia para quê?

re, é no geral o balbucio semiarticulado. Por isso Baudelaire chamou a cada um de nós, seus leitores, de *"mon semblable, mon frère"* [meu semelhante, meu irmão].

Por isso, também, no alentado e clássico ensaio que dedicou ao engajamento do escritor moderno, Sartre afiança que

toda obra literária é um apelo. [...] Escrever é apelar ao leitor para que este faça passar à existência objetiva o desvendamento que empreendi por meio da linguagem. Caso se pergunte a que apela o escritor, a resposta é simples [...]: o escritor apela à liberdade do leitor para que este colabore na produção da sua obra. (Sartre, 1989, p.39)

O poeta moderno, de um modo ou de outro, alimenta pelo menos a esperança de se comunicar com o leitor, como o confessa Mário de Andrade, no primeiro quartel do século XX, sob o signo da consciência autêntica e do empenho libertário. Comprometido com as mais avançadas experiências estéticas de então, um comprometimento que deita raízes não só, mas também, na angústia da autoexpressão, Mário não perde de vista a necessidade de diálogo com o leitor, vale dizer com o homem comum, embora declare *et pour cause* não se importar com isso:

Canto da minha maneira. Que me importa se me não entendem. Não tenho forças bastantes para me universalizar? Paciência. Com o vário alaúde que construí, me parto por essa selva selvagem da cidade. Como o homem primitivo cantarei a princípio só. Mas canto é agente simpático: faz renascer na alma dum outro predisposto ou apenas sinceramente curioso e livre o mesmo estado lírico provocado em nós por alegrias, sofrimentos,

ideais. Sempre hei de achar também algum, alguma que se embala-
rão à cadência libertária dos meus versos. (Andrade, 1974, p.30)

Se assim é, para que serve, afinal, a poesia? No fecho deste
excurso que nos levou ao poeta da mansarda, podemos retomar o ponto de partida: "A poesia nos ensina a ver como se
víssemos pela primeira vez". A desolação do quadro atrás descrito, seja na visão weberiana de Marshall Berman, seja na do
psicanalista Leopold Nosek, seja na de tantos outros artistas e
pensadores, mostra que a consciência do homem moderno pa-
dece de *excesso de realidade*. Privado da imaginação e do sonho, da
fantasia e do mito, em nome de uma concepção utilitarista da
existência como produção e consumo, o homem se tornou um
ser à deriva, verdadeiramente *alienado* de si mesmo. O homem
comum, hoje, ainda e sobretudo quando não tem a mais remo-
ta familiaridade com a poesia, começa a trilhar caminhos que
vêm sendo percorridos, há séculos, pelo poeta. Mas não existe a menor possibilidade de que, aturdido ou paralisado pela
pergunta "Quem sou?", o homem encontre em qualquer poeta
"a" resposta que o satisfaça. Não é para *isso* que a poesia pode
servir, não é para fornecer a quem quer que seja a resposta ou
a solução. A poesia não é a saída, apenas aponta caminhos. A
saída possível, qualquer que seja, não pode ser reduzida a um
conteúdo ou a uma norma universais. A poesia será, quando
muito, um exemplo de *atitude*, a ser recriada pelo leitor, à sua
medida e não à medida do poeta.

Vasto repositório de bússolas e astrolábios, quadrantes e ba-
lestilhas, portulanos e derrotas, ou cartas de navegação jamais
cumpridas, a poesia insistentemente nos convida a navegar,
sempre, e sempre à deriva. Ainda que seja só fieira interminá-

Poesia para quê?

vel de palavras inúteis, roteiro cego que nos conduz de lugar nenhum a parte alguma, a poesia nos ensina a viajar pelo prazer de viajar, libertos da preocupação com o porto onde podemos (queremos?) atracar, um dia. Desde que seja escala provisória, qualquer um servirá.

A poesia nos ajuda a conviver com nossa interioridade, não como forma de isolamento nem como repúdio à realidade de fora, mas como experiência decisiva, que conduz à sintonia com o mundo em redor. Com sua ajuda, podemos aprender a *ver como se víssemos pela primeira vez*, a fim de repor em circulação a imaginação e o mito, mas de tal modo que isso não nos leve a perder de vista a realidade pedestre ou a terra firme onde nos situamos. Então será possível enfrentar sem hesitação a pergunta "Quem sou?", multiplicada em cada um de nós, não como indivíduos isolados, mas como membros de uma verdadeira comunidade. Só por essa via será possível reconstituir o ser coletivo, o tecido social que se esgarçou e nos reduziu a átomos; só assim voltaremos a nos irmanar no propósito comum de preservar a dignidade da condição humana.

A poesia pode, enfim, tornar-nos mais humanos, "pode ajudar-nos", pondera Eliot,

a romper com os nossos modos convencionais de percepção e avaliação, levando-nos a encarar o mundo ou parte dele como algo vivo e novo. A poesia pode nos estimular, de tempos em tempos, a que nos tornemos um pouco mais conscientes dos secretos e profundos sentimentos que formam o substrato do nosso ser, no qual raramente penetramos, pois nossas vidas são predominantemente uma constante evasão de nós mesmos e uma evasão do mundo visível e sensível. (Eliot, 1950, p.155)

Palavra × imagem

Ut poesis pictura?

Os antigos acreditavam que as artes se assemelham e até se equivalem umas às outras, já que todas brotam da mesma fonte, a "inspiração" ou o "entusiasmo" (estar com um deus dentro) que, em dado momento, ilumina a alma do artista. O fato de a iluminação se traduzir em formas e cores, desenhos e volumes; ou em palavras e vozes, melodia e canto; ou no próprio corpo a esculpir no ar a estatuária que se multiplica é algo que, para os antigos, corre por conta do acaso e das circunstâncias, razão pela qual não se fazia questão de isolar, cada qual em seu eito próprio, a pintura, a escultura, o canto, a dança, o teatro, a poesia. Horácio (século I a.C.), depois de meditar sobre a ideia defendida muito tempo antes por Simônides de Ceos, para quem "pintura é poesia muda, poesia é pintura que fala" (apud Lessing, 1946, p.26-27), não teve dificuldade em cunhar a "verdade" que vigorou por séculos, *"ut pictura poesis"*: tal como a pintura, assim é a poesia (Horácio, [s.d.], p.108). Horácio e seu antecessor concentram a atenção na poesia, mas isso é só um exemplo. A verdade defendida por eles aplicava-se a todas as artes.

Os antigos de fato acreditavam que as artes se correspondem e ninguém imaginava que tal verdade não duraria para sempre. Durou até o nosso século XVIII, quando a Razão iluminista determinou, e não só para as artes, o confinamento de cada *ofício* no seu domínio exclusivo, atribuindo ao dogma da especialização a condição de soberano absoluto do mundo – este mesmo mundo que ainda hoje vivemos. Mas logo chegaremos lá. Ou cá. Falta recensear o que foi sendo abandonado no caminho.

Os poetas antigos, os da "tuba canora e belicosa", como diz Camões, desfiavam seus enredos, conhecidos de todos e por isso responsáveis pela manutenção do *ethos* coletivo; quando não, cantavam ao som da "frauta rude" seu sentimento pessoal, que na verdade também era de todos, sem ser de ninguém. Certos versos de Homero descrevem o escudo de Aquiles, forjado pelo coxo Hefaisto; certa poderosa descrição de Virgílio reproduz o drama de Laocoonte e seus filhos, esmagados por enormes serpentes; certas estrofes de Camões retratam um irado Adamastor a recriminar a cobiça e a ganância dos navegadores, embora também exaltem a sua audácia.[1] Mas o escudo do herói, o drama do pai que se sacrifica, em vão, pelos filhos, assim como a figura e a voz aterradoras de Adamastor, antes de serem convertidos em palavras, eram todos fatos tratados como *reais*, ainda que imaginários: ninguém os desconhecia e ninguém tinha dificuldade em *reconhecê-los* nos versos dos seus poetas. Por isso todos sabiam: *a poesia é como a pintura*. O século XVIII, racionalista e ilustrado, jacobino e galante, acabou com a festa.

---

1 Cf. *Ilíada* (Homero, 1961, p.283-286), *Eneida* (Virgílio, 1949, p.130-131; *Os Lusíadas* (Camões, 1944, p.178-182).

Poesia para quê?

Desde então, os artistas sabem que, neste mundo reduzido a funções e finalidades específicas, nada mais há que se assemelhe ao escudo de Aquiles, à massa escultórica de Laocoonte ou ao vulto agigantado de Adamastor, isto é, nada que seja do efetivo conhecimento de todos e possa existir, ao mesmo tempo, na realidade aí fora e no espaço ocupado pelas palavras do poeta; pelas cores, as formas e os volumes do pintor e do escultor; pela melodia do músico; ou pelos movimentos, serenos ou agitados, do ator e do bailarino. A partir de então, o artista vive, de pleno direito, a única realidade que lhe cabe: a que ele for capaz de inventar, com ou sem inspiração e entusiasmo, com ou sem uma razão de ser, partilhada por todos e por ninguém. Falta só um passo para que se inverta a verdade horaciana. Para nós, a "verdade" talvez seja *ut poesis pictura*, tal como a poesia, assim é a pintura – entendendo-se por "pintura" a representação do fato que admitimos como real, e por "poesia" o que só conseguimos imaginar.

O poeta pintor

É voz corrente no mundo moderno que uma só imagem vale mais que mil palavras. Não se trata apenas de acreditar na equivalência ou na correspondência de todas as artes, mas de afirmar a prevalência da visualidade sobre as demais formas de percepção e expressão. Horácio radicalizara a ideia de Simônides, a propósito de poesia muda e pintura que fala, e nossa Civilização da Imagem não hesitou em radicalizar ainda mais. O truísmo em vigor apresenta-se como uma espécie de dogma, verdade revelada, como se não houvesse aí o que discutir. O máximo que fazemos é dar de ombros quando nos deparamos com o óbvio: "uma só imagem vale mais que mil palavras".

Mas a unanimidade já é razão suficiente para insistirmos em discuti-lo. Como sói acontecer, a obviedade não raro esconde algo que nos escapa. Um bom exemplo é a secular contraposição entre poesia muda e pintura que fala.

 É preciso, porém, concentrar a atenção não em qualquer imagem, para em seguida "demonstrar" que mil palavras (quais palavras?) não seriam capazes de dizer o mesmo. A escolha arbitrária da imagem resultaria na correspondente arbitrariedade das palavras que fossem convocadas para esse mesmo fim. A questão só poderá ser devidamente equacionada se escolhermos uma imagem específica, que possa ser associada às palavras que de algum modo rivalizem com ela e apontem em rumo semelhante. É preciso que a imagem e as palavras em causa estejam de algum modo acumpliciadas. A foto que aí temos (máquina de escrever) pode fornecer-nos o ponto de partida do confronto desejado.

 O observador comum dirá: ah, é uma velha *typewriter*, marca Royal, peça de museu, há mais de um século ultrapassada. Mas o observador familiarizado com Fernando Pessoa logo reconhecerá a máquina de escrever que pertenceu ao poeta, a ferramenta com a qual o criador dos heterônimos conviveu

Poesia para quê?

por longos anos e graças à qual nos legou não mil, mas milhares de palavras. A imagem não o diz, mas sugere que assim é – desde que oferecida à contemplação do observador certo. (Aos olhos de quem, aliás, senão do observador certo, esta ou aquela imagem valeria mais que mil palavras?) Mas não exageremos: a relação entre a foto da *typewriter* e o poeta não é uma constatação de fato, é só uma associação, dependente do olhar do observador. Não há nenhuma relação intrínseca entre uma e outro. A imagem que aí temos aparece reproduzida, tal qual, em várias das fotobiografias dedicadas ao poeta (Lencastre, 1984, p.264), e ainda não é a imagem que pretendemos pôr em confronto com as palavras, é só um ponto de partida.

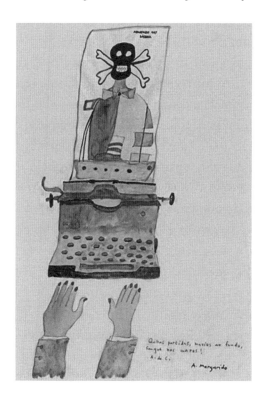

Seria inócuo tentar vincular essa foto a quaisquer palavras, só por se tratar da máquina de escrever que pertenceu a determinado poeta: não teríamos uma análise comparativa, mas tão somente um inútil e inconsequente exercício de fantasia. A imagem que nos interessa deve dizer algo além de "Eis aqui uma *typewriter* antiga". A associação que *podemos* estabelecer entre a máquina e o poeta não chega a ser arbitrária, mas por si só não conduziria ao confronto pretendido.

A verdade é que, a partir dessa mesma foto, o artista plástico Alfredo Margarido (que é também poeta, ficcionista, crítico de arte e de literatura) criou uma poderosa imagem, e esta sim nos interessa. Trata-se de uma aquarela admirável, uma dentre as quatro dezenas que o pintor dedicou a Fernando Pessoa (Vieira; Mongelli, 2015).

Reconhecemos aí, de imediato, a velha Royal, reproduzida com realismo. As mãos em repouso, afastadas do teclado, quase deixam *ver* o poeta a contemplar o resultado do trabalho que acabou de realizar, na folha já toda preenchida (não de palavras, como se esperaria de um poeta, mas de imagens), prestes a se desprender do rolo. A partir daí, a imaginação do artista corre solta, assim como a do observador, mas não arbitrariamente, e sim a partir do que a imagem nos diz.

Alfredo Margarido, na verdade, realizou um esplêndido trabalho de restauração: por fora, a fachada da velha Royal, reconduzida ao que foi na origem, com seu valor histórico ciosamente preservado; por dentro, uma poderosa e ultramoderna ferramenta de edição gráfica. Diga-se de passagem, a folha de papel, a sair do rolo, é só metáfora, pequeno truque do restaurador: o "desenho" produzido pelo poeta, segundo a visão que dele nos dá o pintor, é pura virtualidade, pronta a ser posta-

Poesia para quê?

da na internet, nas redes sociais – que vêm a ser, a propósito, uma clara protoinvenção pessoana: a heteronímia ao alcance de todos. (O internauta, hoje, despeja na rede, a cada instante, com um ligeiro tamborilar de dedos, a mesma – a mesma? – multiplicação de personalidades que ao poeta custou o esforço de toda uma vida.) Com sua livre fantasia, o aquarelista transporta Fernando Pessoa para o século XXI, este nosso tempo fantástico, no qual ambos, artista e poeta, parecem sentir-se perfeitamente à vontade.

A aquarela nos diz que, flagrado na intimidade do seu trabalho, Pessoa se revela mais pintor ou desenhista do que poeta. Uma só imagem não diz mais que mil palavras? Pois é só levar em conta exatamente as *palavras* que Margarido inscreve no canto baixo, à direita ("Quilhas partidas, navios ao fundo, sangue nos mares!" e as iniciais "A. de C.", Álvaro de Campos), para que o exercício de imaginação até aqui desenvolvido se desfaça. Só aí o observador começará a *ver* o que a aquarela diz.

Foi nessa mesma Royal que Fernando Pessoa-Álvaro de Campos escreveu sua portentosa "Ode marítima", de onde provêm as palavras inscritas, a lápis comum, na aquarela, e é para o poema que o artista pretende chamar a atenção do observador, embora nosso olhar (ele o sabe) seja fortemente atraído pela *typewriter* antiga. O verdadeiro motivo da aquarela é o mar, e não a máquina de escrever, não obstante esta se exibir como máquina de desenhar.

Difícil resistir ao poder de comoção da "Ode marítima". Enquanto percorremos seus 904 versos (se é que a gritaria ali contida pode ser mensurada em linhas, uma a uma), "vamos olhando de perto os mastros, afilando-se lá pro alto,/ roçando pelas cordas, descendo as escadas incômodas,/ cheirando a untada mistura metálica e marítima de tudo aquilo" (Pessoa, 1992, p.50), tal como os antigos viam, palpavam, cheiravam os braços fortes de Aquiles a pelejar com Heitor, enquanto devoravam, com os olhos, os versos de Homero. Durante a leitura – minutos, horas, dias –, impossível saber onde termina a realidade, onde começa a ficção. O Tempo entra em colapso e, daí por diante, a realidade já não será a mesma; a sensação se prolongará indefinidamente e não nos daremos conta de que passamos a ser guiados pela imaginação.

Margarido quis por bem subverter o confortável acordo que mantemos com o par realidade-fantasia. Quilhas, navios, sangue, mares? Nada disso é realidade *verdadeira*! O que temos aí é só uma prosaica máquina de escrever. Bem, e as maquinações de um poeta. Apesar do alerta, continuamos a ver (a palpar, a cheirar) a caveira e os ossos cruzados do pirata, os mastros, o navio, os mares... Então, como ficamos? Ficamos assim: uma só imagem vale mais que mil palavras, é verdade, desde que pensemos na banalidade da conversação ordinária, ainda que esta insista, por vezes, na forma escrita, e se espraie da comunicação vulgar à explanação científica: tagarelice inútil, palavras jogadas fora. Mil delas, de fato, não chegam perto do que uma só imagem seria capaz. Mas o quadro muda de figura quando estamos diante das palavras do poeta. Então, "para além da sua significação, boa para os intercâmbios da vida coletiva, as palavras têm outra virtude, propriamente mágica, que lhes permite captar a realidade que escapa à inteligência" (Béguin, 1946, p.483). Aí não haverá imagem capaz de dizer o que o poeta verteu em palavras. Margarido, pintor, o endossaria de bom grado.

Poesia para quê?

Realidade e fantasia

Já sabemos que a poesia ensina a *ver* e conhecemos bem a complexidade dos rumos que a partir daí se descortinam. Cabe então acrescentar: quem fizer questão de *ver* (desenho, pintura, escultura, cenário, bailado – a materialidade que se oferece aos sentidos, em suma), que faça como o poeta, isto é, *invente*. Por quê? Primeiro porque o mundo visível foi entregue à competência especializada da ciência experimental, até ser confiado a seus "donos" atuais: os políticos, os militares e os estrategistas de *marketing*, todos empenhados no Poder e no Lucro, com o prestimoso auxílio das redes sociais. As artes, no caso, não têm mais o que fazer, cumprindo-se com naturalidade a profecia de Platão, que não quis saber do poeta em sua *República*. Por isso, os primeiros poetas modernos, como Goethe e Novalis, não hesitaram em afirmar que poesia é o autêntico real absoluto ou que só poeticamente é possível viver. Ao acabar com a festa, a arrogância do racionalismo iluminista permitiu que a festa verdadeiramente começasse.

O século XVIII tentou, e em larga medida conseguiu, nos convencer de que *isto aqui* é a realidade e *aquilo ali* é só a fantasia do poeta. Hoje, podemos até afirmar o contrário: realidade para valer é só a da imaginação do poeta; o resto, sim, é que não passa de fantasia. Mas não exageremos. A inversão de uma frase metafísica gera outra, igualmente metafísica, como ensina Hegel. Melhor entender assim: o que passamos a ter é realidade e fantasia mescladas, permanentemente a girar, uma no encalço da outra, a partilhar atributos comuns e, sobretudo, o anseio comum de encontrar, na persistência do giro, algum sentido, alguma razão de ser para este mundo sem rumo, sem tempo e sem história, este mundo regido pela irrealidade absoluta de um Futuro que, mal ameaça acontecer, já se converteu em passado, este presente contínuo de escombros que nos é dado viver.

Poesia só faz sentido se for portadora de valor humano, reconhecido como tal pela comunidade, e não imposto pelas idiossincrasias do poeta. Mas, plugados dia e noite às redes sociais, hoje não temos como julgar. "Valor", para nós, vem a ser um falso problema. Se *tudo* existe para ser postado na internet e descartado em seguida, tudo se iguala, todas as coisas valem o mesmo, e nada faz sentido. "Não temos como julgar" quer dizer: não temos como provar, por exemplo, que este poema é bom, aquele não. Mas, como não somos capazes de lidar com poesia sem cogitar do *valor* que ela representa, insistimos: este poema é bom, aquele não é, *para mim*. Embora isso varie de leitor para leitor, poema bom é poema bom – razão suficiente para que os demais não o sejam. Alguém tem notícia de um poeta que planejasse escrever um mau poema? Ou de um leitor que ame de paixão um poema que não considere bom?

Felizes são os franceses, que cultivam provérbios deliciosos como *"Le beau pour le crapeaud c'est sa crapaude"*, o belo para o sapo é sua sapa. (Nós, amantes das generalizações, diríamos: Quem ama o feio bonito lhe parece.) Mas isso não quer dizer que, para ser bela, toda sapa precise de um sapo que a venere. Se a sapa for bela, isso será reconhecido por todos. Hoje, no entanto, a falência da faculdade de julgar impede que cheguemos lá. Preferimos assumir que cada um fique com sua sapa, ainda que a do vizinho não seja de jogar fora. Mas relatividade de juízos não quer dizer vale-tudo. De um lado, haverá algum julgamento de valor, sempre pessoal, mas acompanhado de um arrazoado, uma argumentação convincente, um critério que o justifique; de outro, a mera opinião, escolha arbitrária, baseada no direito que cada um tem de gostar do que bem entender: nenhum critério, nenhum argumento, nenhum arrazoado.

Metafísica? Especulação teórica? Nada disso! É a sensação experimentada diariamente pelo anti-herói que, tão logo adquire o mais avançado *smartphone* disponível no mercado, mal tem tempo de exibi-lo, triunfante, à galera embasbacada: já virou sucata. Julgar? Julgar o quê? Acresce que todo anti-herói acredita estar a apenas um passo de se tornar herói. O sonho de redenção renasce, incansável, no dia seguinte. A ninguém, salvo aos poetas, ocorreria pendurar no pescoço ou no peito, ou acarinhar entre os dedos ágeis, uma miniatura do escudo de Aquiles, um crachá com a carranca de Adamastor ou um camafeu com a efígie de Laocoonte. Ainda que *made in China*, e adquirido no camelô da esquina, qualquer desses novos-velhos fetiches surtiria, junto à galera, o mesmo efeito. E seria mais duradouro. No nosso mundo, para todo o sempre bem-aventurado, o que é já era, deixou de ser. E o que não é nunca será. O que temos hoje, como advertiu Hölderlin, é este tempo de penúria, orgulhoso da fome que ignora.

O lugar da poesia

Tal como na *República* platônica, nas redes sociais que hoje nos governam não há lugar para a poesia.[2] A meta de tais "redes" é tomar de assalto nossa mente aturdida pela prolife-

---

2 Sobre esse tema, o leitor encontrará uma explanação mais desenvolvida em "Réquiem para o ex-poeta" (Moisés, 2014, p.180-186).

ração contínua de imagens, "informações" e estímulos, que nos mantêm excitados e conectados, 24 horas por dia. Foco, atenção e concentração são vivamente desencorajados e substituídos pela percepção imediata, instantânea, de apelos visuais que se multiplicam sem cessar. Ideias, sentimentos, pensamentos, emoções: tudo se transforma num prodígio de traços e cores que dançam, ininterruptamente. Não temos tempo a perder com outra coisa que não seja tamborilar os dedos ágeis, no teclado ou na *touch screen*, enquanto os olhos varrem, hiperexcitados, a infinidade de imagens que geram mais imagens, logo descartadas, para que tudo recomece no instante seguinte. A tirania das redes ditas "sociais" não parece oferecer alternativa: ou bem a poesia é obrigada a dançar conforme a música ou sai de cena. (Esta questão será retomada em "O aplicativo dos sonhos", no último capítulo.)

Em contraste com a descomunal velocidade de tudo em volta, a consciência em si, antes de ser consciência poética, tende a ser bloco monolítico, estático, a pulsar quase imperceptivelmente: letargia, pálido vestígio de um tempo em que os ritmos interiores – pensar, sentir, imaginar – se alteavam, soberanos, sobre todos os ritmos do universo. A tirania das redes nos convenceu de que "ritmo interior" é o inimigo definitivamente banido. "Privacidade" deixou de existir, é só um conceito obsoleto: não há mais distinção entre foro íntimo e espaço público. Mas o poeta resiste. A poesia revigora a energia proporcionada pela luta sem trégua contra a hostilidade reinante e continua a ser aquele círculo infinito cujo centro está em toda parte e cuja circunferência em parte alguma. Seu lugar é qualquer lugar. Mas, ao contrário das redes sociais, a poesia não obriga ninguém a nada. Concentrar-se nela, prestar

Poesia para quê?

atenção, dedicar-lhe algum tempo e trabalho corre por conta da livre escolha do leitor e não há nada que o poeta possa fazer para forçá-lo a isso. O círculo infinito é o reino da liberdade, poesia é só um convite e um desafio. Onde já se viu obrigar alguém a ser livre?

Enquanto o bicho homem se condena à irrisória condição de coisa entre coisas, e a desumanização prossegue, a poesia continua a lidar com a condição humana em seu mais alto nível: pensar, sentir, imaginar, sempre na contramão, hoje mais do que nunca. Mas de nada adianta a resistência do poeta: é preciso que outros o ouçam e o endossem. Poesia continua a ser o reino da liberdade, e liberdade quer dizer solidariedade, via de mão dupla. O poeta imagina ou "finge", como diz o criador dos heterônimos; já "sentir, sinta quem lê". *Ut pictura poesis*? Definitivamente, a poesia não quer ser como a pintura. Esta, sim, é que sempre almejou ser como a poesia.

Verso livre ou *O anfíbio alado*

É o que não é

Ficaria a ver navios, como se dizia no tempo em que navios estavam ou não estavam aí para serem vistos, alguém que, interessado em saber o que é "anfíbio", obtivesse como resposta: "É um animal que não tem asas". Vir a saber que "anfíbio" *não tem* ou *não é*, seja o que for, manterá intacta a ignorância que originou a curiosidade. A boa definição circunscreve um só atributo, afirmativo e substancial, aplicável somente à coisa a ser definida, ao passo que a definição pela negativa, calcada em pseudoatributos como *não é* ou *não tem*, assinala apenas a primeira de uma série inumerável de características, que podem ter ou não (nada o garante) algum vínculo com o objeto a definir. Por esse caminho, só chegaremos a saber o que é um anfíbio se conseguirmos enumerar *todas* (?) as proposições do tipo "anfíbio não tem" ou "anfíbio não é". Anfíbio será o que sobrar... Logo, ninguém perderá tempo com tão simplória definição, todos seguiremos à procura de uma que comece: "anfíbio é".

Considere-se, agora, a possibilidade de alguém interessado em saber o que é "verso livre", fato incontestavelmente real, que há mais de século viceja no âmbito da poesia. A resposta virá também pela negativa: "É o verso não metrificado". Ora, "animal que não tem asas" está para "anfíbio" na mesma medida em que "verso não metrificado" está para "verso livre". Em antigo ensaio, publicado pela primeira vez em 1917, Eliot chama a atenção para o fato: "Se *vers libre* for uma espécie genuína de verso, terá uma definição positiva. E eu não sou capaz de defini-lo senão por negativas: ausência de padrão, ausência de rima, ausência de metro" (Eliot, 1978, p.183). Mas Eliot não está interessado em buscar uma definição positiva. Seu fito é demonstrar que "o *vers libre* não existe" (ibid., p.184). Auden é ainda mais incisivo, chegando a afirmar que

> o praticante do verso "livre" é como Robinson Crusoé em sua ilha deserta: é obrigado a cozinhar, lavar roupa, cerzir etc., tudo por sua conta. Em casos excepcionais, essa destemida independência produz algo original e marcante, mas com frequência o resultado é pífio: lençóis sujos sobre a cama desarrumada e garrafas vazias no chão por varrer. (Auden, 1989, p.22)

Eliot e Auden, porém, a exemplo de tantos outros poetas que de início refutaram a novidade, chegarão a rever suas posições e praticarão o verso livre. Mas isso já diz respeito à questão de se saber, como insinua o primeiro, se "verso livre" pode ser uma espécie genuína de verso, e ambos responderão pela afirmativa. Mas voltaremos a essa questão logo adiante. Fiquemos por ora com a busca de uma definição positiva.

Poesia para quê?

Se a respeito de verso livre soubermos apenas que é o verso não metrificado, teremos só outro exemplo de definição que não define, mas que tendemos a aceitar como satisfatória. Na sua posse, o interessado seguirá ignorando o que seja verso livre, mas aparentemente isso não chegará a incomodá-lo. Esse arremedo de definição lhe parecerá suficiente, enquanto registro simbólico de certos fatos, certa história. Que fatos? Que história? A história segundo a qual, ao longo de séculos, tratadistas dedicaram-se com afinco à codificação do verso metrificado, até que, na virada do XIX para o XX, este foi sumariamente abolido e dado como obsoleto.

Assim, buscar saber o que é verso livre seria de uma platitude imperdoável, corresponderia a pretender desenvolver, século XX adentro, algo como um "Tratado de não versificação", rival daquele famoso, assinado pelo príncipe dos nossos poetas (Bilac; Passos, 1949).[1] Mas a boa lógica nos alerta para a precariedade que é lidar com algo cuja definição ou conceito ignoramos. Não que a definição, em si, faça muita falta; na verdade, se for apenas para cumprir com uma formalidade, melhor que nem apareça: a boa lógica não tem interesse em protocolos dessa espécie, mas sim, no caso, em delimitar (materialmente, se possível) o objeto real que de fato temos em mãos quando lidamos com "verso", metrificado ou livre. Quando lidamos com poesia, enfim. Mas, se a questão for o verso livre, só o *nonsense* de um tratado de não versificação poderá dar conta da tarefa. Será que os poetas precisariam de um que lhes ensinasse a não metrificar? A que viria compendiar, analisar, classificar etc. as não regras?

---

1 A primeira edição é de 1905, mas o *Tratado* segue sendo muito popular até a metade do século XX.

Apesar do impasse, aceitemos que houvesse algum interesse em pelo menos formular a inocente pergunta: "Afinal, o que é verso livre?". *Nonsense* e boa lógica à parte, indaguemos: "livre" de quê? Da métrica, já se vê, ou da lei tirânica que subordina os versos ao capricho de um número predeterminado de sílabas, umas tônicas, outras átonas, não arbitrariamente, mas cada qual no seu devido lugar. Pois bem, mesmo desobrigado de tais regras, vale dizer dos códigos versificatórios fixados pelos tratadistas, verso "livre" continua a ser "verso", passando a constituir tão só mais uma modalidade ou variante, caso contrário seria preferível chamá-lo de não verso. E, neste caso, se tanto versos como não versos puderem igualmente abrigar "poesia", seremos forçados a concluir que esta tem pouco a ver com um e outro. A tradição, antiga ou recente, estaria equivocada ao atrelar, para o *sim* e para o *não*, poesia e verso.

Para a maioria dos tratadistas e seus adeptos ortodoxos, que testemunharam a transição do verso metrificado para o não metrificado, o que se deu foi exatamente a morte da poesia, constatação apocalíptica, baseada no pressuposto de que "poesia" e "metrificação" se confundem. Logo, se não tivermos a recorrência de determinado número de sílabas, corretamente distribuídas entre fortes e fracas, a intervalos regulares, não teremos poesia. Mas o verso liberado de medidas preestabelecidas, esse do qual só sabemos que não é metrificado, não foi rebeldia passageira e acabou por prevalecer, de modo que hoje, mais de um século depois, já não há quem defenda a ideia de que verso livre seja sinônimo de não poesia. Para a esmagadora maioria de poetas, leitores, críticos e estudiosos em geral, no mundo moderno, o verso livre, independentemente de ser "livre", é um verso genuíno e legitimado, tão legitimado, aliás, que ninguém parece preocupar-se com isso, há décadas. Se assim é, a dúvida passa a ser outra: em que consiste o denominador comum a verso metrificado e verso não metrificado? Como distinguir entre verso livre e não verso – ou entre a casa arrumada e as garrafas vazias no chão por varrer, a que se refere Auden?

Com isso, mal colocada a questão, mal encetada a reflexão preliminar, já nos deparamos com um impasse. A questão se revela não propriamente falsa, mas de segunda instância, pois só poderemos enfrentá-la se enfrentarmos, antes, a questão de base: o que é verso? O fato é que, quando topamos com "verso *livre*", damos excessiva importância ao adjetivo e descuramos do substantivo. Certa convenção, posterior ao advento da novidade, sugere que "verso" diria respeito apenas à metrificação antiga, tornada obsoleta, de tal modo que "*verso* livre", apesar do nome, não guardaria parentesco algum com seu antecessor. "Verso" não seria o denominador comum a verso metrificado e verso livre, vindo um e outro a constituir formas de expressão inteiramente distintas.

Verso, então, é o quê?

Referindo-se à teoria geral do verso, Poe certamente exagera ao afirmar que

não há, talvez, assunto literário que tenha sido mais pertinazmente discutido, e não há nenhum, decerto, a respeito do qual se possa dizer que existe tanta incúria, confusão, falsas noções, embustes, mistificação e ignorância chapada de todos os lados. (Poe, 2009, p.129)

Mas a verdade é que, para os adeptos da versificação ortodoxa, a questão de base, acima lembrada, é ociosa: verso é determinado número de sílabas etc. Para nós, maliciosamente modernos, que aparentemente não dispensamos o menor interesse a uma "teoria" do verso livre, mas sabedores de que verso não é isso, ou não deve ser só isso, a indagação crucial vem a ser mesmo, singelamente: então, o que é verso?

Caso a hipótese de um tratado de não versificação tenha despertado a curiosidade ou a simpatia do leitor, devo advertir que, de minha parte, isso está fora de cogitação. Não em razão da insensatez sugerida pelo enunciado (um pouco de ironia não faz mal a ninguém), mas em razão da sua inexequibilidade: eu não disporia de tempo nem de energia para tão avantajada tarefa. Mas isso não impede que troquemos ideias a respeito, começando por perguntar: que tratado seria esse? Resposta: seria o mapeamento geral dos tipos e espécies de "verso livre", tal como este tem sido praticado, seja pelos poetas que aderiram à novidade na virada do século XIX para o XX, seja pelos seus sucessores, que o foram adotando, em escala crescente, geração após geração, até os nossos dias. A resposta é de fato simples, mas imagine-se a quantidade de poetas, todos no legítimo exercício da liberdade individual; imagine-se a prodigiosa variedade de tipos e espécies que tal mapeamento precisaria abrigar.

Afinal, a libertação da métrica exclui a possibilidade de um padrão: cada verso livre será livre à sua maneira, nada garante que essa maneira se reproduza nos versos (também *livres*, pois não?) de outros poetas e até em diferentes livros ou poemas do mesmo poeta. O verso "preso", construído a partir de uma norma versificatória preestabelecida, obedece ao mesmo padrão, em todos os poetas que o adotem,[2] mas não é assim com o verso livre. Só um inefável tratado de não versificação seria capaz de mapear a heterogeneidade aí implicada. Não é sem propósito imaginar que alguns padrões acabariam por ser detectados, mas isso é só uma desconfiança, baseada em quase nada. No caso de esses padrões existirem, chegaríamos a dizer que os poetas modernos são tão apegados a escolas, modelos e modismos como os antigos?

O que podemos admitir é que esse mapeamento daria destaque, em primeiro lugar, aos pioneiros, que em sua maioria começaram por versificar à maneira tradicional, em seguida rebelaram-se contra o espartilho da forma e, mais tarde, em grande número (convém atentar para este fato), voltaram a contar as sílabas e a ordenar, disciplinadamente, aqui as tônicas, ali as átonas. No curso de bela entrevista concedida a Paulo Mendes Campos em 1948, Bandeira afirma, a propósito de *O ritmo dissoluto* (1924): "A maioria dos poemas do livro estão escritos numa forma que ainda não é verso livre 100%. Há neles ainda um certo senso métrico, em ritmos como que desmanchados, dissolvidos (dissolutos). Daí o título". Em outro passo, o poeta retoma a questão: "O verso verdadeiramente livre foi para mim uma conquista difícil. O hábito do ritmo metrificado foi-se-me corrigindo lentamente" (Bandeira, 1958, p.1164);

---

2 É esse padrão comum que nos permite, por exemplo, cantarolar a "Canção do exílio", de Gonçalves Dias, com a melodia de "A banda", de Chico Buarque. A métrica é a mesma: versos redondilhos, dispostos quase todos em quadras singelas, com acentos na terceira ou na quarta e na sétima sílabas, rimas alternadas. Se tentarmos apenas declamar "A banda", o ouvido não conseguirá esquecer a melodia e o resultado sempre seria menos interessante.

e remata: "Ora, no verso livre autêntico o metro deve estar de tal modo esquecido que o alexandrino mais ortodoxo funcione dentro [do poema] sem virtude de verso medido" (Bandeira, 1957, p.36-37).

Em seguida, o mapa localizaria os sucessores, que não tinham mais de que se libertar, já que seus versos nascem alforriados, não são mais manifestação de rebeldia contra isto ou aquilo. E consideraria também outros casos, como o dos que aparentemente não tomaram conhecimento da rebeldia e persistiram na metrificação regular; e o daqueles que, mais adiante, se rebelaram contra a insurreição e praticaram uma espécie de ortodoxia versificatória, como se se tratasse de uma questão de fé. E teríamos ainda, além de vários outros casos intermediários, os que tomaram ao pé da letra e radicalizaram o espírito libertário implicado no processo de transição, passando a chamar de "verso" (*livre*, não é verdade?) qualquer fieira de palavras, arbitrariamente jogadas no papel. "Verso livre" correu sempre o risco de servir de álibi a verso frouxo. Mas o bem medido e escandido, à moda antiga, nunca serviu de antídoto contra a frouxidão. Não se trata de optar entre verso livre, como marca obrigatória de modernidade, e verso metrificado, como indício inquestionável de conservadorismo ou volta atrás. Trata-se, antes, de distinguir entre verso de boa ou de má qualidade, atributos que não são exclusivos desse ou daquele tipo formal.

A esse respeito, Bandeira nos brinda, mais uma vez, com uma ponderação decisiva. A citação é um pouco alongada, mas o leitor saberá apreciar esta pausa para novo contato com a discreta e iluminada sabedoria do grande poeta de *Ritmo dissoluto*:

Poesia para quê?

Verso livre 100% é aquele que não se socorre de nenhum sinal exterior senão o da volta ao ponto de partida à esquerda da folha: *verso* deriva de *vertere*, voltar. À primeira vista, parece mais fácil de fazer do que o verso metrificado. Mas é engano. Basta dizer que no verso livre o poeta tem de criar o seu próprio ritmo sem auxílio de fora. [...] Sem dúvida não custa nada escrever um trecho em prosa e depois distribuí-lo em linhas irregulares, obedecendo tão somente às pausas do pensamento. Mas isso nunca foi verso livre. [...] Essa enganosa facilidade é causa da superpopulação de poetas que infestam agora as nossas letras. O modernismo teve isso de catastrófico: trazendo para a nossa língua o verso livre, deu a todo mundo a ilusão de que uma série de linhas desiguais é poema. Resultado: hoje qualquer subescriturário de autarquia em crise de dor de cotovelo, qualquer brotinho desiludido do namorado, qualquer balzaquiana desajustada no seu ambiente familiar se julgam habilitados a concorrer com Joaquim Cardozo ou Cecília Meireles. (Ibid., p.230-231)

Cumprida a pausa, voltemos ao nosso tratado de não versificação. Um dos dilemas que talvez fossem passados a limpo é a contraposição entre *verso metrificado* entendido como algo deliberadamente arquitetado pelo poeta, para além ou aquém da margem de "inspiração", "mistério" ou "imponderabilidade" inerente ao processo de criação, e *verso livre* entendido como algo que singelamente acontece, ao sabor do acaso. Segundo a boa lógica, não há escapatória: verso verdadeiramente livre será só o "ditado do inconsciente", ou a "escrita automática", miragem na qual nem os surrealistas mais ortodoxos chegaram a acreditar, exceto como exercício esporádico a ser simulado com moderação, ou como matéria de especulação teórica. Nosso tratado mostraria, enfim, que a prática do verso implica sempre um *fazer* deliberado, uma intenção, uma decisão, uma escolha, subordinadas à vontade criadora; e que "espontaneidade" ou "naturalidade" podem ser princípios desejáveis na vida cotidiana, mas não têm espaço quando se trata de arte (artefato, artesanato, artifício – não é mesmo?), compromisso a que nenhum verso, nem o "livre", é dado furtar-se. Já em 1917, Eliot advertia: "*Vers libre* é um grito de guerra em nome da liberdade, mas em arte não existe liberdade" (Eliot, 1978, p.184), e a advertência será reforçada por outro grande poeta norte-americano, William Carlos Williams (1974, p.289), para quem, "sendo uma forma de arte, o verso não pode ser 'livre', não no sentido de que não tenha limitações ou princípios norteadores". Caso contrário, e não me parece demasiado insistir neste ponto, não precisaríamos falar em "verso livre": falaríamos apenas em verso frouxo, não verso, falsa poesia. Mas isso nos desviaria do propósito inicial. De qualquer modo, a ideia do tratado de não versificação aí está, caso o leitor esteja disposto a enveredar por esse rumo, por sua conta e risco. De minha parte, o propósito é só formular a singela pergunta : "Afinal, o que é verso?", para que possamos, em seguida, pensar em verso *livre*.

O verso, o tempo, as sílabas

"Verso" provém do latim *versus*, que por sua vez deriva do particípio passado de *vertere* (voltar, virar, desviar), e significa linha, fileira, renque. Na origem, o termo se aplica à ação do arado, no cultivo da terra (Virgílio: *In versum distulit ulmos*, "Plantou olmeiros em linha"), mas é aplicável também, já agora como adjetivo, a um tipo especial de discurso, a poesia, que se interrompe

Poesia para quê?

a intervalos regulares, e volta, e torna a se interromper e torna a voltar, em movimentos sucessivos, formando igualmente linhas, renques ou alamedas – de palavras. Lemos em Apuleio: *Versa oratio*, com o sentido de "poesia", simplesmente; ao pé da letra, oração virada ou desviada (Saraiva, 1924, p.1268). Tais viradas ou desvios resultam da intervenção do poeta, que impõe ao discurso um andamento determinado pelas sonoridades, as pausas, as cadências; pelo ritmo geral das orações, em suma, e não pelo fluxo ideativo. A esse discurso seccionado opõe-se o discurso contínuo da "prosa" (do latim *prosa*, já com o sentido atual), que flui em linha direta, sem interrupções, até o final do parágrafo, guiado pelo andamento das ideias e não pelos ditames da "arte" ou de algum "artifício" como o versificatório.

Para os antigos, fazer versos é cavar, na terra inculta das ideias e sentimentos, os sulcos propiciadores do cultivo e do florescimento, de acordo com uma intenção deliberada, e não permitir que sentimentos e ideias se manifestem aleatoriamente, como na fala ordinária. Mas não nos antecipemos: divagações ambiciosas como essa podem ficar, talvez, para mais adiante. O que buscávamos, e continuamos a buscar, é modestamente uma definição de verso. Além do pretexto para a divagação, o recurso à etimologia nos fornece o que talvez seja o ponto crucial: "verso" é um fato de vigência *predominantemente* acústico-auditiva, é massa sonora, sucessão de vozes ou sílabas, deliberadamente arranjadas pelo poeta, segundo algum propósito "artístico" bem definido. E o "conteúdo", o "sentimento", o "pensamento"? Tudo isso aí está, e deve estar, mas na dependência da arte do poeta, e não como algo válido em si e por si. E a recíproca também é verdadeira. Ou seja, Mallarmé exagerou ao repreender o bem-intencionado Degas, lembrando-lhe que "poesia não se faz com ideias mas com palavras". É uma boa frase de efeito, sem dúvida, mas só uma hipérbole, não uma verdade razoável. Perdoe-me o leitor este breve desvio. Voltemos ao nosso latim.

Vozes, sílabas... A prosódia latina conhecia dois tipos de sílabas, as *longas* e as *breves*, assim consideradas em razão da quantidade ou da duração. Na passagem para as línguas modernas, derivadas do latim, essa noção se perdeu ou se diluiu, sendo substituída pela de intensidade: sílabas *tônicas* (fortes) ou *átonas* (fracas). Em razão disso, nossa versificação, assim como nossa não versificação, é meramente silábica. A sílaba é, para nós, a unidade mínima, formadora da estrutura do verso, daí nossa preocupação excessiva, quando não exclusiva, com o seu número, isto é, com a aritmética. Desse mau entendimento provém a imagem estereotipada de que as novas gerações, tal como os versos, estão livres: o adolescente (língua entre os dentes, lápis na mão direita, a esquerda em arco) a espremer a ponta do polegar contra o indicador, o médio, o anular e o mindinho, sucessivamente, na tentativa de descobrir quantas sílabas — as "poéticas", não as gramaticais — teria o verso que o professor mandou, digamos, analisar. Não seria mais humano substituir as pontas dos dedos pela voz e os ouvidos? O fato é que a maioria dos nossos tratados, após um variável introito genérico, limita-se a contabilizar, classificar e exemplificar os tipos de versos possíveis em nossas línguas, de duas a doze sílabas, como se o número de sílabas fosse suficiente para dar conta do *tempo* ou do ritmo, aspecto mais decisivo do que a simples quantidade, na estruturação do verso. Não é assim na versificação latina.

Para gregos e romanos, o total de sílabas, ao final de cada verso, importava menos do que a natureza dos subconjuntos formados pelas sequências de duas ou três sílabas: uma longa

Poesia para quê?

e uma breve, ou vice-versa; duas breves, ou duas longas; uma breve, uma longa, outra breve; uma longa seguida de duas breves, ou duas breves seguidas de uma longa; e assim por diante. A essas sequências dava-se o nome de "pés", como os descritos acima (na ordem: troqueu, iambo, pirríquio ou díbraco, espondeu, anfíbraco, dátilo e anapesto, mas com tal nomenclatura, diga-se de passagem, difícil imaginar alguém que se interesse por tão árdua matéria, hoje em dia), e os versos se formavam da combinação de dois, três ou mais deles. Assim, a estrutura rítmica do verso e do poema como um todo era extremamente flexível, modulada por cadências que se prolongavam ou se recolhiam, com liberdade, para além ou para aquém da clave limitadora dos padrões mecanicamente repetidos, como *tende* a acontecer na versificação silábica a que nossos ouvidos foram sendo acostumados, da alta Idade Média ao Parnaso Oitocentista, e que nos força ao sobe e desce da alternância entre sílabas fortes e fracas – questão de altura, não de quantidade.

Tempo, duração, modulação: vozes que se dilatam, no afã de prolongar sua permanência no ar de fora, para eternizar uma existência sempre fugaz, a dividir terreno com vozes mais nervosas, rápidas, que só fazem acelerar a fugacidade. Um breve exemplo talvez permita vê-lo, ou ouvi-lo, com a nitidez que a explanação teórica mal consegue sugerir. Ponhamos a atenção na primeira estrofe de "Abriu-se um cravo no mar", do baiano Sosígenes Costa:

> A noite vem do mar cheirando a cravo.
> Em cima do dragão vem a sereia.
> O mar espuma como um touro bravo
> e como um cão morde a brilhante areia. (Costa, 1959, p.20)

Os dois primeiros versos abrem com a mesma sucessão fraca+forte: "a *noi*(te)", "em *ci*(ma)". Depois da pausa, três sílabas fracas: "...te vem do" e "...ma do dra", compasso de espera que antecede a segunda pausa, imposta pela sílaba tônica medial, a sexta (*mar*, no primeiro verso, *-gão* no segundo). Fechando a sequência, outra série de três fracas, antes do acento final: "chei-ran-do a-*cra*(vo)", "vem- a- se-*rei*(a)". Repartida em três segmentos (duas + quatro + quatro sílabas), a cadência é lenta, já que o movimento se interrompe logo na segunda sílaba e volta a se interromper quatro sílabas adiante, no meio do caminho que resta até o final. A lentidão cumpre com o propósito de prolongar o instante mágico em que a noite surge sobre ou do mar, imagem a ser eternizada nas retinas, pela sugestão de fluidez do cheiro de cravo e pelas pausas resultantes da estratégica posição das tônicas.

Compare-se tal efeito à cadência sutil, mas firmemente distinta, que comanda o terceiro e o quarto versos da mesma estrofe. Em ambos, a primeira pausa, após uma sucessão de três átonas, é afastada para a quarta sílaba: "o- mar- es-*pu*(ma)"; "e- co-mo um- *cão*". Em seguida, outra série de três sílabas fracas mais uma forte: "...ma- co-mo um- *tou*(ro)"; "mor--de a- bri-*lhan*(te)". Fecha o movimento uma breve sucessão fraca+forte: "...ro- *bra*(vo)"; "...te a-*rei*(a)". Ou seja, os mesmos três segmentos dos versos anteriores, 2+4+4, invertida a ordem para 4+4+2. No segundo caso, a cadência é ligeiramente mais acelerada, para dar representação à pressa com que é preciso livrar-se primeiro do *dragão*, depois da *sereia*, em seguida do *touro*, do *cão* e da *areia* – elementos intrusos, figurações paralelas, comparativas, que vieram intrometer-se no âmago da tríade que forma a imagem-alvo (*noite, mar, cravo*), à

Poesia para quê?

qual cumpre voltar, com alguma urgência. Por isso o verso de abertura do poema se repetirá, literalmente, no início da estrofe seguinte: "A noite vem do mar cheirando a cravo".

Teria sido mais fácil constatar que estamos diante de quatro versos decassílabos, os dois primeiros "clássicos" ou "heroicos", com acento na segunda, sexta e décima sílabas; os outros dois, "sáficos", com acento na quarta, oitava e décima. Mas com isso teríamos a atenção desviada para a quantidade de sílabas e perderíamos a noção de cadência, compasso, modulação; perderíamos, em suma, *o ritmo*, significativamente distinto em uns e outros. Parece ser esse o sentido de antiga observação de Edgar Allan Poe, não obstante o poeta norte-americano recorrer à noção demasiado vaga de "caráter", aplicando-a aos versos:

> Como há bastantes leitores que, habitualmente, confundem ritmo e metro, vem muito a propósito aqui dizer que aquele diz respeito ao *caráter* dos pés (isto é, arranjo de sílabas), ao passo que o último diz respeito ao *número* daqueles pés. (Poe, 2009, p.137-138)

Em precioso e antigo ensaio, hoje esquecido, Cavalcanti Proença nos brinda com uma noção utilíssima, a de "células métricas": "combinação de átonas e tônicas que, isoladas ou grupadas, podem estruturar o ritmo dos versos". E ele acrescenta que isso vale para "o ritmo da poesia tradicional ou livre, e até da prosa lírica" (Proença, 1955, p.17).[3] Seria interessante especular em torno do parentesco entre essa noção e a de pés,

---

3 No capítulo seguinte, enfrentaremos a questão do poema em prosa ou da prosa poética.

da versificação greco-latina: a sílaba tônica estaria para a longa assim como a átona estaria para a breve. Mas, para além do teor altamente controvertido dessa classificação, não há necessidade de enveredar por aí.

Basta observar que a diferença de cadências, detectada nos versos de Sosígenes Costa, resulta da simples inversão da ordem das células métricas que os compõem: 2+4+4, nos dois primeiros versos; 4+4+2, no terceiro e no quarto, e é apenas isso que distingue o decassílabo heroico do sáfico. Se somarmos a terceira célula do terceiro verso às duas primeiras do verso seguinte, teremos de volta o andamento heroico, da mesma forma como a segunda e a terceira células do segundo verso heroico, somadas à primeira do verso seguinte, compõem um decassílabo sáfico.

Se nos lembrarmos de que estamos lidando com massas sonoras e não com representações visuais, teremos que essa falsa unidade chamada "verso", artifício criado principalmente para o olho, poderia ser substituída, com vantagem, por outra espécie de unidade, os segmentos de sílabas arranjadas como subconjuntos – as *células métricas* de que fala Cavalcanti Proença, estas, sim, realidades acústicas bem marcadas, formadoras do verdadeiro ritmo do poema, só captável pelo ouvido, não pelo olho viciado em contar sílabas nas pontas dos dedos. Não obstante afirmar que "a irregularidade [do verso livre] envolve tanto o olho quanto o ouvido", William Carlos Williams garante que, em poesia, "tal como na fala, o padrão prosódico é avaliado segundo critérios de efetividade e expressividade, mais do que pela contagem mecânica de sílabas" (Williams, 1974, p.289).

Mas, dirá o leitor atento, os versos de Sosígenes Costa são metrificados. E o verso livre, alvo de nossa especulação – como

Poesia para quê?

fica? A resposta será: não fica. Bem vistas, e ouvidas, as realidades com que lidamos, a conclusão é inevitável: não há diferença substancial entre verso livre e verso convencionalmente metrificado, salvo a padronizada regularidade deste e a irregularidade daquele. Um e outro são formados pelos mesmos subconjuntos, pelas mesmas curtas sucessões de duas, três e eventualmente quatro sílabas, responsáveis pelo ritmo, que não poderia ser dado pela mera repetição do total de sete, dez ou quantas sílabas tenha cada verso. Vale dizer que, longe de ser "não metrificado", verso livre é apenas um verso de metrificação irregular. Mas isso conta menos. O que de fato conta é o ritmo, que resulta sempre da integração, às vezes harmoniosa, às vezes áspera, entre estrato sonoro, estrato semântico, modulação emocional e articulação sintática, que comandam, em regime colegiado, as palavras (sílabas, vozes) escolhidas pelo poeta – do mais conservador ao mais rebelde – para dar expressão à sua visão de mundo.[4]

Neste passo, poderíamos recorrer ao argumento extremo, a quase-*boutade* eliotiana: "Qualquer linha pode ser dividida em pés e acentos, [...] até o pior dos versos pode ser escandido" (Eliot, 1978, p.185, 189). De fato, a métrica não garante a presença da poesia. Qualquer fieira de palavras, extraída da prosa mais banal, pode ser tecnicamente escandida e ali encontraremos as mesmas combinações de sílabas fracas e fortes, em número variável. O verso tradicionalmente metrificado obedece ao princípio da uniformidade e da simetria, recorrendo a um

---

4 "A métrica é um dos correlativos primários do sentido [e], em si e por si, já significa algo, qualquer que seja o valor simbólico dos sons que a compõem" (Fussel, 1974, p.498).

padrão ou padrões que se repetem; a prosa, tal como o verso livre, não. Aí não temos uniformidade, a assimetria prevalece e não há padrões repetitivos, a não ser que nosso tratado de não versificação chegasse a detectá-los. Verso livre, então, é o mesmo que prosa, vale dizer não poesia? Em absoluto! O breve exercício em torno dos decassílabos de Sosígenes Costa deve tê-lo demonstrado.

A diferença é que, nessa linha qualquer, o estrato sonoro será arbitrário, inintencional, e não guardará vínculo algum com os sentidos, o encadeamento sintático e o fluxo das emoções, caso haja alguma, tal como costuma acontecer com muito verso livre, não por ser livre, mas por ser de má qualidade; e como acontece com o verso metrificado que, pela mesma razão, também não passe de má poesia. Nos dois casos, a chave está na integração, ou não, dos vários estratos e níveis da expressão. Não fosse isso, a frase "as obras de expansão do metrô paulistano", isto é, uma linha *qualquer* (a primeira que avisto, na página do jornal diário, abandonado sobre a pilha de livros, ao lado) seria um alexandrino perfeito, com sua melodiosa sucessão de três anapestos antecedidos de um anfíbraco. O leitor duvida? Pois então repare (as tônicas em negrito):

as	**o**	bras	de ex	pan	**são**	do	me	**trô**	pau	lis	**ta**	no
1	**2**	3	4	5	**6**	7	8	**9**	10	11	**12**	—

Alexandrino perfeito, não é verdade? E corretamente dividido em dois hemistíquios de seis sílabas, sem necessidade de elisão entre a sexta e a sétima. Após a breve hesitação inicial, imposta pela intromissão de uma forte entre duas fracas (compasso de espera, quaternário, anfibráquico), a frase

Poesia para quê?

engata, alegremente, uma cantante sucessão de três compassos iguais, também quaternários, formados pela sequência fraca+fraca+forte. O resultado (acredite, cético leitor) é um mimoso tetrâmetro anfíbraco-anapéstico. Extraordinária coincidência? Garanto-lhe que não. Tome ao acaso qualquer bula de remédio, qualquer classificado, qualquer manual de instruções seja lá do que for, qualquer espécie de expressão verbal, em suma, e distraia-se encontrando aí, virtualmente, todo o repertório de qualquer *Tratado de versificação*. Mas cuidado com os nomes próprios. Lembre-se: "Olavo Brás Martins dos Guimarães Bilac" também é um alexandrino perfeito. E não inclua frases de para-choque de caminhão, *slogans* publicitários, adágios ou provérbios, pois aí a metrificação é intencional. Antes disso, porém, caso a proposta o atraia, reconheça que seria insensatez absoluta considerar "as obras de expansão do metrô paulistano" um verso, insensatez equiparável (é só inverter o sinal) a decretar, a priori, que todo verso livre é não poesia, como fazem ou faziam os ortodoxos da versificação silábica.

O bom verso, o mau verso

Dizer de um poeta que é um exímio artesão ou que tem excelente domínio técnico é quase um insulto. Se a observação não traduzir um simplório entendimento do que seja poesia, esconderá um juízo severo: é um mau poeta, conhece algumas fórmulas e receitas, mas não sabe bem o que fazer com elas e usa-as como fim em si. O aparente (malicioso) elogio equivaleria, inaugurada a obra, a cumprimentar o engenheiro responsável, exclamando: "Que belos andaimes o senhor deixou à mostra, na fachada do seu edifício!". A controvertida questão quase sempre gera ambiguidades e mal-entendidos, já que o bom poeta é, de fato, sempre, um exímio artesão, exímio a ponto de fazer com que isso passe despercebido. Mas a recíproca não é verdadeira.

Diante da melodiosa pulsação criada pelo inusitado consórcio entre solenidade e intimismo, nos conhecidos tercetos drummondianos:

> E como eu palmilhasse vagamente
> uma estrada de Minas, pedregosa,
> e no fecho da tarde um sino rouco
>
> se misturasse ao som de meus sapatos,
> que era pausado e seco; e aves pairassem
> no céu de chumbo, e suas formas pretas
>
> lentamente se fossem diluindo
> na escuridão maior, vinda dos montes
> e do meu próprio ser desenganado,
>
> a máquina do mundo se entreabriu
> para quem de a romper já se esquivava
> e só de o ter pensado se carpia. (Andrade, 1959, p.300)

quem se lembraria de reparar que estamos diante de decassílabos regulares, acento na sexta e na décima sílabas? Ou que a ausência de rimas permite substituir, com vantagem, a previsível sonoridade dos finais de versos por uma ou outra inesperada rima interna e pela riqueza cromática da variação de timbres vocálicos, sempre casados, pela consonância ou pelo contraste,

Poesia para quê?

com a tônica medial? Ou, ainda, que o *enjambement*, discretamente utilizado em pontos-chave, impede que os versos, assim como as estrofes, sejam percebidos como compartimentos estanques, e faz que todas as cadências fluam, como um todo, *in fieri*, do primeiro ao último verso? A quem ocorreria notar que o marcante hipérbato, com sua velada ironia, convocado duas vezes seguidas no fecho do fragmento transcrito ("de a romper já se esquivava" e "de o ter pensado se carpia"), somado à clássica musicalidade dos decassílabos e ao próprio título do poema, é uma clara homenagem a Camões?

Vejamos ainda outro exemplo, as duas estrofes que servem de fecho ao poema "Lembrança rural", de Cecília Meireles:

> Flores molhadas. Última abelha. Nuvens gordas.
> Vestidos vermelhos, muito longe, dançam nas cercas.
> Cigarra escondida, ensaiando na sombra rumores de bronze.
> Debaixo da ponte, a água suspira, presa...
>
> Vontade de ficar neste sossego toda a vida:
> bom para ver de frente os olhos turvos das palavras,
> para andar à toa, falando sozinha,
> enquanto as formigas caminham nas árvores.
> (Meireles, 1967, p.191)

A métrica é irregular, as células variam de extensão, mas há um esboço de uniformidade no arranjo em quartetos e nas rimas toantes, algum senso de ordem e disciplina, em meio à descontração do olhar devaneante, que passeia pela paisagem, a olhar para fora. Mas na segunda estrofe esse olhar se voltará para dentro, em sintonia com a variação do jogo das formas e a mudança de ritmo. O verso de abertura ("Flores molhadas. Última abelha. Nuvens gordas") é formado de três segmentos ou compassos, bem demarcados, e os demais versos da primeira estrofe mantêm o arranjo tripartite, embora percam o andamento sincopado do inicial, ganhando fluidez. Os pontos finais, intermediários, do primeiro verso são substituídos por vírgulas e a cadência se acelera. No verso de abertura da segunda estrofe, a voz atinge a fluidez máxima, representada pela ausência de sinais de pontuação, mediais. A modulação ternária cede lugar a um largo movimento, emblema do encontro desse olhar consigo mesmo. E esse verso-chave ("Vontade de ficar neste sossego toda a vida") esconde em seu recesso um legítimo alexandrino: após uma breve pausa inicial, "Von-*ta*(de)", segue-se uma suave sucessão de três vezes quatro sílabas, em sequências regulares de três fracas e uma forte: "...de- de- fi--*car* | nes-te- sos-*se*- | go- to-da a- *vi*(da)". O sentimento de quietude e placidez, que a primeira estrofe parece detectar na paisagem impessoalmente descrita, acaba por se revelar sentimento interior, estado de espírito, que, suscitado ou não pela contemplação das flores, da abelha, das nuvens, dos vestidos vermelhos etc., diz mais respeito ao olho que observa do que à cena observada. Por isso o ritmo varia, na passagem da primeira para a segunda estrofe, de tal modo que o sentimento ponto de partida, de placidez e quietude, possa estar agora expresso não só nos sentidos das palavras, mas também na cadência mais fluida, nos compassos espraiados e no jogo que as formas tramam entre si.

Alguém imaginaria que tão bem engendrados recursos técnicos são fruto da inspiração ou do acaso? O leitor ingênuo talvez, mas os demais saberão que tais expedientes foram deli-

Poesia para quê?

beradamente utilizados pelos poetas, que, graças a seu saber de ofício, fazem que estes passem inteiramente despercebidos. Criado o poema, o leitor pode então desfrutar da mágica experiência da espontaneidade e do acaso... convincentemente encenada. Isso se dá porque o poeta

> finge para si mesmo *não saber o que já sabe*. A fonte da poesia é sempre um mistério, uma inspiração, uma comovida perplexidade diante de algo irracional – terra desconhecida. Mas o ato poético representa uma vontade absoluta de ver claro, de reduzir tudo à razão, de saber. (Pavese, 1957, p.81)

O fato de o leitor ingênuo imaginar o ato criador como espontâneo brotar de "inspirações" (cuja expressão "natural" seria, portanto, o verso livre) não causa grande mal aos destinos da poesia: cedo ou tarde, os mais atentos acabam por perceber o que se passa. Mal muito maior resulta do grande número de poetas que endossam esse simplório entendimento, apegando-se à suposta "facilidade" do versilibrismo. Referindo-se a Thomas Hardy, a primeira influência que sofreu, como poeta, Auden declara: "Sinto-me grato a meu primeiro mestre por não escrever versos livres, ou eu poderia ter sido tentado a achar, então, que verso livre é mais fácil que as formas rígidas; só hoje me dou conta de que é infinitamente mais difícil" (Auden, 1989, p.38). Advertência similar encontraremos em poetas e estudiosos de vários quadrantes, como Geir Campos, para quem o verso livre deixa "o poeta numa espécie de regime de livre-arbítrio muitas vezes mais árduo que a aparente dificuldade das formas convencionais" (Campos, 1960, p.120); ou Ivo Barroso, ainda mais incisivo:

nenhum poeta que não domine toda a estrutura poética anterior [chegará a] fazer um poema moderno, válido. Sobretudo um poema válido em versos livres, que são os versos mais difíceis e de livres só têm o nome, porque na verdade exigem do poeta uma tremenda disciplina. (Barroso, 1995, p.26)

Disciplina como aquela que comanda os belos versos drummondianos, atrás lembrados, e que são, afinal, versos decassílabos. Por isso talvez seja instrutivo compará-los a esta outra sucessão de versos, cada um dos quais soma as mesmas dez sílabas:

> Debaixo do seu manto, em dez fileiras,
> Doze mil itatis formados iam;
> Surdos, porque, habitando as cachoeiras,
> Com o grão rumor da água ensurdeciam;
> Pendem os seus marraques por bandeiras
> De longas hastes, que pelo ar batiam,
> Suprindo nos incônditos rumores
> O ruído dos bélicos tambores. (Durão, 1945, p.101)

A propósito do caudaloso poema, o *Caramuru*, de que o leitor tem acima apenas um curtíssimo exemplo, Agripino Grieco, com sua língua afiada, chegou a indagar: "Quem hoje terá dentes sólidos para triturar esses versos graníticos?" (Grieco, 1932, p.9). Mas, métrica por métrica, não haveria diferença entre esses versos e os de Drummond. Razão tem, portanto, T.S. Eliot, ao afirmar peremptório que "o *vers libre* não existe". Já sabemos que todo e qualquer verso é metrificado, assim como também o é qualquer linha, qualquer sequência de pala-

Poesia para quê?

vras. Mas metrificar não é somar determinado número de sílabas, distribuir corretamente átonas e tônicas e aplicar o molde, verso a verso, ao poema todo. O resultado não passará de falsos versos, miseravelmente "graníticos", como os do piedoso Frei Durão. Reduzida à mera formalidade extrínseca do estrato sonoro dissociado dos demais estratos, é compreensível que a versificação silábica, entronizada pelos parnasianos como a "deusa forma", fosse destronada pelos rebeldes pioneiros, do início do século XX, e substituída pelo verso livre, que é, insisto, *do ponto de vista conceitual*, um equívoco, altamente benfazejo e bem-vindo, mas um equívoco.

Antes da rebeldia, o amplo arsenal metrificatório à disposição dos poetas, com sua variedade de células métricas, andamentos e cadências, é predominantemente regular e uniforme. Longe de significar idiossincrasia ou imposição arbitrária, as antigas formas fixas, em seu conjunto e em seu espírito genuíno, valem como representação metafórica de um mundo estável. Tais formas já contêm em si uma visão de mundo.

O poeta anterior à rebeldia verseja, rima e conta as sílabas, para conferir à sua criação o *status* simbólico de microuniverso coeso, na medida em que acredita estar inserido em (e integrado a) um universo igualmente ordenado e coeso. O poeta moderno, por sua vez, "condenado" a usufruir da falsa liberdade do versilibrismo, continua a metrificar, e até a rimar, se for o caso, servindo-se basicamente das mesmas células métricas tradicionais, cujo limite é a própria língua, à procura dos mesmos ritmos integradores dos vários estratos da sua fala, mas já agora em regime de irregularidade, assimetria e imprevisibilidade, para dar representação metafórica a um mundo analogamente irregular e heterogêneo, instável, esvaziado de qualquer valor ou verdade inquestionáveis. A pluralidade das formas já é, em si, a figuração emblemática de outra visão de mundo.

Um só exemplo será suficiente para exemplificar a ideia, já agora, quem sabe, menos paradoxal, de que o verso livre é apenas uma variante do verso metrificado:

Esta varanda fica
à margem
da tarde. Onde nuvens trabalham.

A cadeira não é tão seca
e lúcida, como
o coração.

Só à margem da tarde
é que se conhece
a tarde: que são as
folhas de verde e vento, e
o cacarejar das galinhas, e as
casas sob um céu: isso, diante
de olhos.

E os frutos?
E também os
frutos. Cujo crescer altera
a verdade e a cor
dos céus. Sim, os frutos
que não comeremos, também
fazem a tarde
                    (a vossa
tarde, de que estou à margem). (Gullar, 1975, p.23)

Poesia para quê?

Os expedientes versificatórios do belo poema de Ferreira Gullar, "O trabalho das nuvens", de que vimos apenas a abertura, não esconde a especial predileção do poeta por duas espécies de sequências silábicas, ou células métricas, uma de quatro tempos (fraca+fraca+forte), sendo que uma forte equivale a duas fracas, outra de três tempos (fraca+forte), ora isoladas, ora combinadas entre si, no interior de um verso ou transitando de um verso a outro. A modulação desses dois andamentos imprime ao poema o seu ritmo peculiar, firmemente integrado aos sentidos, ao encadeamento sintático, ao ousado recorte dos versos e às hesitações do espírito que oscila entre o "céu", onde "nuvens trabalham", e a terra, de onde brota "o cacarejar das galinhas"; entre os "frutos" inatingíveis e a "cadeira" que "não é tão seca e lúcida" quanto as nuvens. Se atingir o desejado grau de secura e lucidez, o "coração" talvez leve o poeta a deixar de se sentir "à margem" (ou "estrangeiro aqui como em toda a parte", no dizer de Álvaro de Campos), sempre a hesitar entre um e outro lado.

Além disso, repare-se como o recorte dos versos contraria as expectativas geradas pelo encadeamento sintático, sistematicamente subvertido. Liberto da metrificação regular, ou das rimas que pudessem conduzi-lo, o recorte segue o rumo determinado pela ênfase que recai sobre algumas palavras e expressões. Assim, "à margem", "o coração", "os frutos", "a vossa", isolados dos sintagmas a que pertencem, ganham aos olhos do leitor a condição de núcleos semânticos decisivos, merecedores de atenção especial. Isso não impede, porém, que um ou outro recorte se ressinta de alguma arbitrariedade, como, digamos, a passagem de "que são as", no final de um verso, para "folhas de verde e vento", alijado no verso seguinte. A análise poderia continuar, outros exemplos poderiam ser lembrados, mas temos já o suficiente para concluir.

O verso livre, afinal, faz parte de um amplo pacote de rebeldias e insurreições[5] que, na virada do século XIX para o XX (nas artes, na literatura, na política, nas ciências, no comércio, na guerra e em tudo o mais), desabou sobre a sociedade, como um bólido que se expande e se multiplica século adentro, até os nossos dias, imprimindo à vida contemporânea um ritmo cada vez mais acelerado, espasmos aparentemente revolucionários, cada vez menos espaçados, no encalço da Grande Revolução libertária que vem sendo sonhada há mais de duzentos anos. Nesse quadro, o que pudesse haver de insurreição no verso livre reduziu-se, há muito, a um pequeno jogo inofensivo, tão forte é a relação de dependência que a ousadia versificatória mantém com a tradição da qual pretende, mas na verdade não quer nem teria como, se livrar. Daí o radicalismo de certos movimentos que, inconformados com essa limitação, pretendem ou pretenderam levar ao extremo a insurreição dos pioneiros, propondo uma total ruptura com a tradição, como foi o caso da linguagem verbivocovisual, ambicionada pelo Concretismo (Campos; Pignatari; Campos, 1965), ou como parece ser o caso mais recente da poesia "vocal", preconizada por Paul Zumthor, em ensaios como "A presença da voz" (Zumthor, 2005, p.61-114).

Em 1917, a afirmação com que T.S. Eliot encerra suas reflexões sobre *vers libre* talvez soasse como excentricidade ou provocação. Hoje, porém, passado um século, será apenas um

---

5 Williams observa, não sem ironia, que "o verso livre [...] tem sido frequentemente descrito, embora nem sempre, como intrinsecamente 'democrático' ou até revolucionário" (Williams, 1974, p.289).

Poesia para quê?

lembrete, objetivo e isento, quase neutro, a apontar para uma verdade que, há décadas, estamos cansados de saber, mas às vezes esquecemos, ou simulamos ignorar, segundo a qual "a divisão entre verso conservador e *vers libre* não existe; só o que existe é bom verso, mau verso e caos" (Eliot, 1978, p.189).

Poema em prosa

Mundo sem sentido

O advento e o crescente predomínio do verso livre, século XX adentro, acabaram por revelar que a subordinação da poesia à metrificação regular, mensurável, embora crença antiga, nunca passou de equívoco. Como vimos, páginas atrás, "poesia" não pode ser concebida como sucessão de linhas bem medidas e uniformemente recortadas. Antes, porém, que esse avanço se realizasse, outra novidade, o "poema em prosa", introduzida por Baudelaire no século XIX, já apontava no mesmo rumo. Os mais ortodoxos se queixaram, alegando que não fazia sentido chamar de *poemas* o que não passava de simples *prosa*, mas vários poetas se deixaram encantar pela ousadia e o *poema em prosa* passou a ser praticado em larga escala, vindo a fazer parte inalienável do nosso patrimônio. As controvérsias suscitadas pelo pioneirismo de Baudelaire garantem que seria altamente proveitoso, nessa altura do nosso itinerário, dar ao poema em prosa a atenção devida. Trata-se de uma questão teórica, de largo espectro, que nos incita a firmar conceitos e definições – hoje, graças a isso, bem mais consistentes do que naquela altura. Meu intuito, porém, não é prioritariamente teórico. Por isso optei por um recorte diacrônico, a fim de analisar a questão no momento em que esta se coloca, isto é, *antes do advento do verso livre*. O exemplo escolhido foi o de Cruz e Sousa (1861-1898), um dos primeiros praticantes, entre nós, da novidade introduzida por Baudelaire.

Na fortuna crítica do poeta catarinense, chama a atenção o escasso interesse dedicado a *Missal* e *Evocações*, coletâneas de poemas em prosa, quase sempre esquecidas ou relegadas a segundo plano, concedendo-se todo o privilégio à sua poesia em sentido estrito – *Broquéis, Faróis* e *Últimos sonetos*. Seria tentador arriscar, logo de saída, uma explicação para o fato (haveria mais de uma), mas talvez seja mais avisado começar pelo recenseamento dos aspectos marcantes de *Evocações*, livro de maturidade. Quem sabe assim conseguimos atinar com o que venha a ser, na prática, e sobretudo com o que foi, no momento em que surgiu, esse controvertido novo gênero, também chamado "prosa poética". A intenção é investigar o que há de específico na coletânea, evitando o risco de projetar nela o que todos sabemos, ou julgamos saber, a respeito da festejada poesia do autor. Se assim fosse, isto é, se *Evocações* servissem apenas para confirmar ou reforçar as qualidades do restante da obra, não haveria razão suficiente para lhes dedicar atenção especial e fatalmente concluiríamos que o escasso interesse procede. Pretendo examinar a hipótese de que talvez não seja bem assim.

Começo por observar que os temas e motivos variam ao longo dos 36 textos enfeixados no volume,[1] mas a tônica é uma

---

1 As citações que seguem foram extraídas de Cruz e Sousa (1961), indicadas pelo número de página, entre parênteses retos, no corpo do texto.

Poesia para quê?

só: a radical incompatibilidade entre o indivíduo que sonha (quer o sonho se volte para o Amor ou para a Arte, ou para ambos) e o mundo em redor. É marcante, também, a presença centralizadora da primeira pessoa do singular: todos os textos são engendrados a partir da voz dominadora de um sujeito que é, ao mesmo tempo, caixa de ressonância do mundo que todos divisamos e foco gerador de algum outro mundo, alternativo, que afinal vem a ser esse mesmo mundo, já agora transfigurado pela subjetividade que constrói e desconstrói a visão em causa.

De início, cabe vencer a tentação de reduzir essa primeira pessoa ao eu-biográfico do poeta, não obstante a aproximação poder e dever ser feita, em algum momento, mas *cum grano salis*. A voz que nos fala nesses textos é a de uma personagem de ficção, *persona* abstrata, consciência portadora dos anseios e desígnios comuns a todos os sujeitos inconformados, rebelados e incompatibilizados com a "realidade" do mundo.

Cruz e Sousa retoma, assim, o velho topos do Eu oposto ao Mundo, para expressar a sua execração do tempo presente – não para contrastá-lo, como faziam os antigos, com a perfeição de um passado edênico, menos ainda com a glória de um futuro redentor, como fazem os adeptos do salvacionismo messiânico, mas para asseverar que a perversão do mundo atual é só a antecâmara de mais degradação, redobrada pela condição ambígua dessa *persona* orgulhosa de sua singularidade, simultaneamente vítima e carrasco, testemunha e promotor da destruição universal dos valores que lhe são mais caros.

São inúmeras, ao longo da coletânea, as invectivas contra "os sentimentos de pedra dos homens de hoje", cujos olhos "só luzem diante do dinheiro" [p.497], ou "a felicidade clássica, oficial, convencionada, das sociedades cansadas, decadentes, esgotadas pela degenerescência" [p.500]. A execração é implacável: "E assim vai tudo no grande, no numeroso, no universal partido da Mediocridade, da soberana Chatez absoluta" [p.509]. Diante da "convencional banalidade", o poeta se lamenta, com algum sarcasmo: "arrependo-me do irremediável pecado ou do crime sinistro de ver, sonhar, pensar e sentir um pouco" [p.511]. E aí temos o que pode ser o *leitmotiv* desses poemas em prosa: a consciência verdadeiramente lúcida do homem que vivencia, em toda a extensão, sua condição de desterrado, de desenraizado, de "estrangeiro aqui como em toda a parte", como dirá Álvaro de Campos, uns anos depois. Mais do que isso, é a consciência que se dispõe a imolar a própria alma na espécie de rito sacrificial em que se transforma a atividade poética, outrora reduto sagrado, agora profanado pelo embate dos contrários inconciliáveis ou pelo estigma da destruição e da autodestruição.

São claras aí as reverberações do satanismo e da necrofilia baudelairiana de *Le Spleen de Paris*; a atração do suicídio nos protagonistas de *Axel*, de Villiers de l'Isle Adam; o refinado esteticismo do *Às avessas*, de Huysmans; a ousadia ontológica das *Iluminações*, de Rimbaud; o grito de desespero, em suma, dos "poetas malditos", como dirá Verlaine – um punhado de escritores, pensadores e artistas do final do século XIX, que comungam do mesmo sentimento de mundo em colapso, sem saída, que podemos detectar nas páginas de *Evocações*. Se somarmos a isso a iconoclastia radical de um Nietzsche, o pessimismo metafísico de Schopenhauer, a tese da degenerescência de Max Nordau, o expressionismo semialucinatório de pintores como Moreau, Munch ou Ensor, o quadro estará completo: é dessa complexa e heterogênea matriz que provém o lancinante libelo

Poesia para quê?

(cultural, no amplo sentido, mais do que apenas estético-literário) lançado por Cruz e Sousa. Tal libelo não é estranho à sua poesia em sentido estrito, mas é mais intenso, assim me parece, na sua prosa poética. Colapso, decadência, degenerescência, fim dos tempos, em suma: esse é o dramático diagnóstico que tais artistas e pensadores fazem do mundo em que lhes coube viver.

Esse mesmo período, no entanto — a passagem do século XIX para o XX —, assinala também a jactância do homem "moderno", pragmático e utilitarista, orgulhoso do espetacular avanço científico e do poderio econômico do seu tempo, das mirabolantes proezas tecnológicas de que a Exposição de Paris, em 1900, dará a prova incontestável — e que a boa-fé dos futuristas, logo em seguida, não se cansará de exaltar. De um lado, as ruínas de um mundo devastado, sem remissão, como o enxergam os "malditos"; de outro, a glória do progresso rolo compressor, que nada será capaz de deter. Dessa antinomia ou bipolaridade radical brota não só a forma literária híbrida, que nos habituamos a chamar de "poema em prosa", como também a substância formadora da modernidade, cujos desdobramentos se estendem até hoje.

Hibridez

Prosa poética, afinal, o que vem a ser? Na abertura dos seus *Pequenos poemas em prosa*, Baudelaire faz ao amigo Arsène Houssaye uma confidência que vale por uma boa definição:

Qual de nós, em seus momentos de ambição, não sonhou com o milagre de uma prosa poética, musical, sem ritmo e sem rima, flexível e suficientemente matizada para se adaptar aos movimen-

171

tos líricos da alma, às ondulações do sonho, aos sobressaltos da consciência? (Baudelaire, 1996, p.219)

Boa definição, claro, se entendermos que "sem ritmo" diz respeito apenas à ausência do ritmo regular das formas fixas e dos versos rimados e metrificados. Mas a notação que vem em seguida esclarece. Propiciado pela flexibilidade dos "movimentos líricos da alma", repleto de "ondulações" e "sobressaltos", aí temos, ainda e sempre, *ritmo*, um ritmo novo, variado e irregular.

É o que se dá nas *Evocações*, cuja prosa é "poética" basicamente porque seus ritmos são marcados pelas aliterações, as rimas internas, as paranomásias, as repetições, os paralelismos, as abundantes enumerações, a aliciante e livre musicalidade próxima da elocução (para não dizer da arfante respiração do sujeito que nos fala), e não pelo encadeamento lógico-sintático das frases e dos períodos. É poética também porque abre mão de cenário, personagens e enredo, reduzidos a meros indícios provisórios, subsumidos pela potente voz em primeira pessoa, que a tudo filtra e engolfa. É "prosa" no sentido convencional, mas reduzida ao expediente básico do descritivismo transfigurador, tal como apregoa o lema dos poetas prosadores, na esteira de Baudelaire: "descrever sem definir". Indiferente a qualquer empenho narrativo, pedra de sustentação da prosa propriamente dita, a prosa poética não nos oferece a representação de uma realidade espaço-temporal, histórica e geograficamente situável. O *lugar* ocupado pelas *Evocações* é o espaço vazio, mas ao mesmo tempo densamente povoado, de uma consciência que se entrega por inteiro à vertigem das suas elucubrações.

A maioria dos textos de *Evocações* faz referência a "figuras" variadas, às vezes somente os nomes de seres potencialmente

Poesia para quê?

individualizáveis, transformados em interlocutores de passagem, alter egos daquela *persona* centralizadora. Em "Emparedado", por exemplo (talvez o mais glosado dos textos do livro), não temos dúvida: é o próprio Cruz e Sousa, a extrair da circunstância biográfica a matéria-prima de seu lancinante apelo. Outras vezes entrevemos, aqui e ali, a infortunada Gavita, os filhos, um ou outro amigo fiel, quem sabe este ou aquele parente. Mas, estopim deflagrador do potente fluxo verbal, tais referências são imediatamente mergulhadas em densa atmosfera de transfiguração – alter egos da *persona* centralizadora, como já afirmei – e se universalizam.

Sejam figuras masculinas como Lusbel, o anjo diabólico, o próprio Baudelaire, visitado no inferno, um certo Maurício ou um certo Araldo; seja o fauno devasso designado por "Capro", ou o artista condenado à morte, o homem dormindo, o idiota; sejam figuras femininas como Zulma ou Lúcia, a velhinha infeliz, ou as três mulheres mortas (Ana, Antônia e Carolina); seja a Mater ou a virgem pura chamada Anho Branco, a tenebrosa, a sombra, a espiritualizada: nenhuma dessas figuras chega a ser *personagem*, nenhuma chega verdadeiramente a contracenar com o sujeito que a tudo abarca e conduz. São só figurações abstratas, pretextos para que aquela voz singular erga a sua visão de mundo.

Suzanne Bernard, estudiosa da prosa poética em geral, veria aí certa "vontade de organização artística, em permanente tensão com a anarquia ou a negação destrutiva" (Bernard, 1959, p.444). Se aqueles indícios – figuras, cenário e enredo vagamente esboçados – se desenvolvessem e ganhassem autonomia, teríamos a prosa-prosa, a prosa de ficção, uma das possíveis realizações dessa "vontade de organização artística".

No outro extremo, se o jorro verbal, acionado pelo sujeito em seus fundos mergulhos em si mesmo, abrandasse um pouco o seu ímpeto anárquico, teríamos outra vertente da mesma "vontade de organização". Mas nenhuma dessas possibilidades se concretiza, embora isso pareça estar sempre prestes a ocorrer. Daí a "tensão permanente" de que fala a pesquisadora. A prosa poética das *Evocações*, visceralmente híbrida, bipolar, se alimenta desse impasse, parecendo apostar na liberdade e na anarquia, contra a imagem convencional de mundo ordenado ou organizado, que no entanto continua a ser uma aspiração latente.

Por isso, é de estranhar a afirmação da mesma Suzanne Bernard, segundo a qual "o poema em prosa não é um gênero híbrido, é prosa ritmada servindo a fins estritamente poéticos" (Ibid., p.434). Ao contrário, a marca peculiar do poema em prosa parece ser exatamente a hibridez, já que a realização "estrita" de qualquer dos polos só seria possível com o sacrifício do outro, e já não teríamos *poesia em prosa*, mas só prosa ou só poesia. É o que nos mostra a antinomia formadora das *Evocações*: a força da *hybris*, com a carga poderosa de excesso, ultraje e violência do sujeito que, insatisfeito com a possibilidade de ser apenas *isto* ou *aquilo*, ou premido pela angústia de não ser nem *isto* nem *aquilo*, entrega-se ao implacável ritual da autodestruição.

Nas últimas décadas do século XIX, quando passa a ser praticada regularmente por vários poetas, como Cruz e Sousa, a poesia *em prosa* tem um claro sentido de rebeldia contra as formas fixas, os padrões preestabelecidos, e com isso se inscreve no largo anseio de liberdade – social, política, moral e também estética – que vem-se desdobrando pelo menos desde a grande rebelião romântica. O conjunto das formas fixas, com sua aura de "sistema" coeso e objetivo, começa a aparecer, nesse período, como exemplo do repudiado modelo de "mundo ordenado". Era preciso, então, anarquizá-lo, facultando-se ao poeta a mais ampla liberdade de criação. A *prosa* poética parece atender a esse propósito, como que a preparar terreno para a grande insurreição das primeiras vanguardas, quando o poeta conquistará não só o verso *livre* (como vimos no capítulo anterior), mas todas as liberdades que for capaz de conceber.

Dizer o indizível

Cruz e Sousa, claro, não chegará a participar do grande espetáculo das vanguardas libertárias, mas sua prosa poética, mais do que seus exemplares sonetos parnasiano-simbolistas, caminhava nesse rumo. O estilo das *Evocações* — fogoso, abundante, muitas vezes atropelado, entregue ao fascínio das sonoridades raras e das associações inusitadas, não mais tolhido pela obrigação dos versos bem medidos — dá bem ideia do intenso desejo de liberdade que anima o poeta, não só como princípio, mas como forma de expressão, como realização efetiva de sua índole artística. Um exemplo:

> E, por entre os giestais engrinaldados de flores amarelas, por entre a rubente coloração das papoulas, a espessura densa das folhagens glaucas, a gradação pinturesca da verdura, e pela margem dos lagos e lagoas prateados e sonolentos, à beira dos brejos e alagados, das fontes, cachoeiras e rios, e ainda sob a tenda abrigadora dos tamarineiros e jambeiros perfumados, e ainda por entre as galhardas alacridades dos cravos, por entre os amargosos e acres rosmaninhos, era o encanto picante, o supremo êxtase, ver como essa Ninfa branca das selvas corria, corria [...] [p.503]

Temos aí nada menos que dez adjuntos circunstanciais (por entre... à beira... sob... etc.), enfileirados um atrás do outro, até chegarmos à oração principal, "era o encanto picante", que pode até passar despercebida, tal a proeminência da abundante enumeração que a antecede. Mas o período não se encerra aí. O enorme parágrafo, de que transcrevi apenas a primeira metade, é formado por um só período e se estende ainda, sem solução de continuidade, por mais uma dezena de linhas, com outra larga enumeração, agora para descrever essa mesma "Ninfa branca das selvas", e só então encontramos, quase perdido o fôlego, o ponto final.

Com efeito, o procedimento enumerativo é o recurso estilístico predileto das *Evocações*, empregado em quase todas as suas páginas. Não há, no livro todo, um só substantivo que não venha acompanhado de pelo menos dois ou três atributos (em muitos casos, seis, sete ou mais); não há circunstância ou aspecto, nominal ou verbal, que não se multiplique numa série de alternativas, mas não excludentes. Não se trata de ornamento retórico nem do titubeio da expressão à procura da palavra exata, única, difícil de atingir. Trata-se da consciência que sabe: nada é o que aparenta ser; por trás do que cada palavra é capaz de apreender, sempre se esconde algo mais essencial, que escapa, e continuará escapando, por maior que seja o continuado esforço do sujeito no seu encalço. O procedimento enumerativo, nas *Evocações*, é manifestação da luta contra o inapreensível de todas as coisas.

O ritmo afogueado que daí resulta expressa a crescente exaltação interior, metafísica, do sujeito que sabe estar muito próximo de algo extraordinário, e mesmo sabendo, também, que nunca será capaz de atingi-lo, não desiste. É que o âmago essencial de todas as coisas não é um estático "em si", aí fora,

Poesia para quê?

à espera de ser apreendido. É, antes, uma dimensão superior de sentido, que cresce e se multiplica, à medida que o sujeito se aproxima e avança, tentando tomá-lo "para si". O estilo fogoso das *Evocações* pode bem ser comparado ao "descascamento eidético" da fenomenologia husserliana, impregnado da fulgurante imaginação estética do poeta.

Isso sugere que a prosa das *Evocações* pede um leitor especial, que saiba ler sem pressa, calmamente concentrado em cada linha, cada frase, cada palavra, isto é, que adote um ritmo de leitura contrário ao da desabalada carreira do jorro verbal. Caso se deixe levar pelo estilo atropelado do poeta, provavelmente não chegará a "ler", em sentido pleno, embora possa extrair da experiência a confortante sensação do gozo estético prolongado ao máximo de sua potencialidade. E esse leitor ideal não deverá, também, ser adepto exclusivo da vertente oposta a essa, no quadro geral da modernidade literária, isto é, a vertente que aposta na brevidade, na concisão, na autocontenção e no severo controle que o poeta exerça sobre a assim chamada "inspiração", e que o leitor, paralelamente, imponha à sua eventual propensão ao arrebatamento emocional. Este outro leitor – admirador ortodoxo da "secura" cabralina, por exemplo – dificilmente irá além da segunda ou terceira página das *Evocações*. E vice-versa: o adepto exclusivo da torrente verbal como a praticada por Cruz e Sousa não irá além da primeira lição de poesia de *A educação pela pedra*, do nosso João Cabral. Mas a modernidade em poesia é feita justamente da coexistência, quando não do entrelaçamento, dessas duas vertentes. Num dos extremos, o anseio de liberdade ilimitada, absoluta, a aposta visceral nos impulsos e no arrebatamento – entrega plena ao "ditado do inconsciente", como Breton irá preconizar –; no outro, o desejo utópico de autocontrole também absoluto, a poesia como algo construído pela vontade soberana, e não como evento ocasional, como algo que simplesmente *acontece*, à mercê da inspiração. *Entre les deux...*

E com isso podemos ensaiar uma explicação para o escasso interesse dedicado à prosa poética de Cruz e Sousa. Quando nos debruçamos sobre *Broquéis*, *Faróis* e *Últimos sonetos* recorremos, há mais de século, à segura referência a um quadro consagrado de conceitos e princípios (simbolismo, nefelibatismo, culto da forma e da beleza, arte pela arte etc.), e frequentemente concluímos por enquadrar essa poesia no interregno ou no momento de "transição" entre o conservadorismo Oitocentista e a ousadia libertária no início do século XX. E damos o caso por resolvido. Diferente de quando pomos em tela de juízo experiências radicais como a de *Missal* e *Evocações*. Aquele quadro de referências se amplia desmesuradamente, as contradições avultam, a tensão entre os contrários inconciliáveis se torna indisfarçável e nos pega desprevenidos. Aí já não temos onde enquadrar, com segurança, a estranheza que nos escapa.

Em compensação, o pouco de atenção que dediquemos a essa estranheza é o bastante para pôr em xeque "verdades" há muito consagradas, sobretudo aquela que diz respeito ao prestimoso conceito de "momento de transição". A prosa das *Evocações* nos leva a desconfiar de que não há, na história literária, um só momento que não tenha sido "de transição": isso não é privilégio do interregno entre o século XIX e o XX. O recurso a esse expediente pseudoclassificatório faz apenas alimentar a doce ilusão de que um dia as coisas deixarão de "transitar" e encontrarão o seu pouso e a sua *facies* fixa e definitiva. Desde Heráclito, devíamos saber muito bem que isso é falso, mas a inércia e a utopia nos induzem a cultivar a ilusão.

Poesia para quê?

Mais do que isso, as *Evocações* nos mostram que, a partir da radicalidade da grande crise finissecular, a transitoriedade deixa de ser encarada, ilusoriamente, como momento de exceção, passando a ser vista como de fato é: substância inalienável das coisas do mundo. A partir daí deslancha a modernidade, essa modernidade que até hoje nos constitui: tudo é trânsito, nada é permanência; transitoriedade não é mera passagem de um ponto a outro, mas matéria integrante, estruturante, da realidade em que vivemos. Eis aí uma boa justificativa para a atenção que dediquemos à prosa poética de Cruz e Sousa.

Os versos da prosa

Deixei para o final o que talvez seja o aspecto mais intrigante, mais desconcertante, dentre os que pude localizar nas *Evocações*. Não fui à procura de nada parecido, mas justamente por isso, no curso de uma das leituras parciais que fiz, deparei-me com um verso decassílabo (?), incrustado na prosa abundante de certa página. Podia ser mero acaso, coincidência. A única maneira de sabê-lo era apurar o ouvido e reler o livro todo, agora sim, à cata de decassílabos ou outros metros convencionais.

O resultado, para mim surpreendente, foi encontrar, em meio à prosa libérrima das *Evocações*, nada menos que 46 decassílabos muito bem escandidos, heroicos ou sáficos. E encontrei também alguns alexandrinos perfeitos, que qualquer príncipe dos poetas assinaria, um ou outro hendecassílabo, assim como uma farta coleção de "células métricas", esse lúcido conceito proposto por M. Cavalcanti Proença, com o qual já lidamos no capítulo dedicado ao verso livre.

Diante disso, descartei a possibilidade de acaso ou coincidência, bem como a da intencionalidade. Não creio que essas frases metrificadas tenham sido "intrometidas" de forma deliberada no bojo de uma prosa descontraída, que se pretendia justamente livre de fórmulas e padrões preestabelecidos. Parece que metrificar – não sempre, mas vez ou outra – converteu-se para Cruz e Sousa em segunda natureza, algo tão espontâneo quanto respirar. Parece que esses versos brotam naturalmente, e se ajustam em perfeita harmonia ao ritmo geral dos parágrafos em que se inserem, sem entrar em atrito com a prosa circunvizinha. Tanto isso é verdade que os versos aí estão, muito nítidos, desde 1893, e até hoje não tinham chamado a atenção de ninguém.

Isso nos leva a repensar outras verdades consagradas, já agora relativas à modernidade em poesia, como a espontaneidade, a inspiração, a ausência de limites, a liberdade ilimitada, o primado da subjetividade triunfante. Será que as coisas são exatamente assim como, há mais de século, acreditamos que sejam? A dúvida talvez nos levasse a encarar com outros olhos a conhecida e sibilina *boutade* de T.S. Eliot, já citada no capítulo precedente: "O *vers libre* não existe. *Vers libre* é um grito de guerra em nome da liberdade, mas em arte não existe liberdade". Enfim, isso já seria outra história, que levaria para muito além do modesto propósito de recensear algumas das peculiaridades da prosa poética de *Evocações*.

E já que a investigação nos levou a garimpar dezenas de versos decassílabos, perdidos nas suas páginas, podemos rematar com um soneto, *um soneto inédito de Cruz e Sousa*, desentranhado da sua fogosa poesia em prosa:

Poesia para quê?

Quente esplendor bizarro de risadas,
As fugitivas formas intangíveis
Das Ilusões, das Alegrias livres
De tigres e panteras esfaimadas.

Oásis repousante de um ocaso,
A hora desse dia era infinita.
Que sombrios idílios e delírios,
Caridoso fanal do meu passado!

Estas mãos longas que mourejam tanto,
Claras Ilíadas que os rios cantam,
Sonoridades de cristais e luzes.

Fremências ríspidas de Sol aberto
Ao sacrifício dos desdéns eternos,
Na arrebatada confusão do Mundo.[2]

---

2 Para o leitor eventualmente cético, eis o mapa da localização dos versos (numerados de 1 a 14) na edição do centenário, e aqui transcritos *ipsis litteris*, para compor o soneto inédito de Cruz e Sousa. Em seguida ao número do verso: a página, o parágrafo, a linha e o título da composição. (1) 527 – 6º – última – Sensibilidade / (2) 507 – 5º – 6ª – O sono / (3) 500 – último – 2ª – Condenado à morte / (4) 529 – 5º – 3ª e 4ª – Sensibilidade // (5) 637 – 2º – 6ª – Nirvanismos / (6) 637 – 2º – 1ª – Nirvanismos / (7) 609 – 6º – última – Abrindo féretros / (8) 612 – 3º – 5ª – Abrindo féretros // (9) 539 – 4º – 6ª e 7ª – Asco e dor / (10) 652 – 2º – 3ª e 4ª – Emparedado / (11) 605 – 5º – última – Abrindo féretros // (12) 529 – 4º – penúltima e última – Sensibilidade / (13) 528 – 4º – penúltima – Sensibilidade / (14) 647 – 4º – última – Emparedado.

O mito da inspiração

Seremos todos poetas?

Desde Baudelaire e Mallarmé, viemos aos poucos nos habituando à ideia de que o poeta inspirado e ingênuo é coisa do passado, fantasia obsoleta. Malicioso, o poeta moderno é senhor do seu ofício e exerce ou almeja exercer sobre o ato criador o mais completo domínio. Para nós, cada vez mais, poesia resulta de conhecimento e aplicação, vontade soberana e imaginação controlada, e não de qualquer mistério insondável, mito que os antigos cultivaram, ao longo de séculos.

A ideia ancestral de que a poesia se origina *fora* do poeta, chegando até ele no bojo do ar que ele "inspira", entra em declínio pela metade do século XIX. "Inspiração" passa a ser apenas representação figurada do verdadeiro processo de criação, que se origina *dentro*, podendo então ser investigado à luz, por exemplo, dos avanços da psicologia, da sociologia, da antropologia e outras ciências, além de contar, já se vê, com os estudos literários propriamente ditos, que também avançaram consideravelmente nesse período. Tais avanços atribuem importância cada vez maior à noção de poesia como trabalho consciente, habilidade, domínio técnico, fruto da vontade deliberada. "Inspiração" passa a designar tão só o ponto de partida do processo criador, deixando de ser entendida como aquele estado de "transe" que comandaria todo o processo, como acreditavam os antigos. Com isso, a poesia deixa de fazer parte do "maravilhoso", isto é, das interferências sobrenaturais na esfera humana; deixa, enfim, de ser dádiva dos deuses, vindo a ser concebida como expressão das fabulações de que a arte e o engenho do homem são capazes.

Essa concepção foi-se tornando dominante, aos poucos, sobretudo a partir das primeiras décadas do século XX, mas nunca deixou de sofrer alguma resistência, não só de leitores e críticos, mas também de muitos poetas, que persistiram em manter a crença no talento inato. A tendência à radicalização, tanto de "modernos" quanto de "conservadores", levou quase todos a julgarem que estaríamos diante de opções excludentes, quando na verdade inspiração e trabalho, ou engenho e arte, continuam a se digladiar e a se mesclar, como vinha sendo desde os primórdios.

No entanto, de dentro ou de fora, proveniente de concessão divina ou de esforço humano, a têmpera poética, ou aquilo que leva uns poucos indivíduos, e não todos, a serem poetas, segue sendo mistério. Enquanto aguardamos que a poesia, como previu Lautréamont, seja feita por todos (um dia seremos todos poetas?), o mito de um modo ou de outro perdura. Nos últimos 150 anos, à medida que se expandia e se impunha a concepção moderna, a velha ideia de que a poesia é fruto do "entusiasmo" (não nos esqueçamos da etimologia) insistiu em permanecer, fazendo novos adeptos a cada geração. Apesar de

Poesia para quê?

Mallarmé ter decretado que poesia não se faz com ideias, mas com palavras, muitos ainda acreditam, secundando Manuel Bandeira: "Não sou poeta quando quero, mas só quando ela, poesia, quer", na esteira da definição proposta por Benedetto Croce, no início do século XX, a partir da duradoura crença antiga: "A pessoa do poeta é uma harpa eólia que o vento do universo faz vibrar". Mas, antes de prosseguir, detenhamos a atenção no mito.

Poucas ideias originárias da Antiguidade têm atravessado os séculos tão galhardamente quanto a de "inspiração". Tal como Demócrito ou Platão, quando pensavam em Homero, Píndaro ou Hesíodo, nós ainda acreditamos (ou fingimos acreditar?), quando pensamos em Drummond, Cecília ou Vinicius, que os poetas só criam sua arte quando tocados por algum poder superior – os deuses, as musas, a Natureza, o Destino –, e não quando sua vontade humana assim o determine. Nenhum poeta seria capaz de decidir que é ou vai ser poeta: só o que lhe cabe é estar atento para, quando e se for bafejado pela inspiração, anotar rapidamente, no papel ou na memória, as palavras que vão compor o seu poema.

A Antiguidade é farta de exemplos que endossam essa concepção, mas talvez seja mais instrutivo buscá-los no mundo moderno. Coleridge diz ter escrito o *Kubla Khan* em estado de transe (Manuel Bandeira e Benedetto Croce, como acabamos de ver, certamente o endossariam) e St.-Paul Roux, amigo e fiel seguidor de Breton, quando ia dormir, afixava na porta um recado: "*Le poète est en travail*".[1] Esses poucos exemplos bastam:

---

1 Tradução: "O poeta está em trabalho". (N. E.)

não é essa a concepção de poesia que muitos de nós, com o endosso de Freud, ainda hoje cultivamos?

Difícil imaginar que tal ideia pudesse manter-se incólume, sempre a mesma, por mais de vinte séculos. Da crença antiga parece que só restou a palavra, a mesma *inspiratio*, agora usada para designar outra coisa. Para nossos ancestrais, a inspiração, caprichosamente concedida pelos deuses, era uma verdade literal: a poesia se origina *fora* do poeta, este é só um receptáculo provisório, caixa de ressonância – Cavalo de Santo, em suma. (Não por acaso, um dos mais célebres metapoemas do século XX se intitula "Autopsicografia".) Para nós, é apenas convenção literária: a poesia se origina *dentro* do poeta, como passaram a nos ensinar, lá pela metade do século XIX, a antropologia, a psicologia e o ceticismo racionalista que vinha dando as cartas desde o Século das Luzes.

No mundo moderno, a ideia de inspiração rivaliza e coabita com seu aparente contrário, a de poesia como construção, trabalho continuado, deliberação consciente. Só na mente dos apressados, adoradores exclusivos de uma ou de outra, serão concepções que se excluam. A palavra "inspiração" continua a ser lembrada, mas para fazer referência indireta à margem de incerteza inerente ao processo que conduz da intenção de escrever um poema à sua efetiva concretização em palavras, ou seja, o imponderável, que os antigos atribuíam ao "capricho" dos deuses.

Capricho por capricho, o homem moderno prefere contar com seus próprios recursos. Que estímulo levaria o poeta a escrever um poema se já soubesse de antemão, com certeza inabalável, qual vai ser o resultado final? Por isso Mário Quintana confessa: "O que o poeta mais teme é o seu próximo poema".

Poesia para quê?

Por isso João Cabral afiançou que *Museu de tudo* (1975) era seu último livro e prometeu parar de escrever. Mas descumpriu, não parou e tornou a prometer, várias vezes, a cada novo livro, até silenciar de todo.

Mas a mesma velha ideia pode também acudir ao leitor que, extasiado diante de um poema bem construído, e incapaz de atinar com sua maquinação interna, exclame: "Que inspiração! Fulano devia estar realmente inspirado para escrever isso". E pode servir de álibi ao poeta que ama alimentar o mito, por achar mais gratificante ser reconhecido como enviado dos deuses, alguém muito acima da multidão ignara, do que como humilde operário das palavras. O mistério da inspiração, afinal, não pode ser dissociado deste outro mistério: de que matéria é feita a poesia?

Matéria de poesia

Poetas e leitores têm em comum o interesse que dedicam à poesia. A bem dizer, só o objeto é comum, já que interesse e propósitos diferem, em cada caso. Para aqueles, a poesia interessa como repertório de exemplos ou "modelos", a serem seguidos ou evitados. Os poetas leem por dever de ofício, em proveito próprio, para desenvolver e aperfeiçoar suas habilidades. Os leitores também se aproximam da poesia em proveito próprio, mas para extrair daí o possível prazer que a experiência lhes proporcione. Se assim é, haverá leitores do tipo "amador", que encaram esse prazer como experiência íntima, que a ninguém mais diz respeito, e os do tipo "profissional" (o crítico ou o teórico), que intentam explicar o porquê do prazer e das demais implicações da experiência, dando a conhecer a algum interlocutor os resultados de suas investigações.

Com isso, o interesse propriamente dito pode voltar a ser comum, conforme os poetas afinem seus propósitos pelo primeiro ou pelo segundo tipo de leitor. Há um tipo de poeta que prefigura ou pressupõe o leitor amador (e vice-versa), assim como há um tipo de leitor, o profissional, que prefigura ou pressupõe outro tipo de poeta (e vice-versa). Nesse esboço de classificação, esquemática e artificial, a dificuldade maior consistirá, se insistirmos na simetria, em explicar o que viria a ser o poeta "profissional"

Para o amador (leitor *e* poeta?), poesia é dom inato, o poeta já nasce feito; para o profissional (poeta *e* leitor?), poesia é uma habilidade que se adquire. Todos concordam que "dom inato" e "habilidade que se adquire" não são compartimentos estanques: poesia será a soma dessas duas dimensões. O "dom", meramente *dado*, é pouco, precisa ser aperfeiçoado, e a "habilidade" será um exercício estéril se não for amparada por algum talento. Dom é a predisposição para a poesia, é a poesia virtual ou potencial, latente nos indivíduos contemplados com a suposta dádiva. Mas nada disso terá existência enquanto não for *atualizado* em palavras, tarefa que exige um mínimo de habilidade.

Só saberemos que o poeta tem um dom inato quando o poema já tiver sido convertido em palavras, sobre o papel. À "habilidade", portanto, temos acesso direto, efetivo, e podemos lidar com ela objetivamente, ao passo que "dom" é só uma conjectura de efeito retroativo; não temos como deter nele próprio a atenção, salvo por via especulativa, que não raro conduz ao reino do imponderável e da fantasia. Só diante dos *efeitos* materiais — o poema — é que podemos admitir ou inferir a existência prévia dessa imaterialidade à qual chamamos de "dom" e à qual atribuímos a condição de *causa*.

Poesia para quê?

Essa é a posição do leitor, do lado de fora, mas ainda há o que dizer a respeito do lado de dentro, o do poeta. Neste, assim que as palavras começam a ser anotadas no papel, o entusiasmo ou o estado de transe que desencadeara o processo deixa de ser o que era e se esvai, cedendo lugar à deliberação consciente, guiada pela competência. Em estado de transe, não há como expressar verbalmente seja o que for, salvo a aceleração ou o abrandamento dos batimentos cardíacos, ou o latejar mais ou menos apressado da pressão arterial. Quando muito, um grito, um suspiro, um sussurro, ou algum vago devaneio inarticulado. Muitos acreditam que a poesia "pura" consiste nisso mesmo e passá-lo ao papel é sempre uma *diminutio*. A concepção moderna prefere aguardar que o poema se materialize. Ainda que isso nos decepcione, essa é a única poesia que temos. A outra, sem palavras, é segredo bem guardado pelos deuses.

Cabe então perguntar: de que matéria é feita a poesia? Matéria de vida, ocasionalmente expressa em palavras, dirá o *amador*; matéria verbal, palavras, não mais, dirá o *profissional* — acrescentando, malicioso: vida, matéria de vida? O que vem a ser isso?

O fato de todos concordarem que dom e habilidade não são compartimentos estanques é logo posto de lado e esquecido. Na prática, a pergunta pela *matéria* da poesia suscita, sempre, respostas radicais. E a pergunta subjacente "Que relações as palavras entretêm com a realidade que se estende para aquém e para além do poema?" mal chega a ser formulada. A quem caberá, aliás, formular tal pergunta? A quem interessa a resposta? Ao leitor ou ao poeta?

De que matéria, afinal, é feita a poesia?

Digamos que nosso interesse não se detém nas palavras, isto é, não estamos interessados em saber, por exemplo, que significados tem ou pode ter a palavra "poesia". Não estamos no encalço de conceitos e definições, de resto utilíssimos para atuar na vida prática, incluindo a vida prática de versos e estrofes. Se estivéssemos interessados em definições, poderíamos ficar com: "A poesia é o estado rítmico do pensamento", como diz Fernando Pessoa. Belas palavras, não é mesmo? E poderíamos acrescentar dezenas de outras definições, tão aliciantes como essa, todas, aliás, formuladas por poetas e não por críticos ou teóricos. Mas nosso propósito não aponta nessa direção. Nosso foco se concentra nas relações que as palavras entretêm com a realidade etc., por isso não estamos interessados nelas, as palavras. *Mas dependemos delas para tudo.* Como lidar com a matéria de que é feita a poesia sem se deter nas palavras? (No capítulo final retomaremos esse intrigante paradoxo.)

"De que matéria é feita a poesia?" é só uma formulação possível. Poderíamos perguntar, também, "Qual é a essência da poesia?" ou "Qual é a especificidade do fenômeno poético?" ou "Qual é o atributo exclusivo em razão do qual poesia é substancialmente poesia e não outra coisa?", e assim por diante. É isso o que procuramos saber. Mas ter uma definição na ponta da língua, extraída dos verbetes de qualquer vocabulário técnico, ainda não é *saber*. Saber, no sentido nada canônico em que emprego o termo, consiste em dominar determinado conhecimento, constituído a partir do meu interesse pessoal pelo assunto em causa, um conhecimento que resulta simultaneamente da prática de determinada atividade e da consciência que eu tenha de mim mesmo, assim como das coisas em redor – um conhecimento que resulta também do que eu pretenda fazer com o conjunto de dados e funções implicados nessas três dimensões.

Poesia para quê?

Esse conhecimento não repousa nos livros, ou em qualquer outra fonte aí fora, à espera de que o poeta o assimile e o utilize. Saber, assim entendido, esse saber que só se realiza *na alma* de quem de fato aprende, como assegura Sócrates, exige o empenho total do que sou, antes, durante e depois de determinada experiência – no caso, a experiência de ler ou escrever um poema.

O contato com a poesia implica operações extremamente complexas, que envolvem um número surpreendente de graus e níveis de realidade. Ler um poema (com as devidas adaptações, valerá também para *escrever* um poema) significa acionar mecanismos de percepção que, de forma mais ou menos elaborada, captam os vários estratos do texto – o visual, o sonoro, o semântico, o sintático –, aos quais adere, por associação ou analogia, uma quantidade de referências de ordem psicoafetiva, biográfica, histórica, geográfica etc., que todo poema, por elementar que seja, contém. E, seja no caso do leitor, seja no do poeta, é preciso atentar também no modo como tudo isso dialoga com o espaço em branco da página.

De toda maneira, serão só palavras, dirá o profissional. Mas palavras que provêm de fora, do sistema da língua, patrimônio coletivo; palavras que, tendo sido convocadas a integrar nossa mais recolhida intimidade, na fabulação do poema, imediatamente refluirão para o lugar de onde vieram, em permanente e dinâmica relação com a realidade em redor, antes, durante e depois de lido/escrito o poema.

Poesia: enredamento circular. É matéria de vida e isso pode não ser nada; é mera virtualidade, mas tem a ver com nossa vida e busca naturalmente a forma da expressão verbal, para nos dizer que ainda é, mas já não é mais, e logo depois se desdobra em mais matéria de vida ou de poesia, e assim indefinidamente. Só chegaremos a formular a pergunta se envolvermos, no enredo, a totalidade do que somos, se permitirmos que a poesia nos impregne e não se limite à condição de mais um dado arquivado naquele compartimento no qual recolhemos definições ou no qual se alojam habilidades.

Poesia implica uma cadeia dinâmica de eventos e situações, impregnados da mesma substância que insistimos em chamar (enredo circular) de *poesia*. O polo firme e inquestionável da cadeia é o objeto material, o poema. Do lado de lá, a intimidade do poeta, seu dom, sua inspiração, a mistura de sentimentos, impressões, ideias, emoções, desejos, pensamentos etc. que se esforçam por encontrar sua expressão verbal, sua fixação em palavras. Do lado de cá, a consciência alheia, do leitor ou do crítico, que tenta apreender ou adivinhar a cadeia toda.

Determinado estímulo, provindo quase sempre do mundo exterior, aciona a sensibilidade do poeta, que então fixa a atenção em certo objeto, certa forma, um som, uma cor, uma lembrança, o que seja. Nada definido, só uma impressão, logo associada, livremente, a outras impressões, presentes ou passadas, e também a sentimentos e desejos. A indefinição prossegue e, aos poucos, a pequena massa de ecos e reverberações começa a se articular em segmentos, sequências finitas e fragmentárias: esboço de ritmo. Concomitantemente ou não, essas sequências vão-se impregnando de sentido e passam a buscar sua expressão em palavras inteligíveis – de início, para o próprio poeta, que só então as descobre, latentes na massa que se formou.

O poema não é efeito direto daquele estímulo-causa inicial, mas resultado de uma progressão complexa, regida pelo mecanismo básico da analogia, combinada com a metamorfose.

Poesia para quê?

Aquele núcleo denso de sensações que forma a intimidade do poeta vai sendo progressivamente metamorfoseado em outras relações, por meio de associações livres. Tal metamorfose é função da imaginação e não do encadeamento lógico-racional – que os versos poderão abrigar, mas não necessariamente, e sempre *cum grano salis*.

Quando o amador (o profissional não perde tempo com bisbilhotices) pergunta ao poeta em que ele se inspirou para escrever o poema, este costuma dizer ou que a coisa nasceu de uma banalidade qualquer ou que ele não faz a menor ideia. Se for um poeta muito distraído ou pretensioso, confundirá inspiração com intenções e se valerá do pretexto para discorrer sobre os altos propósitos de sua arte.

O poeta não tem como controlar *todos* os mecanismos que interferem nas metamorfoses e analogias que resultarão no poema, mas isso não impede que ele exerça o máximo de controle possível sobre certos níveis do processo criador, que dizem respeito à palavra, à escolha das palavras e aos efeitos a serem extraídos delas. Só o poeta saberia dizer, depois de realizado o poema, se é possível e se de fato interessa estabelecer limites rígidos entre arte e técnica, ou entre engenho e arte.

De que matéria é feita a poesia? Daquele quase nada que oscila entre matéria de vida e matéria verbal. Mas retomemos o mito da inspiração, agora de outro ângulo, a partir do ensinamento de um poeta rebelde como W. H. Auden.

A College for bards

Como tantos outros poetas e pensadores, Auden não acredita que o poeta nasce feito e que tudo seja uma questão de oportunidade e inspiração súbita. Para ele, poesia é um ofício que, para ser exercido com proficiência, exige um árduo e constante aprendizado. Mas ele também não acredita que "poesia" possa ser ensinada em algum Liceu de Artes e Ofícios, nos moldes de "marcenaria" ou "desenho industrial", embora não repelisse de todo a ideia.

Em dado momento, com uma ironia que ao mesmo tempo demonstra a implausibilidade do intento e faz pensar em outra coisa, Auden chegou a imaginar o currículo básico de um curso de formação de poetas, por ele concebido em nível superior: "*a College for bards*". Além do idioma nativo, estudado em extensão e profundidade, seriam exigidas uma língua antiga e duas línguas modernas. Milhares de versos, nessas línguas, seriam aprendidos de cor. Haveria cursos regulares, obrigatórios, de prosódia, retórica e filologia comparada, e todos os alunos precisariam escolher três cursos, entre Matemática, História Natural, Geologia, Meteorologia, Arqueologia, Mitologia, Liturgia e Culinária. A biblioteca não teria livros de crítica literária e o único exercício exigido dos alunos seria escrever paródias. Fazer poesia? Só depois de formado. E Auden (1989, p.77-80 *passim*) remata: todos seriam obrigados a cuidar de um animal de estimação e a cultivar um pequeno jardim.

Qual candidato a poeta, hoje, abriria mão da esplêndida liberdade de sair versejando ao primeiro impulso para seguir um curso como esse, ainda que ministrado por Baudelaire, Rilke, T.S. Eliot, Ezra Pound, Valéry, Pessoa, Mário de Andrade, Bandeira, Drummond, João Cabral...?

Auden garante que, "em nossa cultura, um poeta em potencial precisa autoeducar-se", começando por conhecer bem o que existe, a tradição, para chegar a escolher o ponto a partir

Poesia para quê?

do qual seguir adiante. Em nosso tempo, o fardo da seleção e da escolha recai inteiramente sobre os ombros de cada poeta, "e é um fardo pesadíssimo".

Nós, mais pragmáticos, obviamos a dificuldade, concedendo a todos o direito inquestionável de poetar à vontade. Como ninguém se sente seguro, o resultado tem sido, em nossos dias, a proliferação de oficinas de criação literária, todas politicamente corretas nisto de aceitar que as pessoas estão aí para "aprender", mas ninguém é ingênuo ou megalômano a ponto de achar que "ensina". Mestre Caeiro, já sabemos, sempre virá em auxílio dos mais céticos: "[...] isso (tristes de nós que trazemos a alma vestida!), isso exige um estudo profundo, *uma aprendizagem de desaprender*". O fato incontestável é que poesia ninguém nasce sabendo, é um ofício que se adquire, por meio de estudo, exercício, árduo aprendizado. Essa é a verdade unânime, endossada pela proliferação de "oficinas". Mas alguma dúvida persiste. Poesia se aprende, ninguém mais duvida, mas nem tudo se ensina. O que um ensina não corresponde necessariamente ao que o outro aprende, e vice-versa. Tudo talvez dependa do *quantum* de humildade que mestre e aprendiz são capazes de imprimir cada qual ao seu intento.

Você sabe tocar piano?

Antigamente, corria uma piada sem graça, segundo a qual, indagado se sabia tocar piano, o indivíduo respondia: "sei lá, nunca experimentei". Só alguém muito ingênuo, candidato natural a protagonista de anedota, poderia imaginar que tocar piano é questão de experimentar. Hoje, no entanto, é só substituir "tocar piano" por "fazer poesia" e já não será mais piada, com ou sem graça. Será só uma resposta plausível e, embora estejamos no mesmo caso, a maioria não verá aí vestígio algum de ingenuidade.

No tempo em que tal piada ainda era piada, assim que o candidato se aproximasse de um piano pela primeira vez, para experimentar, ninguém teria dúvida em constatar, ao primeiro contato dos seus dedos com o teclado: ele realmente não sabe tocar! Já em relação à poesia, hoje, haverá sérias dúvidas (*in dubio pro reo?*): muitos ficarão felizes com a descoberta e acharão que sabem. Poucos leitores, ou ouvintes, se darão conta do engodo, pois aí não estarão mais em causa as razões estéticas, mas as da moralidade vigente: saber fazer, hoje, e fazê-lo bem, conta bem menos do que o sagrado direito que todos temos de tentar, e seguir tentando, qualquer que seja o resultado.

Quem nunca experimentou, e "portanto" não sabe se sabe fazer poesia, fatalmente recorrerá, na primeira tentativa, a um vocabulário impreciso, sintaxe desgovernada e negligente, linguagem falsamente "elevada", uma enfiada de clichês pretensamente "profundos", nenhuma noção de ritmo, tudo muito prolixo, redundante, nenhum esforço no rumo da concisão e da originalidade, simples memória involuntária de leituras mal assimiladas. Mas como farão o leigo e o próprio aspirante a poeta para distinguir entre a tentativa bisonha, tão bisonha quanto a do pianista da anedota, e um poema verdadeiro? Nada fácil, sem dúvida; a confusão é praticamente inevitável. O caminho possível é, primeiro, convencer-se de que ninguém nasce sabendo fazer poesia e que, portanto, não é mera questão de experimentar. Segundo, é preciso assumir com humildade o propósito de aprender os fundamentos do ofício — lendo, lendo muito, lendo muita poesia, mas com olhos e ouvidos atentos,

Poesia para quê?

espírito crítico, e não apenas para se deleitar e depois imitar, servilmente, a aparência do que tiver sido mal assimilado.

Será um fardo pesadíssimo, não há dúvida, e a advertência de Auden vale para o poeta, o músico, o pintor, o escultor e tantos outros praticantes de atividades similares, outrora conhecidas como "belas-artes". Ao contrário, porém, do que se passa com o praticante da maior parte das demais artes e ofícios, o aprendiz de poesia não estará apto a desempenhar satisfatoriamente sua arte se se limitar a aprender o que houver de mais avançado na área, as técnicas mais atuais, desobrigando-se de tomar conhecimento das etapas anteriores, irremediavelmente "ultrapassadas". Para além ou aquém do que possa haver de obsoleto na poesia de outras épocas, os fundamentos da velha arte continuam a ser essencialmente os mesmos.

Que necessidade terá o arquiteto, hoje, movido por um mínimo de espírito prático, de insistir na régua de cálculo e na prancheta, quando um bom *software* coloca à sua disposição, automaticamente, tudo de que ele precisa? Assim também, o moderno marceneiro, disposto a fazer uma boa cadeira, não perderá tempo aprendendo primeiro as técnicas rudimentares do artesao medieval, por exemplo, e em seguida, passo a passo, as dos seus sucessores. Ele não só pode como deve ir diretamente aos aparelhos, às ferramentas e aos utensílios mais novos e eficientes que uma oficina bem equipada lhe ofereça. Mas o caminho será outro se, em vez de fabricar uma honesta cadeira onde pessoas se sentem, ele se empenhar em criar, em madeira, uma obra de arte, destinada não a abrigar traseiros, mas à contemplação dos apreciadores. Sim, já se vê que, tomada essa decisão, nosso amigo abandonará a utilíssima seara da marcenaria, para adentrar por sua conta e risco no misterioso, incerto e inútil reino da escultura – tão inútil, incerto e misterioso quanto o da poesia. Sua tarefa será, então, similar à do poeta em potencial, obrigado a conhecer, e de um modo ou de outro a experimentar (agora sim), a arte de seus antecessores, não para retroagir nem para imitar algum obsoleto estilo de época, mas para extrair do amplo e variado repertório tradicional os recursos ainda válidos, necessários à expressão do seu intento genuíno e singular.

A razão é paradoxal: o intento do poeta só será genuíno e verdadeiramente singular se ele estiver firmemente atado, ao mesmo tempo, ao presente e ao passado, à realidade imediata e à tradição. Os avanços tecnológicos são bem-vindos e indispensáveis para inúmeros afazeres e ofícios, no âmbito dos quais só o último avanço de fato interessa; mas é diferente com a poesia, em cujo âmbito, a cada momento, é necessário reaprender tudo de novo, para poder avançar.

O poeta, o rapsodo, o aedo

Aprender, desaprender, reaprender... Se fosse só uma questão de "experimentar", que necessidade teria o poeta de se preparar para o que o aguarda? Conhecer bem a tradição? Mas não estamos cansados de saber que tradicional é o que está condenado à obsolescência, devendo ser, mais cedo ou mais tarde, inapelavelmente descartado? Então, melhor descartá-lo *in limine* e começar logo a experimentar. Para reforçar a decisão, basta lembrar o perigo que seria, para o principiante, vir a ser influenciado por um desses poetas antigos. No nosso tempo, de fato, não é raro o poeta que se recusa a ler poesia, para não tolher a manifestação de sua personalidade única, exclusiva, e

Poesia para quê?

outras fantasias com que todos têm o direito de sonhar. Quando não, a autoestima do aspirante e o honesto afeto que as pessoas lhe dediquem se incumbirão de confundir as coisas.

Tendo experimentado e reconhecido o fracasso, o candidato a pianista tratará de procurar uma escola de música ou um conservatório, onde alguém mais experiente o ensine a identificar as notas e o convença a se dedicar, por largo tempo, a solfejar uns exercícios variados, muito monótonos, associando-os a noções práticas de compasso, cadência, ritmo e por aí vai. Ao longo do processo, marcado por crescente complexidade, o candidato a concertista irá adquirindo, aos poucos, a necessária familiaridade com o instrumento e seus recursos. Só depois, às vezes muito depois, às vezes nunca (muitos desistem no meio do caminho), começará a tocar.

Haverá aprendizado equivalente se o caso for "fazer poesia"? Sim e não. Não, se o candidato esperar que alguém o ensine, primeiro, a dominar o instrumento para só depois executá-lo. Não há escola que seja capaz disso, razão pela qual o esplêndido currículo imaginado por Auden é terrivelmente irônico. Mas sim, se entender que seu instrumento é a própria língua e, para utilizá-la com proveito, ser falante nativo ou ter sido alfabetizado não basta. E de nada lhe valerá decorar um bom dicionário ou empanturrar-se de gramática. Isso poderá, quem sabe, despertar seu interesse pela filologia, mas não lhe dará o preparo adequado para praticar a arte dos poetas com um mínimo de proficiência.

O pianista está para a obra musical assim como o rapsodo, na Grécia antiga, está para a arte do aedo: é só o intérprete ou executante de composições criadas por outrem. Tal é o caso do festejado Íon, ganhador de prêmios, graças à habilidade que

199

desenvolveu de declamar Homero. Sócrates, no famoso diálogo conservado por Platão, leva Íon a perceber que sua inspirada capacidade declamatória não é apenas uma técnica, que ele poderia aplicar a qualquer poeta, mas depende da sua profunda compreensão da arte e dos sentidos dos poemas homéricos. Sócrates assevera que "inspiração" é um dom, concedido pelos deuses aos aedos, e destes transmitido indiretamente aos rapsodos. O filósofo explica a seu amigo Íon que "ninguém será um rapsodo, se não compreender o que diz o poeta. O rapsodo deve interpretar a mente do poeta para os ouvintes, mas como poderá fazê-lo, e fazê-lo bem, se não souber o que este pretende?" (Platão, 1988, p.25).

A tradição que a partir daí se desenrola, ao mesmo tempo que põe ênfase no mito da "inspiração" (maneira metafórica de dizer, que falseia a importância decisiva de compreender, aprender e sobretudo exercitar-se – tarefas humanas que têm pouco a ver com inspiração), vai aos poucos se desfazendo da distinção entre rapsodo e aedo. O primeiro é substituído pelo ator, que continua a subir ao palco, para encantar a plateia com suas inspiradas encenações; o outro passa a se chamar *vate* (o que vaticina), *bardo* (o que canta), *trovador* (o que encontra) e finalmente *poeta* (o que faz), para continuar a ser o que sempre foi: criador de arte e sentido, por meio de palavras. Mas a lição socrática prevalece: o candidato a poeta deverá, à semelhança de Íon, adquirir a melhor compreensão possível da arte dos poetas que o antecederam, não para aprender a declamar com persuasão, mas para assimilar os fundamentos da arte poética – similares àqueles que o candidato a pianista adquirirá, nos seus exercícios de solfejo e compasso.

Ao se aproximar pela primeira vez da poesia, para experimentá-la, para saber se está apto ou não a praticá-la, o poeta em potencial deverá ter em mente que todo poema, além de abrigar sentidos (pensamentos, sentimentos etc.), que o situam no plano do *inteligível*, é constituído também de qualidade acústica, massas sonoras, voz audível, ritmos – *materialidade sensível*, portanto. Será esse, talvez, o derradeiro vestígio do legado transmitido pelo rapsodo aos poetas. Wallace Stevens o diz, com simplicidade: "Acima de tudo, poesia é palavras; e palavras são, em poesia, acima de tudo sons" (Stevens, 1965, p.147). E Dylan Thomas o confirma:

> Os primeiros poemas de que tive conhecimento foram as canções de ninar e, antes que pudesse lê-las por mim, já me apaixonara pelas palavras, as palavras em si. O que elas representavam ou simbolizavam ou queriam dizer era de importância secundária. O que importava era o som delas, enquanto as ouvia pela primeira vez, produzidas pelos lábios dos adultos distantes. (Thomas, 1965, p.182)

Paul Verlaine já o decretara, em seu emblema famoso: "*De la musique avant toute chose*", verdade defensável, desde que não se tome a frase ao pé da letra. "Música", no caso, quer dizer apenas matéria acústica, estrato sonoro, cujo aliciamento precede a percepção dos significados, como explica Dylan Thomas; mas não quer dizer "música" em sentido lato, ou "melodia", que já remete a outra arte, paralela, que pode perfeitamente prescindir do sentido que as palavras carregam, subsistindo por si própria, ainda que os versos e a canção tenham nascido juntos. Não é o que Verlaine teria em mente, na teoria e na prática.

Tampouco é o que conta quando o candidato a poeta se aproxima da poesia pela primeira vez. O que conta é fazê-lo ciente de que, aí, a apreensão dos sons antecede o entendimento dos significados, mas para vir a formar com estes, logo em seguida, uma unidade indissolúvel: o que o poema quer dizer já começa a ser dito pelo encadeamento das sonoridades, antes de nos darmos conta da camada semântica. Quando o movimento de percepção se completar, já não será mais possível separar uma coisa da outra, não do mesmo modo como podemos vocalizar uma melodia qualquer (música propriamente dita), mesmo que não nos lembremos da letra, e isso ainda será uma arte válida em si. Já uma fieira de palavras, separadas dos sons que as acompanham e reduzidas a seus significados, deixará de ser um poema, será só uma paráfrase.

Além disso, pensando ainda na frase lapidar de Verlaine, "música" tende a se associar, para quase todos nós, a acordes e cadências suaves, melodia harmoniosa, mas nem sempre é assim. O poeta, sobretudo o moderno, muitas vezes recorre a sonoridades ásperas, dissonâncias, ritmos duros, compassos truncados, nada harmoniosos – "música" de outra espécie, que não pretende adular os ouvidos do leitor, mas mantê-los em estado de alerta, como queria João Cabral, para que nenhum sentido escape.

Tudo isso é muito controvertido, sem dúvida, e tentar desfazer os nós dos fios aí subentendidos nos levaria longe demais. Sugiro então voltar, já agora para concluir, àquele momento privilegiado em que o poeta em potencial decide ensaiar seus primeiros exercícios. Digamos que algum talento ou dom inato (ou até mesmo a "inspiração divina", da metafórica linguagem platônica) sempre conta, de um modo ou de outro, ainda que não sejamos capazes de defini-lo, mas até hoje ninguém chegou a negar essa espécie de verdade revelada, e isso explica a persistência do mito. Mas ninguém foi capaz, também, de negar que

Poesia para quê?

o aprendizado é decisivo, imprescindível. E o poeta aprenderá não antes de fazer (o que talvez leve alguns a invejar o pianista da anedota), mas simplesmente fazendo. E, se for tangido pelo genuíno propósito de compreender o que faz, seguirá aprendendo, vida afora.

Com efeito, estamos (como sempre estivemos) diante de concepções antinômicas, que em princípio deveriam excluir-se, no entanto continuam a conviver, para desgosto dos espíritos metódicos e intolerantes. Mas se hoje não temos mais como ignorar ou disfarçar essa desconcertante verdade, é inescapável deduzir que o poeta efetivamente moderno será aquele que se envolva no propósito da *conciliação* das duas vertentes, mesmo sabendo que jamais o conseguirá. Pelo menos a poesia continuará sendo, para nós, o espaço privilegiado em que malícia e ingenuidade se conjuguem, em regime de ambivalência radical.

Dilema intransponível? Um arremedo de "solução", com base no radicalismo excludente, seria passar uma borracha nos avanços notáveis da poesia e da teoria da poesia como *deliberação*, e voltar atrás, fingindo acreditar na *involuntariedade* do ato criador, como lance mágico ou dádiva divina. Outro arremedo seria apostar tudo nas "coisas claras" sonhadas pelo engenheiro, ou no ato extremo de "cultivar o deserto", mas ignorando que deserto é "pomar às avessas", para usar de símiles muito caros a João Cabral de Melo Neto, este que é um dos mais modernos poetas da língua, e que um dia confidenciou a seu amigo Vinicius de Moraes: "Quando surgir alguém com o seu talento e a minha disciplina, então este país terá um grande poeta".

O fato é que, há muito, leitor e poeta vêm sendo estimulados a conviver com a ambiguidade e a hibridez, sob pena de perder metade do espetáculo.

A questão do valor

A crítica reflete a poesia?

Se por "refletir" entendermos ecoar, repercutir, desdobrar, eu sem hesitar diria que sim, não há como escapar. Tirante o caso do crítico excessivamente cioso de luz própria, a crítica vai sempre a reboque, é atividade subsidiária, dependente; sua função é de caixa de ressonância. Mas não é atividade passiva, irrelevante ou dispensável. A boa crítica desmonta, analisa e interpreta, permitindo que venha à tona e se faça compreensível o que na criação poética está apenas latente. A crítica torna a poesia mais acessível aos leitores, às vezes até ao próprio poeta. Refletir, reflete, mas não é reflexo mecânico, é o desvelamento da inframagem contida na criação poética. Aberração seria o inverso, a poesia como reflexo da crítica, a reboque desta última, inversão menos rara do que se imagina, cultivada pelo poeta sequioso de prestígio e endossada pelo crítico cioso de luz própria. O resultado desse intento é a asséptica glorificação, para o poeta e para o crítico, de uma dissertação acadêmica, dessas em que poesia e crítica são reduzidas à *aurea mediocritas* dos protocolos. Fiquemos então só com a crítica que reflete, não com a refletida.

Crítica não é só o discurso paralelo, representado por resenhas, artigos, prefácios, posfácios e até por (boas) dissertações e monografias universitárias, essas que não se deixam seduzir pelo pernosticismo palavroso. É também a atitude embutida na própria criação poética. A modernidade, em poesia, a partir de Baudelaire, gira em torno da figura do poeta-crítico, mal compreendido por uma tradição que se sente mais à vontade ao lidar com o poeta acrítico, não raro fetichizado pela antitradição, que tende a hipervalorizar a crítica em si, ou, o que é pior, a teoria. Muito do que passa por *crítica* de poesia, da segunda metade do século XX em diante, não é senão a defesa burocrática de alguma *teoria*, a que conte com maior número de adeptos, em dado momento. Para essa vertente, a poesia na verdade não passa de mal necessário. Se todos estivéssemos distraídos, a falsa crítica praticada a partir da verborreia teorética já teria eliminado de suas cogitações a poesia propriamente dita: discurso por discurso, ficaria apenas com a vitoriosa tautologia do paralelo. A boa crítica é sempre o enfrentamento do desafio, da dúvida, da incerteza, promovidos pela boa poesia, e não teme errar: de tentativa em tentativa, quem sabe é possível chegar-se a alguma coisa. Já o fetiche da "fundamentação teórica" treme de medo diante do desafio, não quer saber de dúvidas e incertezas e, por isso, aposta na falácia de acertar sempre.

Se aceitarmos o entendimento sugerido acima, a resposta será de fato muito simples: a crítica, desde que não opte por ser mais (ou menos) do que crítica, reflete, sim, a poesia contemporânea. Mas se a pergunta implicar juízo de valor (a crítica está à altura, ou seja, está apta a compreender e explicar a poesia?),

Poesia para quê?

aí a resposta se multiplicará em várias direções, tantas quantos são os rumos da diversidade que caracteriza este nosso tempo, e só dirá respeito à boa poesia, já que a má dispensa a crítica. Mas qual é a *boa* poesia contemporânea? Alguém sabe? Ninguém seria ingênuo a ponto de arriscar, mas todos sabemos: boa poesia é aquela que cada um de nós considere como tal, quaisquer que sejam os argumentos e os interesses de circunstância. Logo, não há mais como saber, com segurança, qual é a boa poesia, porque afinal quase todos abrimos mão de fingir que sabíamos.

Antigamente, os críticos se referiam aos poetas como "o sr. Carlos Drummond de Andrade" ou "a sra. Cecília Meireles", e isso não era privilégio dos grandes nomes: era esse o tratamento concedido, também, a todo e qualquer jovem estreante. Todos eram senhoras e senhores. Questão de polidez? Normas de boa conduta e sociabilidade? Força do hábito? Sem dúvida, e por isso foi caindo em desuso, até ser substituído pela descontração e a informalidade hoje dominantes. Mas não só. É possível enxergar na velha forma de tratamento o indício de uma estrita concepção estético-literária, baseada em isenção e distanciamento, objetividade e equanimidade, em que todos pareciam ou simulavam acreditar. Assim que o poeta em causa fosse agraciado com um respeitoso e respeitável "senhor", subentendia-se que os juízos a partir daí exarados não tinham nada de pessoal, como se nada do que então rolava fosse questão de gosto ou idiossincrasia. Mas "senhor" e "senhora" eram apenas indício de um sonho, e não a representação fiel de uma realidade efetiva. Isenção, objetividade etc., ninguém o ignorava, jamais existiram, mas isso não impedia, ao contrário, só estimulava o esforço no encalço de sua consecução, embora todos estivessem cientes de que nunca chegariam lá.

Carlos Felipe Moisés

A diferença, neste último meio século, é que a maioria desistiu, vindo a optar pelo relativismo generalizado (ninguém sabe o que é boa poesia, *ipso facto* ou não há boa poesia ou toda poesia é boa), mero disfarce para a defesa de um sectarismo qualquer. Por isso o quadro geral desse período costuma ser desenhado como entrechoque de correntes divergentes (geração de 1945, concretismo, *praxis*, neoconcretismo, poema/processo, poesia engajada, poesia marginal, poesia vocal etc.), o que não chega a ser falso, mas não é inteiramente verdadeiro. Essa visão unilateral colabora para obscurecer o fato de que houve aí, e continua a haver, uma acentuada convergência: o denominador comum a quase todas essas correntes é a valorização do poeta-crítico, vale dizer o poeta malicioso, construtor consciente e premeditado do seu artefato, hábil manipulador dos instrumentos necessários à sua realização.

Por isso são em tão grande número, nesse período, quer legislem e advoguem em causa própria ou não, os poetas *doublés* de críticos e teóricos (Péricles Eugênio da Silva Ramos, João Cabral, Mário Faustino, Haroldo de Campos, Ferreira Gullar, Mário Chamie, José Paulo Paes, Gilberto Mendonça Teles, Affonso Romano de Sant'Anna e tantos outros), na esteira dos desbravadores do início do século passado e até do anterior (Baudelaire, Poe, T.S. Eliot, Fernando Pessoa, Mário de Andrade, Ezra Pound, Valéry, W. H. Auden e muitos mais). Simplifiquemos: a crítica ou o espírito crítico migraram para o interior da poesia, e aí já não seria mais o caso de "refletir", mas de fazer parte integrante, inalienável, da criação poética. Alguma boa alma deduziria que a "solução" é promover a ressurreição do "senhor" e da "senhora", como norma geral? Talvez ficasse até engraçado e muitos teriam, quem sabe, a sensação de que

Poesia para quê?

nos tornamos, todos, pessoas extremamente cordiais. O fato é que não há necessidade de nenhuma "solução". O que cabe, isto sim, é reconhecer que a mudança foi para melhor: nossa poesia mais recente, a exemplo do herói marioandradino, é *sem nenhum caráter.*

Ao contrário do que possa parecer a ouvidos mais apressados, "sem nenhum caráter" não quer dizer "mau caráter", já que apenas define o herói ou a poesia que reúna em si, em saudável promiscuidade, todos ou o maior número possível de caracteres, não havendo mais razão para que o leitor ou o crítico ou o próprio poeta se sintam constrangidos a eleger este ou aquele como o único legítimo. A crítica que reflete é a que dá conta dessa auspiciosa heterogeneidade e continua a insistir no seu propósito de desmontar, analisar e interpretar, no encalço de sentidos – ainda bem! – sempre provisórios. Com isso, a boa crítica pode dar livre curso a seu propósito secundário, qual seja instigar os poetas a desenvolverem e aperfeiçoarem, permanentemente, os seus dons.

O poeta, hoje mais do que nunca, desempenha cumulativamente o papel de crítico ou de filósofo, indissociável da criação de alto nível. A crítica em sentido estrito, essa que se realiza à margem da poesia, refletindo-a ou não (embora seu destino seja confinar-se à teoria), não deixa de ser bem-vinda, já que pode também funcionar, para leitores e poetas, como alerta e estímulo positivo.

A qualidade do poema

"Como é possível avaliar a qualidade de um poema?". Era só substituir o ponto de interrogação pelo de exclamação e a dúvida estaria resolvida: teríamos só uma resposta, categórica, pela negativa. E não haveria dificuldade em alinhavar bons argumentos em seu favor. Exemplos? Poemas não estão aí para ser avaliados, mas degustados. "Qualidade" varia ao infinito, cada poeta ou leitor sabe muito bem da que lhe agrada e não admitiria sequer cotejá-la com outra. Por que avaliar *um* poema se todos sabemos que poemas (à exceção das seletas de antigamente, estreladas por poetas de um poema só) não existem como peças avulsas, mas como partes integrantes de uma série, um livro, uma obra? Por maior que seja o esforço de críticos e teóricos no encalço de isenção, equanimidade etc., "qualidade" tem a ver, sempre, com o gosto pessoal de cada um, e este, por sua vez, é corolário do espírito de época, ou do *esprit de corps*, ou do gosto coletivo que a cada geração se impõe, variando o quadro dos interesses ou dos "critérios", na opinião dos menos céticos.

Como meu ceticismo não chega a tanto, não vejo mal em pôr de lado a hipótese do ponto de exclamação e admitir que estejamos diante de uma pergunta neutra e não de uma recusa veemente, mais ou menos camuflada. Não que eu acredite muito na possibilidade de se definir um critério comum (jamais pelo artifício do consenso e menos ainda por votação), mas pode ser um exercício estimulante.

"De gustibus non est disputandum", apregoavam os antigos, e os modernos endossam, indo mais diretamente ao ponto: "Gosto, cada um tem o seu" ou "Tem gosto para tudo". E a inércia faz o resto, sobretudo a partir do advento da nossa modernidade, empenhada no culto do individualismo e na canonização da novidade do dia, que automaticamente condena à obsolescência o poema da véspera. "Gosto", esse que não se discute, delimita o

Poesia para quê?

largo território no qual imperam, absolutos, a idiossincrasia, a arbitrariedade, a autossuficiência, a escolha arrogante e injustificada, o preconceito, o sectarismo etc., ou o sagrado direito de cada um gostar do que bem entender.

Não que gosto não seja discutível, é que simplesmente parece não haver interesse em discuti-lo. Por quê? Porque fora daquele amplo território, que ainda não chegou a abranger o universo inteiro, o que há são fatos palpáveis, argumentos plausíveis, provas e contraprovas, demonstrações, raciocínios bem engendrados, alguma racionalidade, em suma, e aí, sim, não haverá espaço para a *disputatio*, apressadamente excluída da esfera do gosto. Algum maluco pensaria em discutir a verdade segundo a qual matéria atrai matéria na razão direta das massas e na razão inversa do quadrado das distâncias? Mas se alguém disser que o Drummond de *Fazendeiro do ar* em diante é inferior ao que vai, digamos, até *A rosa do povo*, ou que João Cabral entra em declínio a partir de *Museu de tudo*, ou que o *Poema sujo* não tem a mesma qualidade dos poemas anteriores de Ferreira Gullar, aí eu só não vou discutir se estiver muito distraído.

O caminho será reduzir ao mínimo possível a margem de idiossincrasia, preconcceito, sectarismo etc. que de hábito se esconde, às vezes nem se esconde, por trás de juízos dessa ordem, e examinar com atenção o que sobra, caso sobre alguma coisa. Razão suficiente para concluir, contra a inércia, que "gosto" é exatamente o que deve ser discutido. Cada um tem o seu? Talvez fosse mais acertado dizer que, por se sentir obrigado a isso, cada um *gostaria* de ter o seu, mas apenas para não ser confundido com a multidão anônima. Além disso, em matéria de gosto, ninguém nasce com o seu: gosto se adquire e se depura, ou toma-se um emprestado, o que estiver mais à mão, e depois dá-se um jeito de torná-lo único e exclusivo, ornando-o de penduricalhos excêntricos ou tentando impô-lo, à custa de espalhafato e murros na mesa. Tem gosto para tudo? Só na *nobody's land* onde reina a arbitrariedade irresponsável e triunfante.

"Gostar", obviamente, ainda não é avaliar, mas é a maneira mais cômoda e democrática de "julgar", como adverte Auden, que assim o justifica: "No processo de seleção do que se lê, o prazer não constitui um valor crítico infalível, mas é o menos falível" (Auden, 1989, p.7). A avaliação que de fato interessa tem a ver com quanta racionalidade é admissível introduzir na esfera das idiossincrasias. Resta saber se esse *quantum* será capaz de eliminar por completo a margem de gosto pessoal ou de escolha arbitrária, ou se a racionalidade cumpre apenas com o papel de fornecer algum disfarce ou um álibi. Eu avalio este ou aquele poema como sendo de boa qualidade, e sou capaz de justificá-lo de forma convincente porque gosto dele, ou só depois de avaliá-lo adequadamente é que passo a gostar? Ou uma coisa não tem nada a ver com a outra?

Se não estivermos lidando com gincanas ou concursos literários, ou com listas e antologias dos "dez mais" ou dos "cem mais" da década ou do século, casos em que o veredito sumário dispensa justificativas, "avaliar" exige a exposição de um arrazoado que forneça, ao mesmo tempo, uma análise interpretativa e uma argumentação crítica que sustente o veredito, e este será sempre comparativo: cada poema há de ser comparado a outros de sua espécie e só assim será possível conceber uma *escala de valores*, uma hipótese de "medida" — claro está, sempre discutível. Mas se o poema for confrontado consigo mesmo, nenhum prestará ou todos serão excelentes. De qualquer modo, a desejada sustentação jamais será inquestionável.

Poesia para quê?

O gosto da maioria

Ninguém nasce com gosto próprio, gosto se adquire, se desenvolve e se aprimora... Conviria então indagar como isso se dá. Auden parece não ter dúvida:

> No que se refere a questões de gosto, quer se trate de comida ou literatura, o jovem busca um preceptor em cuja autoridade possa confiar, passando a ler ou a comer o que este lhe recomende. Inevitavelmente haverá ocasiões em que precisará enganar a si próprio, fingindo, digamos, que gosta de azeitonas ou de *Guerra e paz* mais do que de fato gosta. (Ibid., p.5)

Parece que assim é. A formação do gosto acompanha a formação do resto e depende da inserção (ou não) do indivíduo na sociedade ou no seu grupo social. O gosto, longe de poder ser considerado à luz do "cada um tem o seu", coloca questões eminentemente gregárias e geracionais. Auden:

> Quando alguém na faixa dos 20 aos 40 anos afirma, a propósito de uma obra de arte, "Eu sei do que gosto", está na verdade dizendo "Não tenho um gosto próprio, mas aceito o do meu meio cultural". A razão é que, entre os 20 e os 40, a indicação mais precisa de que o indivíduo possui um gosto autêntico e pessoal é a sua incerteza a respeito da matéria. (Ibid., p.5-6)

Se dermos crédito ao poeta, avaliar um poema tem a ver com maturidade, sólida experiência etc., mas também com boa dose de ceticismo e uma reta honestidade.

Tão logo se livre das azeitonas e de Tolstói, o jovem encontra seus pares, forma com eles um novo consenso a respeito do que venha a ser "autoridade" e (Auden, mais uma vez) "a poesia que essas novas autoridades recomendam entra para a lista oficial das grandes obras e a que rejeitam é atirada pela janela". Por isso, Auden não hesita em confessar: "Quando um sujeito nitidamente idiota diz que gostou de um poema meu, tenho a sensação de que lhe bati a carteira" (Ibid., p.77).

Avaliar a qualidade de um poema, afinal, não oferece dificuldade. Basta que a peça em causa atenda aos requisitos adiante relacionados. A linguagem deve ser concisa e suficiente, nenhuma palavra a mais ou a menos, mas é preciso tomar cuidado com o exagero: pode resultar em hermetismo. Um mínimo de adjetivos e advérbios, o máximo possível de verbos e substantivos, mas é possível inverter a fórmula, se o poeta tiver a certeza de que as categorias gramaticais por ele escolhidas são imprescindíveis. As palavras que figuram no poema devem constar em qualquer bom dicionário; quando não, é necessário que mereçam vir a constar, logo em seguida. A sucessão de vogais e consoantes (o estrato sonoro, dizem os especialistas), o fluxo do pensamento, das emoções e do resto (o estrato sintático--semântico) e o recorte dos versos (a visualidade, a ocupação do espaço em branco) precisam formar um todo orgânico, em regime de conivência, de modo que mexer num pedacinho qualquer, de qualquer dos três estratos, resultaria em desmontar o arranjo todo. Imprescindível alguma inventividade, estrato a estrato, mas cumpre tomar cuidado com a ambição da inventividade total: neste caso, o poema não terá um só leitor, salvo os iniciados, familiarizados com o não idioma forjado *pro domo suo* pelo falso poema. Nada deve denunciar que o poema custou

Poesia para quê?

enorme esforço, que foi escrito e reescrito vezes sem conta; a impressão geral será de espontaneidade. Entre o terceiro e o quarto verso, embora isso varie um pouco, deve estar escondida uma centelha capaz de, como diz o metacientista Antônio Maria Lisboa, "perfurar a Razão com a Loucura, ou vice-versa", quando o leitor passar por lá.

Creio que não exagero ao supor que alguns leitores poderão concordar com esse critério de avaliação, mas um bom número, talvez a maioria, fará severas objeções, como: com que autoridade o senhor pensa que pode nos impingir isso tudo? Como é que o senhor faz para medir mais inventividade ou menos inventividade? O que é que o senhor entende por "espontaneidade"? Quem é o senhor para decidir se esta ou aquela palavra está sobrando? Adjetivo, substantivo – de que o senhor está falando? Dicionário?! Para que serve? O que o senhor tem contra o hermetismo? Que história é essa de "perfurar" – o que com o que, mesmo? Em resumo: o senhor gosta de alcaparra, eu prefiro azeitona; o senhor fique com Dostoiévski, eu continuo com Tolstói.

Avaliar um poema interessa mais ao poeta do que ao leitor. Para além da dúvida em relação à qualidade do que ele acabou de escrever, o dilema de todo poeta é saber, com certeza, se ele é realmente poeta ou se está apenas se iludindo, e iludindo os leitores, pelo fato de ter acertado a mão, aqui e ali – o que não é tão difícil assim, dada a fartura e a heterogeneidade dos critérios disponíveis. Recorro mais uma vez a Auden:

Assim como um homem generoso esquece a boa ação após praticá-la, um escritor autêntico esquece sua obra logo após terminá-la e começa a pensar na próxima. Caso volte a pensar

Carlos Felipe Moisés

em suas obras anteriores, provavelmente lembrar-se-á mais dos defeitos que das qualidades. (Ibid., p.84)

Diante do eventualmente bom poema que tenha acabado de escrever, Auden se pergunta: "Será que isso vai acontecer de novo?", acrescentando que nenhum poeta jamais

terá condições de afirmar "Amanhã vou escrever outro poema e, graças a meu treinamento e experiência, sei desde já que será um poema de qualidade". Aos olhos dos outros, um homem é poeta se tiver escrito um bom poema. A seus próprios olhos, é poeta apenas no momento em que faz a última revisão de um novo poema. No momento anterior, era apenas um poeta em potencial; no seguinte, é um homem que parou de escrever poesia, talvez para sempre. (Ibid., p.86-87)

Receio ser esquecido pelos deuses, abandonado pelas musas ou ter perdido a inspiração? O fato é que, inspirado ou não, o poeta é sempre sequioso de saber como seus poemas serão avaliados, mas Auden recomenda a autoavaliação – a mais rigorosa, a mais impiedosa de que for capaz. Primeiro, é preciso criar um Censor interno, ao qual o poeta submeta seu trabalho em fase de elaboração. Depois, o Censor convoca um Comitê de Censura,

que deve incluir um filho único, de sensibilidade aguçada; uma dona de casa, com forte sentido prático; um estudioso de lógica; um monge; um palhaço irreverente; e, por fim, odiando a todos e sendo odiado por todos, um sargento-instrutor cruel e desbocado, que considere tudo quanto é poesia um lixo. (Ibid., p.22-23)

Poesia para quê?

Aí ele talvez venha a ter condições de avaliar a qualidade de um poema.

Cumprido o exercício a que me propus (estimulante foi, reconheço), isto é, buscar um critério que de antemão eu sabia inaproveitável, por fim me dou conta de que teria sido melhor ficar no ponto de partida, quer dizer, aquele ponto de exclamação, que me permitiria afirmar, categórico: impossível avaliar a qualidade de um poema!

Poesia e ortografia

A ortografia também é gente.

BERNARDO SOARES

Desmanche poético

Nunca dei muita importância à ortografia. Mal alfabetizado, já desconfiava de que a maneira "correta" de grafar as palavras é só convenção, questão de hábito. Na aula em que a professora explicou que "tôda" se escreve assim para não se confundir com "toda", um pequeno pássaro, de cuja existência sempre duvidei, não me contive: "Mas, professora, ninguém nunca viu esse tal passarinho". E acrescentei: "Por que não botam o acento nele e deixam o *toda* e o *todas* em paz?". A professora sorriu, os colegas gargalharam, como se eu tivesse feito uma piada. Mas era a sério. Foi a única vez, na vida, até agora, que me interessei por ortografia. Era só um passarinho, é verdade, e um acento circunflexo, coisa somenos, mas, não fosse o humor involuntário, podia ter sido um bom começo.

Daí por diante, sempre que a oportunidade se ofereceu, o humor passou a ser proposital, e nunca tive problemas com a matéria. A maneira correta de grafar as palavras? Vamos fixando aos poucos, a memória visual ajuda, habituamo-nos, e está resolvido. É só não permitir que o hábito se enraíze, ou seja, convém saber que não é para sempre. Foi o que aconteceu quando algum "acordo", não sei qual, decretou que os acentos diferenciais tinham sido banidos. "Caramba! Agora que já estava habituado?!", foi minha primeira reação. Senti-me traído. Mas aos poucos fui-me adaptando à nova grafia e tudo deu certo. Também podia dizer que tudo deu errado: continuei a achar que ortografia não era tema que merecesse maior atenção.

Adquirir novos hábitos (ortográficos) não é difícil. Difícil é aceitar, como tem acontecido ultimamente, que mal nos habituamos, pronto!, não vale mais nada. Quase não deu tempo de transformar em hábito a novidade, e já vai ser preciso acostumar-se a outra, que vem por aí. Mas ortografia é assim mesmo, e não há muito que fazer, a não ser... habituar-se. E não ter preguiça de consultar o dicionário, mas um dicionário atualizado. Se o caso for ortografia, esqueça o Caldas Aulete que você folheava na infância e guarda até hoje, como relíquia preciosa. Os dicionários, ah, os dicionários...

Manuel Bandeira queixava-se de ser obrigado a parar, para ir verificar num deles "o cunho vernáculo de um vocábulo" (Bandeira, 1958, p.188). Era o que ele fazia, e continuou a fazer, mesmo depois de ter-se queixado. A diferença é sutil e Bandeira estava certo: não é preciso parar. Deixe o fluxo correr solto, mas, em seguida, não fique muito entusiasmado, desconfie e... consulte o dicionário. Não há poeta que não o faça, confesse-o ou não. Todo poeta sabe que é impossível guardar toda a

Poesia para quê?

língua portuguesa, ou qualquer outra, na memória, e tê-la ali, na ponta dos dedos, no momento necessário.

A exceção é escrever "em transe", indo buscar no Além ou nos subterrâneos do Inconsciente, o que vai sendo anotado no papel, já pronto e definitivo, nenhuma palavra a mais nem a menos. Mas são poucos os poetas capazes disso. "Inspiração"? Já vimos, capítulos atrás, a que isso pode levar. A questão é: quantas e quais palavras são necessárias para escrever um poema? Os que o fazem "em transe" não se preocupam com isso; os demais nunca sabem. Por outro lado, não se trata apenas de escolher as palavras. Escrever um poema demanda outros recursos (linguísticos), para além da seleção de uns vocábulos. Seria útil, no caso, a implantação de uma rede de desmanche, oficinas especializadas em desmontar livros velhos de poesia, separando e armazenando as partes ainda aproveitáveis (sempre há alguma), a serem reutilizadas em livros novos: êmbolos, polias, bielas, filtros, juntas, correias de transmissão... É um não acabar de engrenagens sem as quais as palavras são só peças inertes, entregues à própria sorte. Como poesia não é biodegradável e demora séculos para ser absorvida pelo ecossistema, as vantagens de um desmanche poético são muitas: seria uma iniciativa ecologicamente correta, não seria um comércio clandestino, e garantiria, embora por pouco tempo, um mínimo de qualidade à poesia perpetrada pelos neófitos. Fantasia desarvorada? Concordo. Mas fique aí, só para constar. Voltemos ao ponto de partida.

Tendo começado por confessar que nunca dei muita importância à ortografia, convém explicar por que resolvi fazê-lo, agora. É simples. Como sempre lidei com a matéria na prática, isto é, com base na intuição, mais de uma vez pensei em pôr no papel o que penso a respeito. Mas isso nunca chegou a acontecer, *"se quedó en el tintero"*, como dizia meu velho professor de espanhol. Talvez tenha faltado um bom pretexto, que o acaso acabou por me oferecer.

Como tem ocorrido com certa frequência, dia desses eu me entretinha, sem compromisso, com as infindáveis andanças de Bernardo Soares, o ajudante de guarda-livros (Fernando Pessoa quis decerto rivalizar com o heterônimo mais famoso, o que guarda rebanhos), quando aconteceu de deter-me numa frase, uma só, que passou a piscar, insistente, qual luminoso de beira de estrada, no meio da noite deserta: "A ortografia também é gente" (Pessoa, 1974, p.281). Embora não seja capaz de atinar com seu sentido, tomei-a de imediato como epígrafe deste capítulo. Da minha parte, foi só um devaneio, que logo passou, mas o luminoso continuou a piscar. Havia algo ali que podia/devia ser tomado a sério, mas levá-lo a termo estava (está) fora do meu alcance. Ficou apenas o forte sopro de humor, finíssimo, cortante, que a frase contém.

Antes que o devaneio passasse, o acaso (mas não seria o mesmo: uma coisa não tem que ver com a outra) levou-me a tomar conhecimento da verdadeira cruzada em que o poeta brasileiro Glauco Mattoso vem-se empenhando, na tentativa de nos convencer a adotar a sua "orthographia etymologica". Fosse outro, seria só mais uma extravagância. Mas tratando-se de um poeta maior, a quem aprendi a admirar desde os tempos do *Jornal Dobrábil* (na ortografia então vigente), pensei: vai ver, ortografia merece alguma atenção. Foi quando a frase de Bernardo Soares se intrometeu neste segundo devaneio. Incapacitado de analisar a contento qualquer dos dois, e menos ainda de aproximá-los, concluí que seriam *avisos*, mais ou menos aleató-

Poesia para quê?

rios. Talvez esteja na hora de reconhecer: a ortografia, de fato, merece alguma atenção.

Ato contínuo, decidi atender aos avisos, a fim de pôr em ordem o que penso – não a respeito de ortografia em si, menos ainda de etimologia (temas para especialistas), mas das relações entre a maneira correta de grafar as palavras e a poesia. Era o pretexto que faltava. Julguei que seria uma boa oportunidade para ordenar não as ideias (nesse terreno, continuo jejuno delas), mas umas intuições.

Foi o de que necessitei para me certificar de que a ortografia jamais representou nenhuma ameaça à sobrevivência da poesia. Ambas convivem, e até muito bem, eu diria, qualquer que seja o acordo ortográfico da hora. E ainda pude verificar, embora não o planejasse, que mesmo considerada a partir desse ângulo tão modesto, o de suas relações com a ortografia, a poesia enfrenta, sim, e cada vez mais, sérias ameaças. Enfim, eu não tinha em mente um manifesto *em defesa* da poesia, mas, quem sabe...

A grafia correta

Vamos ao primeiro obstáculo, a definição usual: ortografia é a maneira "correta" de grafar as palavras. Por que "correta" entre aspas? Porque não há lógica ou lei, natural ou científica, estáveis, que garantam a "correção" ou a "incorreção", em si, dessa ou daquela maneira de escrever. Tirante as obviedades, que nesse terreno são muitas, tudo é questionável, flutuante ou até mesmo arbitrário: depende do "acordo" ou da convenção em vigor. Não surpreende, pois, que regras e normas variem ao longo do tempo: o "correto" de ontem pode vir a ser o "incorreto" de hoje, ou vice-versa. A ortografia sempre esteve à mercê de uma minoria, empenhada em conseguir que sua ideia particular se imponha a todos, não por consenso, mas por decreto, por vezes subordinado a pesadas interferências políticas ou econômicas, como parece ser o caso da tentativa de unificação ortográfica ora em curso. Não consta que algum poeta tenha sido jamais convocado a participar, *como poeta, não como gramático*, da comissão responsável por esse ou aquele acordo. Mas a isso (o que o poeta teria a dizer a respeito?) chegaremos mais adiante. Ainda temos alguns obstáculos a superar.

A ortografia diz respeito a um só aspecto do idioma, sua forma escrita, não tendo nada a legislar no que respeita, por exemplo, à pronúncia. A exceção (sempre há alguma) é representada pelos sinais chamados "diacríticos", como o til, os acentos e a cedilha, que servem exatamente para assinalar a pronúncia diferenciada de "a" e "ã", "o" e "ô" ou "c" e "ç". É por isso que, entra reforma, sai reforma, entra acordo, sai acordo, os usuários continuam a pronunciar as palavras como faziam antes. O trema, diacrítico recentemente abolido, é a exceção da exceção. Só os desavisados acham que devem passar a pronunciar "sequestro" e "aguentar" (sem o "u"), porque o atual acordo proíbe as grafias "seqüestro" e "agüentar".

Com isso já se coloca uma questão capital: a forma escrita serve-se de um conjunto de símbolos, as letras, conhecido como "alfabeto" ou "abecedário", que por sua vez também não passam de convenção, não obstante vigorar, há séculos, para muitos idiomas. Outra vez: qual é a lógica, ou a lei natural ou científica, que justifica a sequência universal que vai de A a Z? Por que o "n" e o "g" precisam vir logo depois, respectivamente, do "m" e do "f", e não em outro lugar qualquer? Por que não podemos começar pelo "z" (ou pelos simpáticos

Poesia para quê?

"k", "w" ou "y", recentemente admitidos) e ir saltando pelas demais letras, na ordem que bem entendermos? (Rebeldia gratuita, não é mesmo? Excentricidade de poeta...) A resposta é uma redundância: porque estamos habituados a isso, desde tempos imemoriais. O hábito, no caso, tem alguma utilidade? Parece que sim. Se nessa área não houver assentimento unânime, nunca saberemos, diante dessa ou daquela palavra, se estamos lidando com as mesmas palavras, do mesmo idioma, tanto para quem as (orto)grafa como para quem as lê. Se não for assim, a anarquia se alastra e a língua deixa de servir como veículo de comunicação entre seus usuários. (E o poeta com isso? Bem, adiante veremos.)

Quando se trata de "alfabetizar", isto é, ensinar as pessoas a ler e a escrever, e já que nenhuma lógica justifica a ordem alfabética, o jeito é memorizar: A-B-C-D... Mas saber de cor o abecedário, na ordem "certa", não é saber ler e escrever, é só o primeiro passo, a aquisição das "primeiras letras", como se diz, algo ainda distante de saber ler e escrever. O nome que damos a isso, "alfabetizar", embora não seja o único culpado, é responsável por boa parte da confusão. Talvez por isso os doutos de hoje prefiram falar em "letramento", nome que pode conduzir a outros mal-entendidos, mas, com boa vontade, aceitemos que seja mais adequado. No entanto, nossas crianças, agora "letradas" (é assim que se diz, imagino), continuam a ler e a escrever tão bem ou tão mal quanto as outrora apenas "alfabetizadas".

Questão similar é a da relação entre as letras e os sons, ou entre grafia e fonética. O abecedário é associado não aos sons, mas aos *nomes* das letras que o compõem. O nome da letra "j", por exemplo, é formado por quatro sons (j-o-t-a), só o primeiro dos quais lembra o correspondente à letra. Minha amiga

Yara, que tem todo o direito de grafar seu nome com "y", ficaria desolada se este, modesto dissílabo, soasse na voz das pessoas como imponente polissílabo: Ipsilonara. Creio que todos nós, do leigo absoluto ao douto erudito, ficaríamos felizes se a relação entre grafia e fonética fosse unívoca, isto é, se a cada letra correspondesse um único som, e se cada som fosse representado por uma única letra. Não é o que acontece. Os exemplos do descompasso entre grafia e pronúncia são inumeráveis, inútil perder tempo com isso. Se a grafia fosse fonética, que necessidade haveria de aprendermos "prosódia", ou seja, a maneira correta (outra vez) de pronunciar as palavras?

Para rematar, leia em voz alta, para alguém a seu lado, as palavras "cesta" e "sexta" ou "viajem" e "viagem". O ouvinte será capaz de distinguir uma da outra? É melhor parar por aqui. Se tentássemos cobrir todos os exemplos possíveis do descompasso entre grafia e pronúncia, cem páginas como esta não seriam suficientes. Mas o argumento está claro: os sons que entram na constituição dos vocábulos da língua são em número bem maior que as 26 letras de que nosso abecedário dispõe. Exemplo: nossas vogais são cinco, a-e-i-o-u, não são? É o que diz o alfabeto, *grafia*. Mas se levarmos em conta os *sons*, elas já serão sete: a-é-ê-i-ó-ô-u. "Letras", convém frisar, são apenas símbolos convencionais, e não há mal nisso. É só parar com a promessa ou a falácia segundo as quais o alfabeto é fonético: sabemos que não é. E aceitar que é tudo convenção, acordo de circunstância, embora esta possa durar séculos, pela (boa) razão já exposta: a comunicação por meio da língua será o caos, se cada usuário grafar as palavras como bem entender. (É o caso do poeta? Outra vez: chegaremos lá.)

Poesia para quê?

Questão de método

Abecedário, ortografia, a maneira como damos representação gráfica às palavras: tudo convenção mais ou menos arbitrária, que precisa contar com a anuência (ou a subserviência?) de todos. Mas os especialistas agem como se houvesse aí leis certas e infalíveis que, de tempos em tempos, algum decreto despeja na cabeça, já de si um pouco aturdida, dos usuários. Por que eles agem assim? Porque ainda não se libertaram nem do cartesianismo, que rege nossas primeiras gramáticas, nem do cientificismo a que nos fomos habituando, desde a metade do século XIX. Especialistas insistem em pensar na ortografia com base na suposta existência de leis gerais, que permitem lidar metodicamente com o assunto, para que daí resulte um sistema coeso e uniforme. Sistema? Pois então, dizem alguns, devemos escrever como se fala. Mas o argumento a propósito da relação entre as letras e os sons demonstra a impossibilidade de uma ortografia fonética, a não ser que adotássemos, em lugar do abecedário, o conjunto de sinais da Associação Fonética Internacional (AFI),[1] sinais cabalísticos, que só técnicos e especialistas utilizam, quando pretendem dar, à pronúncia, representação gráfica fidedigna. Convém repetir: se nosso antigo abecedário já fosse "fonético", que necessidade haveria de se recorrer a esse intrincado conjunto de sinais, aliás também conhecido como "alfabeto fonético"? De novo, "alfabeto"? A confusão se multiplica.

Então, dizem outros, adotemos uma ortografia etimológica, de acordo com a origem de cada palavra. Mas o que fazer com

---

1 Disponível em: <www.steacher.pro.br/alfabetofonetico.pdf>. Acesso em: 16 mar. 2019.

a quantidade de vocábulos de cuja origem não temos certeza? (São aquelas formas conjecturais, antecedidas de um asterisco nos tratados que lidam com a matéria.) "Étimo" não é forma escrita, documentada? O que fazer, então, com as palavras que se originam de línguas ágrafas, sem representação gráfica, como as indígenas e as africanas? Claro, usamos a imaginação e inventamos os "étimos" que nos pareçam mais convenientes. Os fatos negam o método? Pior para os fatos... Conclusão: ortografia fonética ou etimológica? Se insistirmos em pensar na língua como "sistema", será preciso centrar a atenção em outro foco, que não a fonética ou a etimologia.

"Regras gerais", como as postuladas pelos gramáticos, pretendem ser parâmetros, aplicáveis a todos os casos. Acontece que só alguns, quase sempre os mais simples e óbvios, se ajustam. A desculpa é inevitável: "toda regra tem exceção". Mas o que fazer com as da nossa ortografia, cujas exceções são em número tão avantajado e, sobretudo, incidem sobre casos bem mais complexos do que os cobertos pelas regras? Então quer dizer que, em matéria de ortografia, só podemos pensar na base do "cada caso é um caso"? Bem, não exageremos. Nem todo caso é um caso, mas muitos são, e é preciso lidar com isso, para além do comodismo que é expor a regra em duas linhas e, a seguir, acrescentar outras dez, com um copioso rol de exceções. A chave seria: flexibilidade. Mas esta não se coaduna com o rigor do método que a maioria dos "donos" do idioma insiste em pôr em prática.

A "solução" tem sido a mesma adotada para o ensino das primeiras letras: induzir as crianças a decorarem as regras, para depois aplicá-las, metódica e sistematicamente, a cada caso, quando se dispuserem a escrever. As exceções? Ora, não demos

Poesia para quê?

tanta importância a isso. Se dermos, o "método" cai por terra e o "sistema" se esfarela. O pressuposto é que decorar o abecedário, assim como as regras gramaticais, tornaria a pessoa apta a ler e escrever. Alguém acredita nisso?

A língua é um organismo vivo, rebelde, em constante mutação, e isso todo especialista sabe, mas finge ignorar, tentando submetê-la a leis infalíveis, portanto imutáveis. Bem, imutáveis só até o próximo acordo. Quem enfrenta para valer a rebeldia e a mutabilidade da língua, este sim, é o usuário comum, seja tentando valer-se dos ensinamentos dos legisladores, seja mandando às favas toda e qualquer lei. Quem também enfrenta, a seu modo, é o poeta, que conhece bem, e pratica, a lição de Carlos Drummond de Andrade: "Lutar com palavras/ é a luta mais vã,/ entanto lutamos/ mal rompe a manhã" (Andrade, 1967, p.126). Com isso, já estamos mais próximos do ângulo de visão do poeta.

Drummond não parece estar preocupado com ortografia. Por quê? Porque todo poeta sabe que a maneira de grafar as palavras está para saber escrever, assim como a linguagem está para o pensamento, na sibilina visão do filósofo. A linguagem, ensina Wittgenstein em relação ao pensamento ou ao verdadeiro ato de pensar, é só uma escada (imprescindível, é verdade, razão pela qual precisa ser galgada criteriosamente, degrau por degrau), mas em algum momento deve ser jogada fora (Witgenstein, 1968, p.129). Insistir nela é marcar passo e abdicar de pensar, tomando o meio como fim. Não é o que acontece no tocante à relação entre a ortografia e a verdadeira alfabetização?

Mas qual é o gramático, ou o professor de primeiras letras, disposto a jogar fora a escada, o conjunto de regras que ele tende a tomar como justificativa da atividade que exerce?

Mesmo sabendo, ou desconfiando, que assim não se alfabetiza ninguém, que assim ninguém aprende a ler e escrever, todos hesitarão em seguir o conselho do filósofo. Por quê? Porque, livres das regras, do "método" e do "sistema", muitos não saberiam o que fazer. Mas o poeta sabe. E nunca fez outra coisa.

Tudo seria mais simples, e a ninguém ocorreria cogitar de um tema como "Poesia e ortografia", se a ferramenta primordial do poeta, a língua, fosse do seu uso exclusivo, e não a mesma à disposição de todo usuário, alfabetizado ou não. Aliás, não é preciso saber ler e escrever para falar, ou seja, para utilizar a mesma língua de que letrados e poetas se servem, no seu dia a dia. A propósito, aqueles raros dias em que o poeta se sente suficientemente "inspirado" para escrever um poema já seria outra história, mas a ferramenta é a mesma. Com efeito, seria tudo mais simples se houvesse uma língua para o uso comum e outra só para a poesia. Miragem de poeta, claro... Mas nem é preciso acreditar em miragens para saber que, se isso se concretizasse, a poesia não seria mais o que tem sido, há séculos. E a língua também não. Puro *nonsense*, reconheço, mas talvez ajude a compreender o que se passa.

O fato de a ferramenta ser a mesma nunca chegou a induzir ninguém a sair por aí, proclamando: "Ah, eu sou poeta, ou posso vir a sê-lo, quando quiser. A ferramenta já tenho". Só alguns o fazem. A maioria parece deter-se no secular consenso segundo o qual não basta ser alfabetizado para escrever poesia. Não se trata da ferramenta, mas do uso que se faz dela. No dia a dia, prevalece o uso funcional, utilitarista: a língua comum permite que entremos em contato uns com os outros, para intercambiar um pouco de tudo, desde trivialidades descartáveis até assuntos carregados de valor ou importância mais dura-

Poesia para quê?

douros. Já quando se trata de poesia, o uso é outro: não utilitarista, não imediatista, não funcional, não para simplesmente comunicar esta ou aquela eventualidade. A língua permite ao poeta expressar o que, em princípio, só ele enxerga: o inusitado, o surpreendente, a estranheza que se esconde nos interstícios do cotidiano. E nos interstícios da língua.

Para o uso corriqueiro, graças à insistência dos gramáticos e seus acordos, a língua é só um veículo transparente, ao qual recorremos como autômatos, sem lhe atribuir importância em si. Para o uso poético, a língua é um tecido poroso, maleável, e é preciso explorá-la como tal. Só assim será possível perceber que o que temos a comunicar, das trivialidades aos assuntos mais sérios, não tem existência autônoma, aí fora, mas depende sempre do modo como o fazemos, isto é, das palavras que empregamos. Por isso Drummond recomenda lutar com elas. Conselho de poeta para poeta? Sem dúvida. Mas, também, de cidadão para cidadão. Lutar com palavras é uma necessidade, tanto para o homem comum quanto para o poeta, em especial naqueles momentos de perplexidade ("inspiração"?) diante do generalizado desconcerto do mundo – que está aí mesmo, debaixo dos olhos de todos, mas só o poeta é capaz de enxergar.

Muito antes de Drummond, outro poeta, Horácio, já ensinava, referindo-se às palavras: "*Inutilia truncat*" (Horácio, [s.d.], p.120). Outra vez: conselho de poeta para poeta e, concomitantemente, de cidadão para cidadão. Eliminar o que for supérfluo, ficar só com o essencial, ao falar ou ao escrever, traz notáveis benefícios, tanto ao cidadão comum quanto ao poeta. Para isso, para saber o que é essencial, e expressá-lo, é preciso "lutar com palavras". Mas, no dia a dia, o homem comum já se vê empenhado em tantas e tão prementes lutas, que esta outra – com as palavras – lhe parecerá luxo supérfluo, ao qual só o poeta se dedica. O poeta e o gramático. Então, voltamos ao ponto de partida?

Vejamos. A língua evolui, embora nem sempre para melhor, como se acreditava no século XIX. A poesia também, mas jamais a reboque da língua. Não consta que a eliminação do trema, de umas consoantes mudas e de alguns acentos, ou a confusa "regra" ora adotada para o uso do hífen nas palavras compostas, tenham comovido este ou aquele poeta, estimulando-o a propor uma nova poesia. O uso poético da língua é sempre inventivo, criativo, original, mas nada se inventa ou se cria quando somos obrigados a grafar "arguir" em vez de "argüir", ou quando "para" (preposição) e "para" (verbo) passam a ser graficamente a mesma coisa.

Com efeito, língua e poesia evoluem, esta jamais a reboque daquela... A recíproca, porém, não é verdadeira. Algo das mudanças introduzidas na língua, ortografia à parte, pode ser creditado à inventividade de seus poetas. Quanto da consolidação da língua portuguesa, que então engatinhava, à procura de um "padrão" literário, se deve à original performance de Camões, em *Os Lusíadas*? Quantas expressões, hoje correntes, ao alcance de todos, foram na origem invenção de poetas como Pessoa ou Drummond? Entregue à guarda exclusiva dos usuários comuns, guiados pelos gramáticos, a língua seria, há muito, organismo esclerosado, reduzido a umas poucas fórmulas mecânicas. Eis a razão pela qual é a *mesma* língua, para o uso corriqueiro e para a poesia. A necessidade de inovar, para que a língua continue a ser organismo vivo, é um dos fatores que move o poeta. Inovar para que, senão para que suas "excentricidades" venham a fazer parte do patrimônio comum, colaborando para que a comuni-

Poesia para quê?

cação entre humanos se realize? Se houvesse uma língua para a poesia e outra para o uso cotidiano, o poeta não teria por que inovar e passaria a falar sozinho. Ou aos demais poetas que por acaso julgassem falar a mesma língua. Num caso e noutro, a "evolução" é um processo cadenciado, extremamente moroso e, via de regra, imperceptível. O poeta, ao contrário do homem comum, lida com a consciência dos fatos, não com sua percepção imediata. Daí ser necessário lutar com palavras, o que exige consciência atenta, foco, reflexão continuada; portanto, largo tempo de maturação.

Acontece que, indiferente à morosidade da língua e da poesia, a realidade à nossa volta vem acelerando cada vez mais seu ritmo de mudança: industrialização crescente, progresso ilimitado das ciências e da tecnologia, urbanização desenfreada, superpopulação das grandes cidades, proliferação dos apelos que induzem o indivíduo a aceitar como inevitável o fato de a existência humana ter-se transformado em frenética sucessão de comprar e vender, exibir e consumir. E "comunicar" – o que e a quem, pouco importa. A *consciência* que o homem pudesse ter do que se passa em redor é substituída pela *percepção* simultânea dos infinitos estímulos que enfrenta no dia a dia... para recomeçar do zero, no dia seguinte (Kahler, 1968, p.77-131). A "era da informação" em que vivemos, todos plugados a qualquer coisa que ninguém saberia dizer o que seja, é o coroamento do processo.

A língua – a dos gramáticos e do usuário comum – faz o que pode, incorporando rapidamente as novidades lexicais (estrangeirismos, neologismos, tecnicismos, modismos) que proliferam no bojo das incontáveis "especialidades" que se multiplicam, a todo instante. Mas é esforço inútil, destinado tão só a manter a ilusão de que a língua possa ou deva dar conta disso. A comunicação verbal plena (palavras bem escolhidas, frases com sentido e propósito, explanações bem arrazoadas) é cada vez mais rara, vestígio de uma era extinta. A quem isso faria falta? Ao poeta, com certeza. Mas, com mais certeza ainda, ao homem comum, agora reduzido à triste condição de feixe de instintos, mero animal (racional?) que produz e consome. E – imensamente feliz, satisfeito – vê ser destruído o tanto que lhe resta de humanidade.

E os poetas? Alguns sorriem, não de satisfação e felicidade, mas porque agora podem bater no peito: é o que eu dizia, é o que eu vinha dizendo havia tempos, e ninguém me deu ouvidos. A decadência da civilização é um dos temas fortes da poesia moderna, essa que vem sendo produzida a partir do Século das Luzes, digamos, ou a partir da grande libertação que foi a vitória do Racionalismo contra as trevas do mundo antigo. E, logo em seguida, a partir da "descoberta" do Inconsciente e da Irracionalidade, erigidos em vetores essenciais da condição humana. É um pouco disso o que temos em William Blake, Hölderlin, Novalis, depois em Baudelaire, Rimbaud, Gottfried Benn e todos os grandes poetas dos séculos XIX e XX, incluindo os futuristas, os surrealistas, a vanguarda iconoclasta, como Ezra Pound, na esteira de Mallarmé, ou os "conservadores", como Eliot, na senda do simbolismo e da poesia metafísica do século XVII. Vem de longe o brado de revolta dos poetas, contra a desumanização que se alastra, contra a perda de consciência do valor das palavras e da própria vida humana.

Paralelamente, os poetas vêm tentando sintonizar com as mudanças em redor, tornando mais ágil, mais concisa, mais nervosa sua fala, quer dizer, sua escrita – "palavra em liberdade", como dizia Marinetti, agora sintonizada com a grande urbe, a "aldeia global". É o *"inutilia truncat"*, recomendado por Horácio, levado ao limite extremo, para além do qual não haverá mais comunicação, mas só ruído, estilhaços verbais, balbucio hermético, o silêncio, o vazio.

De outro lado, o ritmo frenético do nosso tempo acabou por gerar, por volta da metade do século XX, um avanço radical, a vanguarda da vanguarda, isto é, uma nova poesia, que incorpora, à expressão verbal, outros apelos – o visual, o sonoro, o táctil, o gestual –, que passam a dividir, de forma constelada, o espaço até então soberanamente ocupado pelas palavras. Surge então uma nova linguagem, naquela altura dita "verbivocovisual", que se propõe realizar o sonho mirífico de uma "língua" para uso exclusivo da poesia, premeditadamente divorciada da língua comum. Para isso, era preciso abrir mão da consciência comunicativa, em favor da percepção instantânea dos sentidos. Os excessos e exageros dessa tendência, não obstante o caráter persuasivo da teoria que a enforma, conduziram a uma espécie de solipsismo, de forte pendor autista: a poesia trancada em si mesma, incomunicável. Bem por isso, a maioria dos poetas em atividade nas últimas décadas (na contramão, como sempre) tem insistido na antiga espécie de poesia, então considerada "obsoleta", feita de palavras e de consciência, ainda empenhada na utopia de resistir à desumanização crescente.

A liberdade do poeta

E o modesto tema de que partimos, a ortografia, como fica? Apesar das altas paragens a que fomos conduzidos, não o perdemos de vista. Mas foi necessário esse largo excurso para que pudéssemos retomá-lo. A ortografia, claro está, não teria nada a fazer na nova linguagem proposta pela vanguarda mais radical. Caso esta tivesse prevalecido, teria sido reduzida à tipografia, como ocorreu em mais de um momento: letras soltas, no novo espaço a ser partilhado com os sons, as imagens, os gestos etc. (O comércio legal do desmanche poético, sugerido de início, teria sido extinto. Ou passaria para a clandestinidade.) E há uma lógica de rigor que o justifica: se a poesia pretende inovar, para além da língua comum, é preciso romper com *todos* os obstáculos que cerceiam a liberdade e o engenho do poeta. A ortografia é o primeiro e mais banal desses obstáculos e a vanguarda da vanguarda supera-o com notável simplicidade: se desistirmos das palavras, não teremos de nos preocupar com a forma como são grafadas. Decretemos, pois, o "fim do verso". Com isso nos livramos, também, de obsolescências como a conjugação dos verbos, as flexões, a regência, as regras de concordância, a construção das frases, a sintaxe. A gramática, em suma.

O pressuposto – equívoco de *parvenu* – é que toda a poesia anterior à eclosão da vanguarda radical fosse dependente das regras gramaticais e não fizesse senão repetir o uso burocratizado da língua. Ainda que isso se aplique a muitos poetas (os falsos, que sempre houve), não se aplica aos grandes, como os mencionados até aqui. Estes sempre deram à ortografia, por exemplo, a importância devida, que é quase nenhuma: é só aquela escada que, segundo Wittgenstein, deve ser jogada fora. *Mas só depois de ter sido galgada, degrau por degrau.* Poesia genuína é sempre insubmissão, rebeldia, transgressão. Mas há que distinguir: de um lado, temos a transgressão com propósito, praticada pelo poeta que conhece bem as "normas" a serem

Poesia para quê?

transgredidas, a serviço da comunicação de uma nova consciência das coisas; de outro, a transgressão gratuita, praticada pelo espertalhão, que capta no ar a nova ordem imposta pela rebeldia padronizada (transgrida ou pereça!), e vai transgredindo indiscriminadamente, com escasso conhecimento da matéria com que lida, a língua. E conhecimento mais escasso ainda da lição dos que o antecederam. Uns transgridem porque sabem o que fazem; outros, porque não sabem.

O filósofo diria: se ignorar a escada, você jamais chegará perto do pensamento, ficará sempre aquém da poesia que sua ambição almeja realizar. Jogar fora a escada, rebelar-se contra todas as normas é, de fato, necessário... desde que a "nova" língua proposta pelo poeta continue a ser, de algum modo, comunicável *também* ao leitor comum, a despeito das dificuldades e obstáculos com que este se depare.

A aventura da modernidade põe a nu o que já se sabe, há tempos. Poesia não é, como acreditam muitos, aquela entidade incorpórea, coisa da "alma" e da "emoção", feita de sonhos, visões e sentimentos vagos, pairando no ar, inacessíveis. *Poesia é linguagem*, materialidade tangível, engendrado verbal construído pelo poeta. Este, para lidar com sua matéria, só dispõe das palavras, e a única maneira de ser bem-sucedido é lutar com elas. Para isso, é imprescindível o recurso à racionalidade. Se souber fazê-lo com proficiência, o resultado será a poesia que almeja. Se superestimar o polo da emoção, não chegará perto; se privilegiar o da razão, fará outra coisa.

Lembremos mais uma vez a célebre lição que Mallarmé ensinou a seu amigo Degas: "Poesia não se faz com ideias, mas com palavras". Apesar da boa intenção, isso não ajudou o pintor a converter suas ideias em poemas. Degas logo o esqueceu e continuou a fazer o que sabia: pintar. Mas o dito espirituoso do amigo poeta, com sua ênfase retórica na dimensão até aí negligenciada (a forma, o *modo de dizer*), teve longa vida. A ênfase excessiva ou exclusiva nesse aspecto fez com que, daí por diante, os candidatos a poeta, sequiosos da fácil "novidade" que aí se anunciava, ficassem deslumbrados com a forma pela forma, marcando passo nos degraus da escada. Poesia se faz com palavras, sem dúvida, mas estas devem ser, sempre, portadoras de ideias. Ortografia? Talvez seja o que menos conta. Mas voltemos a isso.

Mário de Andrade, estimulado pela sugestão de Manuel Bandeira, cansado de "macaquear a sintaxe lusíada" (Bandeira, 1958, p.188), insistiu em convencer-nos de que era preciso escrever "brasileiro". Estudioso de folclore e de etnografia, Mário deixou larga contribuição nessas áreas, incluindo um estudo inacabado, "A gramatiquinha da fala brasileira", que ele próprio considerava "não obra técnica, porém obra de ficção",[2] e a idealização de um Congresso da Língua Nacional Cantada (São Paulo, 1937). O bom propósito se reflete em sua poesia, para a qual adotou, embora de forma não sistemática, uma ortografia peculiar: em vez de "se" (conjunção), "si"; "milhor" em vez de "melhor"; "siquer" e não "sequer"; "quási" e não "quase"; "mãi" e não "mãe"; e assim por diante.

Quando lemos, como ele grafou, "A manhã roda macia a meu lado/ entre arranha-céus de luz/ construídos pelo milhor engenheiro da Terra", ou "É como si a madrugada andasse na

---

2 Apud Elisa Guimarães, "A gramatiquinha da fala brasileira". Disponível em: <seer.fclar.unesp.br/itinerários/article/viewFile/2491/2092>. Acesso em: 16 mar. 2019.

Poesia para quê?

minha frente" (Andrade, 1974, p.84, 91), podemos estranhar aquele "milhor" e este "si", mas isso é imediatamente superado e logo atinamos com o que os versos querem dizer. Por outro lado, se lermos "melhor" e "se", em alguma edição que atualize e uniformize a ortografia, leremos... a mesma coisa. A ortografia peculiar nada acrescenta ao que os versos dizem perfeitamente, na ortografia corrente, salvo a momentânea e descartável estranheza. Alguém diria, talvez o próprio Mário dissesse: se pronunciamos "si" e "milhor", então é assim que devemos escrever. Bem lembrado, mas isso só seria razoável se o procedimento se estendesse a todos os vocábulos por ele empregados. Se levasse a ideia a tal extremo, Mário teria desistido do abecedário, para adotar o "alfabeto fonético" da Associação Internacional. Só assim seria possível *escrever* "brasileiro", como ele queria. E não haveria leitor que o acompanhasse, a não ser meia dúzia de eruditos, para os quais a poesia, em princípio, não diz nada.

Escrever "brasileiro", como Mário defendia, tem a ver com regionalismos, formas de tratamento, coloquialidade, ductilidade da frase, sintaxe flexível e ritmos cadenciados. Não é só uma questão de "ortografia". Mário exagerou ou radicalizou. Escrever "brasileiro" é um belíssimo propósito, que não pode ficar à mercê da maneira brasileira de grafar os vocábulos. Daí seu interesse pela língua falada e cantada: o ouvido não tem dificuldade em identificar, logo às primeiras palavras, qualquer das várias modalidades da fala brasileira. Mas, diante da forma escrita, o caso é outro: a maneira de grafar as palavras (quantas vezes será necessário insistir neste ponto?) não tem como ser "fiel" aos sons que as constituem e não determina o modo como o fazemos. Nós pronunciaremos à brasileira (quanto a isso, Mário podia ficar tranquilo) e os portugueses pronunciarão à maneira deles, qualquer que seja a ortografia adotada, cá e lá. E todos terão a ganhar se esta for atualizada e uniforme.

Outro exemplo, mais controvertido, é dado por Fernando Pessoa, que optou, em *Mensagem* (1934), único livro em língua portuguesa que publicou em vida, por uma ortografia *sui generis*: "sphyngico" e não "esfíngico", "mytho" em vez de "mito", ou "instincto", "addiado", "prohibida", em lugar de "instinto", "adiado", "proibida". Embora chegasse a afirmar, em texto à parte: "O autor deste livro não aceita como boa a ortografia oficial; com ela, porém, temporariamente se conforma, para conveniência imediata, por igual, do tipógrafo e do leitor" (Pessoa, 1997, p.38), o poeta houve por bem não cumpri-lo, dando preferência, não se sabe se de última hora (como de última hora foi – o livro já em provas – a mudança do título, de *Portugal* para *Mensagem*), à sua grafia peculiar. A possível razão quem a dá, já sabemos, é o heterônimo Bernardo Soares: "A ortografia também é gente".

No caso de *Mensagem*, dizem, a intenção é reforçar a aura mística, heráldico-nobiliárquica, aristocrática, que constitui um dos seus ingredientes fortes (frise-se: *um dos*). Reforçar? Trata-se, então, de ornamento dispensável, redundante, com o qual ou sem o qual essa aura sempre chegaria à consciência do leitor atento. David Mourão Ferreira não teve dúvidas a respeito:

> Pela primeira vez se publica uma edição de *Mensagem*, especialmente dedicada ao povo e à juventude de Portugal. Para isso, atualizou-se-lhe a ortografia, de modo que não se erguessem, entre a obra e o leitor, supérfluos e irritantes obstáculos. (Id., 1959, p.9)

Poesia para quê?

Apesar da ressalva (uma edição "dedicada ao povo e à juventude"), ou justamente por isso, a maioria das edições posteriores volta atrás e reproduz a grafia adotada pelo poeta – vestígio residual do amaneirado simbolista ou decadentista, de interesse exclusivo dos eruditos.

O episódio revela que, do lado dos editores, a inércia predomina e, do lado do poeta, a ortografia é mera convenção de circunstância, à qual (Pessoa chegou a admiti-lo) é preciso conformar-se, caso contrário o leitor enfrentará, em vão, "supérfluos e irritantes obstáculos". Conclusão: a alta poesia de *Mensagem* situa-se muito além da ortografia rara, e é um equívoco supor que esteja na dependência da maneira como sejam grafadas, e dadas a ler, as palavras que a constituem.

Os exemplos poderiam multiplicar-se em várias direções, nenhum porém chegaria perto da proeza sistemática e radical como a empreendida por Glauco Mattoso, que resolveu adotar a (ou uma?) ortografia não só etimológica, mas fonética. O poeta passou então a grafar de acordo com a nova norma, pessoalíssima, seus decassílabos escrupulosamente medidos e rimados: "Azar? Não acredito! Tu não vês/ que é tudo só crendice? Si acreditas/ num Ente Superior, essas maldictas/ noções são remactada estupidez!" (Mattoso, 2012, p.11). Não bastasse isso, Glauco chegou a organizar um formidável *Diccionario orthographico phonetico/etymologico*, já na quinta edição ("quincta", como ele prefere), em cujas páginas de abertura esclarece:

Um diccionario tão específico não teria utilidade apenas para seu auctor e para aquelles que prefiram escrever pela norma mais classica, mas para todos os estudiosos do idioma e de suas transformações historicas, independentemente de tendencias conservadoras, reformadoras ou restauradoras. Tracta-se, portanto, d'uma obra linguística de interesse geral.[3]

Parece que estamos diante da inversão dos polos assinalados em relação à "Gramatiquinha" de Mário de Andrade, que ele não considera, convém lembrar, "obra técnica, porém obra de ficção". Mas só parece. Mário não se lembraria de chamar a atenção para o fato, se sua "ficção" gramatical não estivesse impregnada de preocupação "técnica". O mesmo raciocínio, invertidos os sinais, pode ser aplicado à proeza de Glauco Mattoso. Ele não omitiria um dos polos, o da "ficção", pondo toda a ênfase na "técnica", se não tivesse plena consciência do quanto de ficcional se esconde nas malhas de sua guerrilha "orthographico-etymologica".

Generalizemos, então, para que esse devaneio, resultante de outros devaneios, não se prolongue indefinidamente. Considerados os exemplos possíveis (o de Mário, o de Pessoa, o de Glauco e outros mais), todos parecem confirmar o que já se sabe quanto à substância essencial do ato poético: rebeldia, insubmissão, inconformismo, com mais ou menos discreta, mais ou menos espalhafatosa dose de humor e ironia. Necessidade de transgredir, em suma, de lutar não só com as "palavras", como lembra Drummond, mas com toda e qualquer lei ou regra "oficial", que cerceie a liberdade do poeta. A gramática é só uma das "leis" impostas pelo sistema, e a ortografia talvez seja a mais inocente, a menos tirânica de suas "normas". Dela é sempre possível livrar-se, bastando para isso dominá-la, a fim

---

3 Disponível em: <escritablog.blogspot.com.br/2014/01/o-novo-diccionario-ortographico.html>. Acesso em: 16 mar. 2019.

Poesia para quê?

de submetê-la ao crivo da imaginação criadora e da inventividade: engenho e arte, como dizia Camões. Ortografia, não sei se chega a ser "gente", como quer Bernardo Soares, mas sei que é só metáfora. Rebelar-se contra ela ou é ato gratuito, mero desconhecimento de causa, ou é rebelar-se contra outra coisa. É também manifestar a revolta profunda gerada pelas tiranias em relação às quais nos resta pouco ou nada a fazer. A não ser, de vez em quando, dar atenção a "alguma poesia", para que a língua comum continue à disposição de todos. Ou para manter aceso o sonho de liberdade.

A hora da poesia

Profissão: poeta

Ninguém perde tempo perguntando ao advogado, ao engenheiro ou ao médico o que eles fazem para ganhar a vida. É óbvio que pessoas ganham a vida exercendo o ofício para o qual se prepararam. Mas toda gente faz essa mesma pergunta ao poeta. É que poeta (todos sabem) não ganha a vida escrevendo poesia. Foi para isso que ele se preparou, mas seu sustento não provém daí.

Aos 12 anos de idade, exibindo orgulhoso o prêmio que ganhara no colégio (a melhor redação da segunda série, uns versos com rima e tudo), ouvi o comentário de meu avô, embora não dirigido diretamente a mim: "Poesia não enche a barriga de ninguém!". Todo escritor tem uma história como essa para contar. Na nossa sociedade com fumos de aristocracia, escrever não é profissão nem ofício, é só passatempo, um luxo, privilégio dos felizardos que não precisam se preocupar com a sobrevivência.

Você escreve, gosta de escrever? E não tem, para ganhar a vida, senão seus poemas, seus contos, seus romances? Nenhuma herança à vista ou algo equivalente? Então prepare-se para ser poeta só de vez em quando – nas horas vagas, de madrugada, nos fins de semana. No resto do seu tempo (seu?), você será outra pessoa, clone de você mesmo, que dá um jeito de ganhar a vida pelos dois: Dr. Jekyll e Mr. Hyde. É o que nossa sociedade espera de seus poetas.

A história literária ensina: os poetas, na sua maioria, ganham a vida como funcionários públicos, e quase todos são advogados. Do século XIX em diante, alguns se tornam jornalistas, mais recentemente publicitários, editores etc. Uns raros exercem outra profissão, como agricultor, químico industrial... E todos sabem que a ideia de "profissão" é incompatível com a de "ser poeta". Pagar as contas, alimentar-se, vestir-se, sustentar a família, ter um dinheirinho para gastar no boteco ou na padaria da esquina? Esqueça! Não perca tempo com preocupações vulgares como essas, que só prejudicam o digno exercício da atividade literária. Na nossa cultura, poeta ideal é o que vive de brisa, o tempo todo mergulhado nos seus versos, às vezes na sua prosa. É o que todo escritor fica sabendo, ao escrever a primeira página. Ou ao tentar publicar o primeiro livro.

O quadro não seria tão esquizofrênico se fôssemos menos apegados às nossas fumaças aristocráticas. Fôssemos um pouco mais pragmáticos, e admitíssemos que até os poetas precisam ganhar a vida, escrever seria uma profissão como outra qualquer. Mas nossos escritores nunca dispuseram de uma faculdade ou uma escola que os habilitasse e os qualificasse para o exercício da atividade que escolheram. Na nossa tradição, todo escritor é autodidata, aprende na prática. Ou fica à espera da inspiração súbita, a centelha de genialidade (literária) que o destino distribui com avareza entre os mortais.

Poesia para quê?

Já nos Estados Unidos, por exemplo (é só um exemplo, não dá para tomar como modelo), não é bem assim. Lá, quem quer ser escritor procura um curso de *Creative writing* (Escrita Criativa), que ensina a ganhar a vida escrevendo. Poemas, contos, romances? Pode até ser, vez ou outra. Mas o que aí se aprende, para valer, é sobreviver escrevendo o que o mercado solicitar — roteiros, manuais de instruções, correspondência, panfletos, discursos etc. Onde houver uma atividade que exija um bom texto, lá estará um escritor para dar conta do recado.

Por que isso não serve de modelo para nós? Porque, ao topar com a expressão *Creative writing*, pensamos logo em belos poemas, sofisticadas narrativas, romances experimentais, isto é, alta literatura. Os americanos, não. Para eles, é só um rótulo, indicativo dos caminhos possíveis (flutuantes, determinados pelas leis do mercado) para o escritor que pretenda se profissionalizar como tal. Lá não se dá muita importância à aura de mistério que envolve a figura do "escritor". A não ser que isso se torne vendável.

Será que estamos a caminho de algo parecido? Nunca se discutiu tanto, entre nós, a questão da profissionalização do escritor. Ainda não temos uma faculdade (precisará ser reconhecida pelo MEC?) ou uma escola profissionalizante que se incumba da formação do escritor, mas já temos grande quantidade de oficinas de criação literária, nos nossos moldes, nada do utilitarismo tipo *Creative writing*, dentro e fora das universidades. E um apetite por escrever, divulgar, promover e vender literatura, desconhecidos até um tempo atrás.

E temos também um número considerável de poetas atuando na esfera universitária, na área de Letras. Não é esse mesmo o abrigo natural da literatura? O casamento é promissor e só surpreende não ter sido promovido há mais tempo. Onde mais o escritor pode entrar na posse plena da sua condição, senão no convívio com o conhecimento especializado do que há de mais avançado em matéria de conto, romance, poesia? E de mais sofisticado em matéria de especulação crítico-teórica...

Que os departamentos de Letras das nossas universidades se beneficiem desse convívio, ninguém duvida. A universidade deixa de ser o "túmulo da literatura", como em dado momento ajuizou Vargas Llosa, e se transforma em espaço de experimentação literária altamente estimulante e criativa. E os escritores? Passarão a escrever melhor? Terão mais facilidade para conseguir uma bolsa de estudos? Darão aulas para sobreviver?

No futuro, as histórias literárias talvez assinalem que, além de funcionários públicos, advogados e jornalistas, nossos poetas são também, em larga escala, mestres e doutores em Letras. É um fato novo. Poucos anos atrás, era irrisório o número de escritores com formação acadêmica nessa área. Estaremos a caminho de mais uma revolução?

A poesia e a sociedade real

Poeta profissional? Não há como escapar: todo empenho no encalço de definições esbarra numa desconcertante variedade de formas e espécies que, no entanto, há séculos, insistimos em abrigar sob o mesmo rótulo e não hesitamos em reconhecer como *poesia*. Caso aí se aloje algum substrato geral, este nos escapa. A pesquisadora franco-canadense Katia Stockman é radical em seu ceticismo: "A poesia, essa heroína de múltiplas faces, deveria ser definida? Por que defini-la?" (Stockman, 1996, p.17). Por essa razão limitamo-nos a perguntar, desde o

Poesia para quê?

início, não "o que é", mas "para que serve" a poesia, e a pergunta não fez senão ir-se desdobrando em mais perguntas. "Teoria, teoria, só teoria", terá sido a justa reclamação dos espíritos práticos, caso algum nos tenha acompanhado para além das páginas iniciais. Com efeito, não encontramos nenhuma resposta que, nesses termos, pudesse ser tomada como satisfatória. Por isso reservamos para este capítulo final uma explanação tanto quanto possível centrada no espírito prático e no senso comum. Retomemos a pergunta, em seu nível mais elementar.

"Servir" quer dizer: ser útil, prestar ou prestar-se a, ter alguma serventia, dirigir-se a um fim determinado, conter algum proveito, ter algum valor prático. Nosso empenho tornou evidente o desencontro de intenções e a multiplicidade de contextos em que as respostas podem ser dadas. Contudo, insistamos um pouco mais nos caminhos prefigurados pela pergunta.

O primeiro deles, enunciado acima, diz respeito à convicção de que não haverá *uma* e uma só resposta, capaz de cobrir todos os graus e circunstâncias aí implicados. A razão mais plausível, assinala Cleanth Brooks, é que "todo poeta que lemos altera, de alguma forma, nossa concepção total de poesia". Ignorá-lo, prossegue o crítico, corresponderia a "assumir que a poesia é algo fixo e absoluto, um universo estável à luz do qual podemos julgar qualquer poeta em particular". Se assim o fizermos, ele conclui, acabaremos por "condenar a maior parte dos poetas modernos, mas, se optarmos por admiti-lo, isso modificará substancialmente nossa concepção de poesia e, em decorrência, muitos dos nossos julgamentos sobre a poesia do passado" (Brooks, 1967, p.XXIX-XXX).

Daí decorre que, ao menos em esquema, temos apenas dois caminhos. De um lado, recorremos à palavra do poeta, no pressuposto de que ele tenha a resposta. Mas aí nos deparamos com o indivíduo acossado pela dúvida quanto à razão de ser de seu ofício e à sua identidade. Caso único! Nenhum profissional de qualquer ofício parece alimentar a mesma incerteza: o marceneiro não tem necessidade de se perguntar a que se destinam os seus móveis; o cirurgião, para que serve a mastectomia; o gestor de estratégias, qual a finalidade do seu plano de metas, e assim por diante. De outro, podemos convocar o testemunho do leitor, que alegará, na medida do apreço absoluto que devote à velha arte dos poetas, "A poesia é imprescindível; sem ela, a vida não faz sentido"; como dirá, também, se sua medida for outra, "Serve para me distrair, de vez em quando"; ou responderá, na razão direta do nulo interesse que lhe dedique, "Poesia é só um passatempo inútil".

Do modo como nos propusemos enfrentá-la, seja formulada abertamente, seja subentendida, a pergunta remete às relações entre poesia e sociedade, ou ao lugar ocupado pela poesia e pelo poeta no mundo dos homens, seus pares. A poesia só nos diz respeito como manifestação cultural, histórica, situada no tempo – ou "em situação", como diz Sartre. Por isso insistimos em perguntar para que serve ela, hoje, na sociedade *real* em que vivemos, independentemente das respostas que outras sociedades possam ter dado à mesma pergunta.

Não nos move, enfim, nem nos comove, nenhuma concepção de poesia como *ideal*, seja na visão do poeta, seja na do leitor fanático, esse para quem a poesia é "eterna", como se aventou num dos excursos anteriores. Move-nos, antes, a constatação de que poesia é um *objeto* oferecido ao interesse e à percepção das pessoas, vale dizer um dado cognoscível, como inúmeros outros, postos à disposição de todos nós, que vivemos a Era

Poesia para quê?

da Informação e da Comunicação sem fronteiras. Formulemos, pois, a pergunta, nos devidos termos: para que serve a poesia no início do século XXI, num país como o nosso, empenhado em safar-se do atraso e do subdesenvolvimento, a fim de inserir-se, com brio, no processo de globalização da economia de mercado?

De acordo com a razão insinuada parágrafos atrás, a pergunta não deve ser feita nem a poetas nem a leitores, já que são todos suspeitos; tampouco, e por motivo semelhante, a pensadores e filósofos, professores de literatura, críticos ou teóricos especializados na matéria. Nem mesmo a teóricos especializados? Insisto em afirmar que não. Sei bem do aparente paradoxo aí contido. Convém, então, esclarecê-lo, já que nosso propósito é encontrar uma resposta convincente *em termos práticos*.

Se quisermos saber para que serve determinada cirurgia de esôfago, consultaremos o cirurgião especialista; se nossas dúvidas disserem respeito à diferença entre "eficiência" e "eficácia", recorreremos não a um bom dicionário, mas ao especialista em *qualidade* ou em *reengenharia*; se o *software* ou o *aplicativo*, que acabamos de instalar em nosso PC ou em nosso *smartphone*, não funcionar ou funcionar mal, contrataremos os serviços de um técnico especializado; se o edifício desabar, um perito será convocado, para emitir o competente laudo técnico, capaz de dirimir dúvidas, apontar causas e responsabilidades; e por aí vai, indefinidamente. Não é essa, a do *conhecimento especializado*, a noção prática que rege todos nós, em todas as esferas? Nos casos mencionados, e nos similares, só o lunático solicitará a ajuda de um curioso ou um palpiteiro. Se assim é, para todas as coisas, por que havia de ser diferente para a poesia? Não seria essa uma "especialidade" como outra qualquer?

251

Com efeito, é esse o raciocínio e é essa a expectativa a que somos induzidos pelas formas mais avançadas da nossa cultura e da nossa civilização, tecnicista e utilitarista, de resto com pleno endosso das correntes estéticas que brotam da vanguarda mais ousada do início do século XX, como o futurismo – que aliás constitui, como pondera Alfredo Bosi,

> um caso extremo de entrega à concepção tecnicista da linguagem poética. Querendo libertar o escritor, o futurista dava-lhe novas fórmulas que acabariam compondo a nova retórica do texto. A estrutura que subjaz à poética da metalinguagem é o mito capitalista e burocrático da produção pela produção, do papel que gera papel, da letra que gera letra, da rapidez (*time is money*), da eficácia pela eficácia... (Bosi, 2000, p.172)

Insisto em afirmar: *o primado da especialidade não se aplica à poesia*. A razão fundamental é que, nos demais casos, formulada a pergunta "Para que serve?", a resposta fornecida pelo cirurgião, pelo administrador, pelo técnico em informática ou pelo perito em desabamentos poderá ser comprovada no âmbito *específico* e objetivo da cirurgia, da "qualidade", do funcionamento do nosso PC e dos escombros do edifício. E com relação à poesia? O poeta ou o leitor aficcionado; o pensador, o filósofo, o professor, o crítico ou o teórico, todos especialistas, oferecerão como resposta, sempre, uma explanação que se abre na direção do *significado* estético, moral, existencial ou outro, que a poesia tem para cada um; ou na direção do *valor* (outra vez: estético, moral, existencial ou outro) que esta represente para a sociedade como um todo ou para a vida humana em geral. Nesse caso, a resposta especializada será, paradoxalmente, *inespecífica*, razão pela qual jamais poderá ser comprovada objetivamente.

Se quisermos saber para que serve a poesia, num país como o Brasil, no século XXI, devemos perguntá-lo a alguém de fora, a um não especialista, que detenha o conhecimento suficiente da *sociedade real* à qual a pergunta se endereça, propiciando-nos desse modo a comprovação da resposta possível. Será essa a única maneira de superar o impasse representado pela inespecificidade dos âmbitos abrangidos pela resposta especializada, examinada no parágrafo anterior. Como estamos interessados no que a poesia representa ou significa *para nós*, homens comuns, e não na miragem do que viria a ser a poesia "em si", não importa que esse não especialista, a quem nos dirigirmos, não tenha, no que se refere à poesia, a familiaridade ou a qualificação que exigimos do cirurgião, do administrador, do técnico em computação ou do perito em edifícios que desabam, cada qual em sua especialidade. Ainda que não ostente esses atributos, o não especialista nos dirá o que a poesia representa ou significa para a sociedade real, desde que ele a conheça e domine. Será uma resposta válida como outra qualquer. Na verdade, tendo em vista o caminho prático adotado neste excurso derradeiro, será a única resposta válida.

Tal caminho não é mera conjectura, não é divagação especulativa. Existem várias respostas que atendem à nossa expectativa. Uma delas (é só um exemplo) é a formulada com meridiana clareza por Cláudio de Moura Castro, que não sei se é professor, doutor ou portador de outro título que o recomende, ou se exerce alguma atividade em órgão público ou na iniciativa privada. Sei que é articulista de um prestigiado semanário de ampla circulação (os créditos o dão como "economista"), e

253

cerca de uma vez por mês nos brinda com vigorosas crônicas sobre a realidade do país e do mundo, nos quais aborda economia, finanças, planejamento e, não raro, educação.

Uma de suas crônicas recentes, em vários aspectos preciosa, "O Brasil lê mal",[1] ao mesmo tempo que se apoia, ou parece apoiar-se, numa ideia segura do "mundo real" em que vivemos, fornece-nos também um juízo claro acerca do poeta e da poesia. Temos aí uma resposta prática não só à pergunta que nos interessa, mas a esta outra, decisiva: "Que país é este?". E é um texto breve, vazado em linguagem simples e clara, o que não é pouco, se nos lembrarmos de que qualquer pergunta, ortodoxamente respondida por especialistas, seja na realidade do país, seja em poesia, resultaria num volumoso tratado, eventualmente inconclusivo e, não raro, ilegível.

Convido então o leitor a acompanhar comigo a análise das passagens mais significativas dessa crônica, que aborda um tema da maior importância: a *leitura*, não a de poesia, tarefa especializada, mas a de textos em geral. Temos aí um diagnóstico realista, isento, sobre o estado atual da capacidade de leitura do brasileiro, questão sobremodo relevante, já que a poesia não chegará sequer a existir se não for lida, e bem lida. Embora a antiga arte dos poetas não faça parte do arrazoado que integra o diagnóstico proposto, a crônica, no seu fecho, nos diz para que serve a poesia, no âmbito da "sociedade real".

O rumo reflexivo, percorrido nos capítulos precedentes, envolveu sempre o risco do excesso de abstração, fazendo pairar sobre nosso propósito a ameaça de que a poesia acabasse por se constituir num mundo à parte da vida real. Tal excesso

---

1 Revista *Veja*, São Paulo, p.20, 6 mar. 2002.

pode ser compensado, agora, por este mergulho na realidade palpável, propiciado pela análise de um texto jornalístico de boa qualidade.

Ler mal, escrever bem?

O título da crônica, "O Brasil lê mal", já nos situa no cerne da questão, mas tomá-lo ao pé da letra não seria justo. Se o país todo lê mal, nós, leitores da revista, não seremos capazes de atinar com o juízo a que estamos sendo expostos, já que o leremos mal. Mas se formos capazes de ler bem, contrariando o alcance da condenação, entenderemos que o título deve ser encarado como linguagem figurada: hipérbole, generalização, jogo retórico. Se o tomássemos ao pé da letra, estaríamos endossando o juízo, e este nos passaria despercebido. A leitura adequada do título-diagnóstico será, então: o Brasil lê mal, sim, mas isso não inclui os leitores da revista, caso contrário estaríamos diante de uma reflexão natimorta, carente de receptores à altura. Algo a recriminar quanto ao jogo retórico? Em absoluto. É o que compete ao espírito e à forma da peça jornalística, mesmo porque é só o título. O texto se incumbirá de colocar as ideias e os juízos no devido lugar. Quando não, caberá ao leitor, se for o caso, descontar os exageros e ficar apenas com a presumível porção razoável das afirmações peremptórias que, a exemplo do título, *porventura* surjam no curso da argumentação.

O texto começa por fazer referência a uma crônica anterior, do mesmo autor, sobre os critérios de avaliação dos nossos cursos superiores. Os juízos então emitidos vieram a receber acerbas críticas de alguns leitores, "um punhadinho de doutos médicos [que] não soube ler o texto". Com base nesse incidente, o autor aventa a hipótese: "Se até na carreira mais elitizada de todas parece haver uma patologia no ato de ler, imagine-se no resto". Tal expediente, no mesmo diapasão do título da crônica que nos interessa, é um tanto bombástico, mas não nos esqueçamos: trata-se de um texto jornalístico, em seu afã de causar impacto, logo na abertura, e preparar o terreno para o tema em pauta, qual seja a qualidade da leitura da nossa gente.

No passo seguinte, um fato real é anunciado:

Para diagnosticar tal enfermidade, o Instituto Nacional de Estudos e Pesquisas Educacionais (Inep/MEC) buscou uma clínica de luxo, o Pisa. Trata-se de um sistema de testes de rendimento escolar organizado sob a bandeira dos países membros da Organização para Cooperação e Desenvolvimento Econômico (OCDE), o clube dos ricos.

Valeria a pena destacar os vocábulos "patologia", "diagnosticar", "enfermidade" e "clínica", utilizados para discorrer sobre... leitura? Seria interferência indireta do "punhadinho de médicos"? E esses testes de rendimento escolar subordinados ao "clube dos ricos"? Bem, continuamos no terreno da retórica e das figurações livres. Não fosse isso, estaríamos só diante do fato real, os testes de rendimento escolar, e não diante de intenso jogo de cena, talvez obscurecedor, mas paradoxalmente revelador dos verdadeiros critérios subjacentes à explanação. Conclusão: não vale a pena chamar a atenção para os destaques, já que isso conduziria a outro tema, a qualidade, já agora, da escrita e não da leitura de nossa gente, caso o peculiar estilo do cronista sirva de referência. Fiquemos então com o tema da leitura e com os testes que partem no encalço da sua avaliação:

Poesia para quê?

Ao contrário dos testes convencionais, não se trata de professores decidindo o que alunos devem saber. Os organizadores foram ao mundo real das sociedades modernas e perguntaram que conhecimentos linguísticos seriam necessários para operar com êxito nas empresas e na vida. Portanto, os testes buscaram a competência em leitura que se usa no mundo real – é o que migra da escola para a prática.

Louvável a agudeza do critério que contrapõe, de um lado, "professores decidindo o que alunos devem saber" e, de outro, "a competência em leitura que se usa no mundo real". Louvável também a firmeza do princípio segundo o qual essa competência "é o que migra da escola para a prática", já que se trata, evidentemente, de via de mão dupla. Louvável, por fim, a franqueza com que a mesma competência é concebida em termos de "conhecimentos linguísticos [...] necessários para operar com êxito nas empresas", embora paire alguma dúvida quanto ao complemento "e na vida". Neste passo fica a dúvida, mas no final a crônica fornecerá uma boa pista para o que viria a ser "operar com êxito... na vida".

Em seguida, a crônica registra o fato de que esses testes se aplicam a jovens de 15 anos de idade, não importando a série em que estejam. Como no nosso sistema de ensino a defasagem idade-série é significativa, lembra o autor, fomos prejudicados. "Analisando apenas os estudantes sem atraso, nossos escores empatam com os da Rússia", afirma ele, para adiante asseverar: "Mas isso tudo é irrelevante. O que interessa saber é por que não aprendemos a ler corretamente". É o que de fato conta. Mas serão tão irrelevantes assim as questões da faixa etária e da defasagem idade-série? Mais uma vez, digamos que não vale a pena destacar esses pontos, por razões semelhantes àquelas assinaladas em relação aos destaques anteriores. Fiquemos só com o que interessa, de acordo com o teste do "clube dos ricos", segundo a crônica. O que o teste revela? "O Pisa mostra que os alunos brasileiros conseguem decifrar o texto e ter uma ideia geral sobre o que ele está dizendo. Daí para a frente, empacam".

Analisemos a passagem, desmembrando-a nas três asserções que nos informam sobre a performance dos alunos brasileiros: [1] *decifram o texto*, [2] *têm uma ideia geral*, [3] depois *empacam*. Quem sabe assim conseguimos atinar com a lógica que subjaz ao arranjo. Se [1] é verdadeiro, [2] e [3] não procedem, isto é, se de fato os alunos conseguem "decifrar" o texto, então não ficam só na "ideia geral" e, portanto, não haveria neste caso nenhum "daí para a frente". Mas está claro que "daí" não se prende a [1], etapa final da leitura competente, que não ocorreu, mas sim a [2]. O desencontro entre as cláusulas decorre do uso heterodoxo da conjunção "e", que articula [1] e [2]. A gramática ensina que é uma conjunção aditiva, mas, na passagem, o conectivo exerce função explicativa. Devemos entender, para fazer justiça à lógica aí subjacente, que [2] não se adiciona a [1], o que seria uma incongruência, pois esta cláusula já contém aquela (não seria possível decifrar o texto sem ter dele, antes ou concomitantemente, uma ideia geral); e devemos entender, também, que a segunda cláusula, ao explicar, esclarece e corrige o sentido (impróprio) da primeira. Ao contrário do que [1] aparenta dizer, [2] e [3] revelam que os alunos na verdade *não conseguem decifrar o texto*. O recorte formal das frases é gramaticalmente correto; a lógica, declarada por meio da conjunção "e" e da locução adverbial "daí para a frente", é que

Poesia para quê?

é falsa. E a causa não provém da lógica, falsa ou verdadeira, mas da carga semântica impropriamente atribuída ao verbo "decifrar". O que os alunos submetidos ao teste conseguem não é "decifrar", mas apenas "fazer uma ideia geral" do texto, razão pela qual, justamente, não chegam a decifrá-lo. Por isso, "daí para a frente, empacam".

Observe-se, aliás, que se não lêssemos bem, o que inclui captar a (boa) intenção do cronista, ainda que prejudicada pela forma hesitante a que recorre, o texto poderia ser acusado de contraditório e incongruente, quando o que há é apenas algum titubeio semântico e lógico-sintático. Questão de forma e não de conteúdo, diria o Conselheiro Acácio. Mas vamos às camadas menos ligeiras do diagnóstico.

Em consonância, talvez, com o fato de os testes serem concebidos e aplicados pelo "clube dos ricos", os alunos brasileiros que a eles se submeteram, informa a crônica, foram escolhidos entre os que frequentam as "nossas escolas de elite". O mau resultado obtido

> não seria uma grande surpresa, diante da realidade das nossas escolas públicas. [...] Mas poderíamos esperar que nossas escolas de elite fizessem uma bela apresentação. Afinal, operam com os melhores professores, os melhores alunos e sem problemas econômicos prementes.

No entanto, "saímo-nos mal, muito mal. A proporção de brasileiros de elite capazes de compreensão perfeita dos textos escritos é muito pequena".

Pois é... Antes de prosseguir, cumpre assinalar que "compreensão *perfeita* dos textos" é só mais uma hipérbole. Tal como acontece com o título, e com outras passagens da crônica, tal adjetivo não deve ser tomado ao pé da letra. Para que o raciocínio em causa seja assimilado na medida justa, será necessário substituir "perfeita" por um qualificativo mais apropriado: aceitável, adequada, ponderada, razoável, satisfatória etc. A não ser que algum despropositado ideal de "perfeição" tenha de fato interferido, insidiosamente, na concepção dos testes e nos critérios de avaliação. Se estes, de fato, esperavam "compreensão *perfeita*", nenhum aluno, brasileiro ou não, poderia sair-se bem.

Seja como for, ficamos sabendo que nossa capacidade de compreensão (sem adjetivos) de textos "é muito pequena, comparada com a taxa de outros países". Não temos a íntegra do resultado, mas a crônica informa que EUA marcaram 13% e Coreia, 6%. Nós ficamos com a lanterna, 1%, abaixo até mesmo do México, o único país "em desenvolvimento", além do Brasil, a participar do certame. E empataríamos com a Rússia, se não tivéssemos sido prejudicados pelo critério da idade. E não pense o leitor que educação, ensino, qualidade de leitura e congêneres estejam sendo tratados como mercadorias na Bolsa de Valores ou como o desempenho de atletas em competições esportivas. Tudo não passa, outra vez, de linguagem figurada.

Com esse recurso, a crônica pretende apenas representar, metaforicamente, a necessidade de adotarmos, para educação, ensino, leitura etc., critérios de avaliação firmes e realistas, objetivos, baseados em espírito prático. Nada de divagações, ensina o autor, nada de especulações teóricas, nada de "filosofias" que não possam ser convertidas em números, quantidades palpáveis. Ótimo! Tal vem a ser, exatamente, o espírito que elegemos para guiar este excurso final. (Perdoe-nos o leitor a delonga, mas, creia, todo esse arrazoado em torno da qualidade da lei-

Poesia para quê?

tura dos nossos jovens acabará por nos conduzir ao propósito maior, que é responder à pergunta "Para que serve a poesia?". Chegaremos lá.)

Em seguida ao anúncio do resultado, a crônica não tergiversa com indagações em torno, por exemplo, de critérios subentendidos ou irrealistas, como o relativo à "perfeição", por exemplo, ou desse outro, a propósito de "operar com êxito nas empresas e na vida", assim como aos possíveis interesses colaterais, que conduziriam a infindáveis controvérsias, digamos, ideológicas. O diagnóstico vai direto à *causa* do malogro: "nossa incapacidade de decifrar um texto escrito não se deve à pobreza, mas a um erro sistêmico", sendo que "pobreza", no caso, é a de ordem material e refere-se ao fato de que os estudantes sabatinados frequentam escolas de elite, mas parece ficar subentendido que a outra pobreza, a de ordem espiritual ou cultural, não tem preço. (A argumentação aparentemente descarta a possibilidade de a ordem espiritual não valer nada.) Qual é, pois, o "erro sistêmico"? Resposta: "estamos ensinando sistematicamente errado". Eis aí, então, *a* causa, única e exclusiva: a escola, os professores, o ensino do vernáculo. O texto não dá mostras de admitir outras explicações, embora forneça, involuntariamente, indícios seguros de que há pelo menos uma segunda causa, extraescolar, tão forte quanto a assinalada. Vale a pena desenvolver esse ponto.

Ao cogitar dos "conhecimentos linguísticos *necessários para operar com êxito nas empresas*", a crônica registra sua firme adesão a uma concepção utilitarista da língua, cujo horizonte é determinado pela ordem econômica vigente, essa ordem ciosa de resultados imediatos. Daí não será de esperar, já se vê, que escolas e professores percam tempo com a língua portuguesa enquanto sistema complexo e ferramenta cultural de largo espectro, vale dizer como fator decisivo na formação humanística do futuro cidadão. À boa ordem econômica só interessa aproveitar, do idioma, o que seja imediatamente utilizável nas empresas, e o fato de tal opção rebaixar o sistema linguístico às suas formas mais rudimentares não parece causar preocupação aos defensores desse argumento. Para que tão portentosa massa lexical? – perguntariam eles. Para que tal fartura de tipos de oração e de período, esdrúxulos e capciosos? Para que todo esse emaranhado de regências e concordâncias? Para que tantos modos e tempos e flexões verbais? Para que, enfim, tantas regras, cada qual acompanhada de infalíveis e numerosas exceções, se na "vida real" não se usa nem 10% disso tudo? E o argumento costuma ser proposto como se o pseudoidioma que daí resultasse, a exemplo do que ocorre com o chamado inglês "instrumental" (ramo de negócios, hoje, tão promissor), pudesse sobreviver ou não ser sequer assimilado sem o conhecimento e o domínio sistemático das formas mais complexas. Estará isso a indicar que o português, em razão de sua notável complexidade, começa a ser tratado, em casa, como língua estrangeira ou segunda língua? Mas voltemos à nossa crônica.

O fraco desempenho dos jovens brasileiros, em matéria de leitura, deve-se, sem dúvida, como assevera o jornalista-economista, às escolas, muitas das quais talvez ensinem mesmo "sistematicamente errado", mas deve-se *também* à pressão geral de toda a sociedade, que estimula esses mesmos jovens a não desperdiçarem energia com luxos e superfluidades como a língua em sua plenitude, o pensamento, os valores do espírito, a cultura... Com essa ressalva não pretendemos, claro está, eximir de culpa escolas e professores, mas chamar a atenção para o

Poesia para quê?

fato de que estes ensinam pior ainda quando se esforçam por atender a essa perversa demanda de um português "instrumental", suficiente apenas "para lidar com êxito nas empresas". A crônica parece ignorá-lo, mas há professores e escolas que, sucumbindo à pressão, enveredam por esse rumo — e aí está outra boa razão para o pífio desempenho de nossos jovens, em matéria de leitura. Mas não nos antecipemos. Mais adiante a crônica nos dirá o que é "ensinar certo".

No mesmo fluxo impetuoso com que a escola é denunciada como causa única da má performance dos jovens leitores, o texto prossegue: "Se assim é, passar a ensinar certo deve trazer incontáveis benefícios para a educação e para a sociedade. E não pode ser tão difícil assim". Alguém duvida que ensinar "certo" traga benefícios? A lógica é impecável e conta ainda com a veemência que radicaliza, para afastar eventuais tibiezas. Caso algum espírito desavisado imagine que "ensinar certo" não é fácil, a crônica toma a dianteira e garante, taxativa: "não pode ser tão difícil assim". De fato, não é. Basta examinar com atenção o *cenário* em que o diagnóstico e a denúncia se inserem, em especial no que diz respeito aos critérios adotados para os testes. Não se inspiram estes no "mundo real das sociedades modernas"? Então não há que hesitar: "ensinar certo" será converter o nosso combalido ensino que vai da 1ª à 9ª série num MBA Júnior ou Mirim, profissionalizante, (ad)ministrado pelas empresas. Com isso, o governo e a sociedade civil pouparão os vultosos recursos atualmente despendidos com educação e as empresas não terão dificuldade em transformar em lucro seus novos encargos.

Platão talvez não ficasse muito feliz com a solução, mas não teria nenhum argumento consistente a contrapor; Huxley teria a certeza de que suas previsões se cumpriram, sem necessidade de manipulação genética; Max Weber eliminaria qualquer possível dúvida quanto a estarmos todos trancados num "cárcere de ferro". E nós teríamos a convicção, plena de orgulho, de que nossos jovens nunca mais dariam vexame, quando instados a competir com seus colegas coreanos ou norte-americanos – todos a "operar com êxito nas empresas", aos 15 anos de idade.

Seria uma revolução, não resta dúvida, como pondera, no seu fecho, a crônica que vamos lendo: "A revolução possível na competência em leitura de nossa gente nos permitiria galgar outro patamar de desenvolvimento". Mas logo voltaremos a isso. Fiquemos por ora com a passagem que esclarece a questão técnica (o diagnóstico não fica apenas nas generalidades), relativa à leitura e seu ensino, com seu "erro sistêmico", e na qual pode estar subentendido o que seria "ensinar certo", sem ironia:

> Parece haver uma estratégia errada no ensino da leitura. Os alunos se contentam com uma compreensão superficial do texto. Satisfeitos, passam a divagar sobre o que pensam, sobre o que o autor poderia estar pensando, sobre o que evoca o texto. Mas isso tudo ocorre, antes de acabarem de processar cognitivamente o texto, de decifrá-lo segundo os códigos rígidos da sintaxe. Dispara a imaginação, trava-se a cognição.

É um argumento justo. Apressadamente satisfeitos com uma primeira leitura, superficial, que lhes permite não "decifrar", mas tão somente apreender uma ideia geral do texto, os alunos põem-se a divagar. Tal procedimento, porém, não é percebido por eles como tal, isto é, os alunos se comprazem

Poesia para quê?

em divagações como se estas equivalessem a uma interpretação legítima. Por esse caminho, claro está, as "interpretações" naturalmente se multiplicam, aleatoriamente, os alunos deduzem que compreender um texto é isso mesmo, divagar, ou seja, dar sua contribuição "pessoal", facultando-se a cada um a liberdade de fazê-lo como bem entender, na medida de seu arbítrio. Tudo se passa como se *essa* multiplicação de caminhos e sentidos fosse inerente ao texto e não mera consequência da abordagem inadequada, permitida pelo excesso de complacência de um ensino estilo vale-tudo, entendido por alguns como "democrático" ou "politicamente correto".

A leitura adequada exigiria uma postura impessoal, neutra, pelo menos até que se perfizesse, como diz a crônica, o "processamento cognitivo" do texto. A partir daí, sim, todos seriam convidados a dar sua contribuição pessoal, sem aspas. Cumprida a exigência da leitura, desse tipo adequado de leitura, o leitor poderia passar de intérprete, em sentido estrito, a colaborador ou coautor. Caso isso ocorra antes, a compreensão ficará prejudicada e a contribuição será inócua.

Entremos no recesso do argumento. A "estratégia errada" a que se refere a crônica tem a ver com despreparo pedagógico e/ou com as distorções do "politicamente correto". O que parece contar aí, na verdade, é a hipervalorização da criatividade e do personalismo, item de amplo interese, pedagógico e cultural. Nossos alunos, não apenas no que diz respeito ao "ensino da leitura", mas ao ensino em geral, são induzidos, pela escola e pela sociedade, a julgar que só serão valorizados como alunos e como pessoas se tiverem ideias próprias, se mostrarem iniciativa, se forem capazes de contribuições originais, se conseguirem distinguir-se da massa anônima, em suma. Assim, confrontado com um texto a ser modestamente lido; solicitado a pôr sua capacidade de percepção ou sua inteligência a serviço do pensamento alheio, o pensamento objetivamente expresso no texto, o aluno é subliminarmente induzido a tomar a tarefa como pretexto para exibir personalidade, originalidade e criatividade, recorrendo então ao expediente fácil da divagação. Aí reside o equívoco. E não se trata, é bom frisar, de desencorajar o aluno imaginativo, mas de dar-lhe a ver que essa é a solução certa para o problema errado. Ler bem, no caso, não requer, antes repele qualquer esforço de originalidade e seus acompanhantes habituais: o jeitinho e a improvisação leviana.

Aí temos, devidamente analisado e esclarecido, o ponto alto do diagnóstico proposto pela crônica. Mas, ainda em termos técnicos, não será possível aceitar que os alunos decifrem o texto "segundo os códigos *rígidos* da sintaxe". Qualquer boa estratégia de ensino da leitura (não há uma só, há várias) dificilmente se coadunaria com "rigidez", a não ser que se pretendesse impor ao aluno essa miragem que é o sentido *unívoco* do texto, em vez de efetivamente ensiná-lo a ler os sentidos possíveis; e "sintaxe" é só um dos níveis ou estratos textuais, de modo que apegar-se a seus "códigos rígidos" (quais seriam, aliás, esses códigos?) não resultaria em decifrar seja o que for. Mas, convenhamos, são detalhes técnicos, miudezas de professor de gramática, que o cronista-economista não tem a obrigação de dominar, embora isso não lhe casse o direito de dar palpites.

O argumento que justifica o juízo "O Brasil lê mal", esse que fala da apreensão de uma ideia de superfície, a que logo sobrevém a falácia da divagação, já havia sido satisfatoriamente exposto, e é um bom argumento, a despeito das impro priedades assinaladas. No entanto, a sedução da retórica faz que o

Poesia para quê?

parágrafo prossiga com uma frase de efeito, "Dispara a imaginação, trava-se a cognição", cuja função seria apenas reforçar, mas que acaba por introduzir dificuldades conceptuais de vulto. Analisemos o ponto (é outro caso de impropriedade semântica) na prática, sem recorrer a teorias ou a argumentos pesadamente técnicos.

Onde se lê "imaginação", entenda-se tão somente "divagação", ou seja, aquele derivativo a que recorre o aluno afoito, ilusoriamente "criativo", antes de atingir a compreensão cabal do texto; e onde se lê "cognição", leia-se "compreensão", ou seja, aquela tarefa impessoal a que o aluno se furta, pois já se satisfaz com uma ideia geral. Repare-se que estamos lidando apenas com o vocabulário constante da crônica, a fim de não distorcer o argumento aí exposto. A frase de efeito, atrás destacada, passaria por aceitável se dissesse: "Dispara a divagação, trava-se a compreensão". Caso o estilo exigisse variar, o primeiro termo seria substituível por "devaneio" ou "fantasia", digamos, e o segundo, por "entendimento" ou "decifração". Com isso, estaria preservada a coerência do argumento, seriamente comprometido pela impropriedade conceptual que trata "imaginação" e "cogniçao" como compartimentos não só estanques, mas excludentes. Difícil imaginar (sem trocadilho) qualquer ato cognitivo que não envolva o seu tanto de imaginação, ou qualquer empenho imaginativo que não abrigue alguma parcela de cognição. A não ser, claro, que empreguemos, com excessiva liberdade e sem nenhum rigor, "imaginação" como sinônimo de "divagação", e "cognição" como equivalente de "compreensão".

Conforme advertimos de início (o exagero estampado no título serviu de aviso), é preciso dar o devido desconto e não tomar ao pé da letra nem o todo do diagnóstico nem as suas partes. Feito o desconto, temos aí uma procedente denúncia e pelo menos um bom argumento, esse da divagação que faz as vezes de interpretação. A crônica poderia muito bem ter dado por concluído, nesse ponto, o seu arrazoado, passando logo para o fecho, que fala da "revolução possível na competência em leitura de nossa gente". Mas, outra vez, quem sabe aliciado pela frase de efeito já analisada, o texto insiste com outra frase de efeito: "Lemos como poetas e não como cientistas". Peço ao leitor que sublinhe esse juízo, precioso, e nele reflita com atenção, pois aí começa a ser respondida nossa pergunta crucial, "Para que serve a poesia?", além de se justificar termos dedicado tanto do nosso tempo à questão da capacidade de leitura dos adolescentes brasileiros.

A hora da poesia

Inútil perguntar o que vem fazer, no contexto da crônica em análise, a figura do poeta, tomado não como espécie de escritor, mas como exemplo de (mau) leitor. Basta observar que temos aí mais um caso de linguagem figurada. Onde está "lemos como poetas", entenda-se: "lemos como indivíduos avoados, distraídos, que se comprazem em divagar e devanear". Isto é, "poeta", para o cronista, não passa de um estereótipo vulgar, que se aplica a muita gente, sem dúvida; aplica-se, decerto, aos jovens que fizeram feio papel no certame internacional recenseado na crônica; aplica-se também a muitos "poetas", ou, melhor, a muitos indivíduos que se iludem julgando que *isso* é poesia. Mas não se aplica a nenhum poeta propriamente dito.

"Lemos como poetas e não como cientistas" traduz só o cliché, a irreflexão do lugar-comum, e é mais uma generalização

Poesia para quê?

despropositada, além de constituir uma leviandade em matéria de argumentação, pois corresponde à pretensão de que clichês e estereótipos sejam portadores de raciocínio. O mais grave, no que se refere à *comprovação* da ideia (é para esse fim, o de comprovar, que o texto lança mão da retórica, do exagero, dos símiles etc.), é que convocar os "poetas", utilizando-os como exemplo de maus leitores, nada acrescenta ao argumento até aí exposto. O mais interessante, porém, ficou para o final. Prometemos que toparíamos aí com uma resposta prática e satisfatória à pergunta "Para que serve a poesia?", e a promessa pode finalmente ser cumprida. Logo adiante do clichê dedicado ao poeta-mau-leitor, vem a seguinte ressalva, esclarecedora:

> Mas antes da hora de ler poesia, após o jantar, há que ler contratos, cartas comerciais, bulas de remédio, instruções de serviço, manuais, análises da sociedade e dos políticos e por aí afora.

Vencida a larga e frutuosa reflexão propiciada pela crônica "O Brasil lê mal", eis-nos de súbito reconduzidos ao nosso ponto de partida. Dissipam-se enfim todas as dúvidas: *a poesia serve como digestivo*. Usa-se depois do jantar, quem sabe (não pelos adolescentes testados pelo "clube dos ricos", mas pela população adulta do país), entre o cigarrinho de palha e a dormideira, ou entre o *puro havana* e o legítimo *cognac*, conforme o *patamar* em que se situe o interessado. Se o poeta, enquanto leitor, é um sujeito avoado, distraído, mente e espírito a divagarem sem rumo, por que razão desenvolveria ele, como poeta, outros dons, outros modos de ver e de ser? Por que razão a poesia, essa que se lê depois do jantar, estaria apta a divisar e a expressar outros mundos, senão esse mesmo, o do deva-

269

neio inconsequente, da fantasia sem propósito e do bocejo? A boa lógica sugere que a incapacidade de intelecção está para o poeta-leitor assim como a ininteligibilidade está para os resultados que ele produza, enquanto poeta-escritor. Logo, não há que perder tempo cogitando da hipótese (absurda) de *ler* poesia. Poesia não se lê: usa-se. Quer dizer, deitam-se os olhos sonolentos a algumas páginas folheadas com languidez, para que a divagação role solta. Se o poeta passa a vida nisso, nós outros, mortais comuns, também temos o direito, vez ou outra, de nos deliciar com o mesmo regalo. Mas só depois do jantar.

E não se deixe o leitor iludir pelo fato (insidioso) de a poesia ser constituída de palavras, as mesmas palavras que empregamos com a árdua responsabilidade dos trabalhos do dia a dia; palavras que formam frases e se articulam em períodos. Bem, nem sempre formam, nem sempre se articulam. Os poetas, às vezes, são uns insubordinados. Mas, como diria Rimbaud, *ça va qu'en même*.

Como ensina a crônica, as palavras utilizadas pelo poeta não dizem nada, não expressam nada – nada, ao menos, que solicite ou comporte entendimento ou decifração. Cognição, já agora, nem pensar. Nada que mereça *leitura*, enfim. (Será que o cronista se refere, com refinada sutileza, à poesia "vocal", que ocupou por um momento nossa atenção, num dos capítulos anteriores?) A crônica assegura, enfim, que a poesia, usada com moderação após o jantar, é a justa recompensa para quem enfrentou uma difícil jornada de trabalho, a "processar cognitivamente" contratos, cartas, bulas, instruções e manuais. Poesia equivale ao torrão de açúcar oferecido à animália que realizou, a contento, o exercício comandado pelo domador. Causaria preocupação o fato de que "análises da sociedade e dos políticos" se

Poesia para quê?

incluam no mesmo espinhoso rol das cartas comerciais e dos contratos, dos manuais, das bulas e das instruções de serviço, a serem decifradas *antes* do jantar?

Preocupante para valer é que o Brasil de fato lê mal, como já se sabe, há tempos, embora a crônica pareça julgar que o diagnóstico emitido com o respaldo de um organismo internacional, de Primeiro Mundo, pesa mais do que a consciência de cada um. A retórica alarmada e alarmante do texto que acabamos de analisar não traz nenhum dado novo, embora tenha o mérito de oferecer *a* solução definitiva para o problema da incompetência de nossa elite juvenil, em matéria de leitura: "ensinar certo". A crônica não se dá conta de que seu "ensinar certo" resultaria em ensinar mais errado ainda? Difícil atinar com o que seja "ensinar certo"? Impossível pô-lo em prática? Nada a recriminar. Platão também, como sabemos, propôs a solução definitiva não só para esse, como para todos os problemas da *República*, e nada foi posto em prática. Ou foi?

Por outro lado, e atendo-nos agora à questão do papel social do poeta, o quadro geral, desenhado em parte de forma voluntária, em parte involuntariamente pela crônica da revista, talvez seja de fato alarmante. Caso a poesia possa servir para alguma coisa, isso só se concretizará caso ela seja lida, e bem lida. *Ergo*, se o país lê mal... A não ser que o pífio desempenho de nossos adolescentes em testes dessa ordem, destinados a qualificá-los ou não para "operarem com êxito nas empresas", não os desqualifique, também e necessariamente, para lidarem com outras espécies de leitura. Não, o quadro talvez não seja tão alarmante assim. Quem sabe, submetidos a testes menos obtusos, nossos jovens, esses mesmos que empataram com a Rússia, ficaram atrás do México e foram surrados por Coreia e EUA, já se saíssem melhor...

De qualquer modo, que sirva de consolo saber que, no "mundo real das sociedades modernas", a poesia cumpre pelo menos com o benemérito papel de induzir as pessoas a sonharem e devanearem. Talvez esteja aí o sentido do que a crônica entende por "operar com êxito na vida". Há que louvar a lógica do argumento: um tanto de trabalho responsável, outro tanto de irresponsabilidade ociosa, regulados pelo relógio, pelo estômago e pela rígida divisão de tarefas, e está assegurado o equilíbrio individual e coletivo da Pólis. Simão Bacamarte, nosso luminoso alienista, não raciocinaria com tanto método e tão extrema lucidez.

A bem da verdade, e em defesa do orate machadiano, o que temos na crônica em questão é um exemplo de esforço argumentativo que se obriga a ter respostas infalíveis para tudo – primarismo inversamente proporcional à genuína busca da verdade ou de alguma verdade possível. À nossa crônica parece bastar o dogmatismo de uma verdade forjada *a priori*. A pressão extrema, decorrente da obrigação de ter respostas infalíveis para tudo, faz que a "força" do argumento, mero jogo retórico, se sobreponha ao raciocínio que, aos poucos, se dilui, substituído pelo arrebatamento emocional – matriz de variadas formas de sectarismo e totalitarismo, como vimos no capítulo dedicado a Pound e Confúcio.

A ironia é que raciocínio impregnado de emoções, mas não substituído por estas, tem a ver justamente com a arte dos poetas, em sentido próprio, não figurado. Como diz Fernando Pessoa, "O que em mim sente 'stá pensando". E sabemos bem que raciocínio impregnado de emoções, ou vice-versa, vem a ser, afinal, a matéria híbrida de que se forma toda poesia genuína, não qualquer poesia, claro está, mas só a que não se compraz

Poesia para quê?

no sentimentalismo epidérmico e no imediatismo da estesia verbal, vale dizer a poesia que contenha uma intensa carga de reflexão. Eliot já nos alertara:

A causa mais comum da insuficiência de nossas teorias e generalizações sobre poesia é que, pretendendo aplicar-se a toda a poesia, elas na verdade constituem teorias ou generalizações sobre uma limitada espécie de poesia [...], razão pela qual não se pode esperar de nenhuma crítica, de nenhuma época, que ela abarque a natureza plena da poesia nem que esgote todos os seus usos. (Eliot, 1950, p.141)

Assim, o uso da poesia como digestivo, essa benfazeja panaceia com que nos deparamos neste capítulo, poderá alternar com outros usos possíveis, como esse, em que vimos insistindo desde o início, da poesia como estímulo à reflexão, desde que aí se abrigue a matéria necessária e desde que o leitor esteja apto a percebê-lo. Então fará sentido contrapor, à resposta oferecida pelo cronista-economista, a sábia reflexão de Alfredo Bosi:

Projetando na consciência do leitor imagens do mundo e do homem muito mais vivas e reais do que as forjadas pelas ideologias, o poema acende o desejo de uma outra existência, mais livre e mais bela. E aproximando-se o sujeito do objeto, e o sujeito de si mesmo, o poema exerce a alta função de suprir o intervalo que isola os seres. (Bosi, 2000, p.227)

Utopia? Se a perseguição de fins não utópicos resulta no que aí temos, esse mundo cujo horizonte supremo é "operar com êxito nas empresas", não há que hesitar: a utopia será, mais do que nunca, necessária. Ao fim e ao cabo, como diria o nunca assaz lembrado Simão Bacamarte, o leitor pode concluir, parafraseando Carlos Drummond de Andrade, que "o poeta é um insubmisso e o mais são nuvens", como pode também, já agora com o conforto da solução prática bem à mão, decidir se vale ou não a pena seguir indagando para que serve a poesia.

A verdadeira vida

O aplicativo dos sonhos

Na sociedade real em que vivemos, e que passamos a conhecer melhor a partir do capítulo anterior, o que seria de nós sem as centenas, os milhares de aplicativos à nossa disposição? A sensação é de que o caos reinaria, absoluto. Antigamente, uma voz sábia nos alertava: *"Don't leave home without it"*, e graças ao alerta descobrimos, maravilhados, como o dinheiro de plástico é imprescindível. Hoje, essa mesma voz diria: "Nem pense em começar o dia sem eles, os aplicativos". E ficaríamos sabendo que já não somos capazes sequer de imaginar como foi possível viver antes disso. Aí estão, para gáudio de todos nós, os aplicativos. A vida para valer, finalmente, começa agora.

Música, cinema? Não perca tempo à procura do que lhe interessa, sempre esbarrando no que não lhe interessa. Baixe o aplicativo adaptado ao seu gosto e, com dois ou três toques na telinha, você só ouvirá ou verá o que de fato vale a pena ser visto ou ouvido. Bateu aquela fome repentina? Não se desespere com a perspectiva de horas perdidas no trânsito, à procura da cantina, do restaurante ou do barzinho que lhe satisfaça o apetite. Com o aplicativo certo, você receberá em casa, em poucos minutos, a comidinha desejada. E por aí vai. Não tem fim, não é mesmo?

E pare de se preocupar com a impressionante variedade de ofertas: existem aplicativos que o ajudam a procurar os aplicativos de que você precisa. O risco, irrelevante, é você se esquecer do que precisa, passando a achar que só precisa de... aplicativos. O que fazer com eles não pode ficar para depois? Sempre haverá uma tarefa ou função às quais o novo aplicativo, como o nome diz, se aplica. Se você ainda não sabe, logo ficará sabendo. O importante é calcular a energia que se poupa, o tempo que se ganha — tempo e energia a serem aproveitados, claro, para baixar mais aplicativos. Não hesite, não seja cético: baixe todos. E dê o devido valor à rara sensação de segurança que advém de estar devidamente preparado (você ainda não tem todos os aplicativos do mundo?) para enfrentar qualquer tarefa que apareça pela frente. O que de fato conta não é *o que* fazer, mas *como* fazer, com a certeza inabalável de que, seja o que for, você será bem-sucedido.

Rimbaud e outros sonharam, um dia, com a "verdadeira vida", sonho irrealizável, excentricidade de poeta. Nós não precisamos sonhar, é só desfrutar da verdadeira vida que os aplicativos, em boa hora, nos oferecem. Se você não acabou de nascer e já conta com alguns anos na bagagem (ter acabado de nascer, aliás, é a condição ideal: "Sinto-me nascido a cada momento para a eterna novidade do mundo", como dizia outro poeta, Alberto Caeiro), talvez se lembre do tempo em que as pessoas se martirizavam, querendo saber quais as suas "reais" (?) necessidades, quais as tarefas ou compromissos que realmente valiam a pena assumir. Coisa de um passado longínquo, a ser esquecido. Hoje, você não tem mais necessidades, no plural, tem uma só: acumular aplicativos.

Desde que ingressamos nesta era de bem-aventurança (confesso que não reparei quando começou, mas tanto faz: hoje sabemos que *sempre* foi assim), eu não tenho a menor dúvida: aí está, finalmente, a vida para valer, a verdadeira vida. O que se espera é que cada um tire daí o melhor proveito, cada qual à sua medida. Sim, é verdade: os aplicativos se multiplicam, seu número cresce a todo instante. Mas a cada um de nós é não só facultado como obrigatório imprimir às suas escolhas sua marca pessoal, exclusiva. Ninguém está aqui para *aplicar* mecanicamente a fórmula mágica que os inimigos da liberdade nos tentarem impingir. Cada caso é um caso, e só graças aos milhares de aplicativos à nossa disposição é que essa antiga verdade pode ser efetivamente confirmada.

Pois é, verdade milenar, que segue contando com o endosso de todos... Não conheci, até hoje, ninguém que a contestasse. E não serei o primeiro. *Cada caso é um caso*, e estamos conversados. Demasiado radical? Então continuemos conversando. Em primeiro lugar, tal verdade não é um ponto de partida, uma perspectiva que se abre a cada vez que nos deparamos com um problema a resolver, não é um viés seguro que nos orienta no encalço da solução específica que cada caso requer. Sabemos que deveria ser assim, mas insistimos em buscar, para cada caso (sempre *único*, não é mesmo?), a solução genérica, já testada e comprovada em casos similares, como se todos os da mesma família ou espécie fossem iguais. "Cada caso é um caso" abre uma perspectiva assustadora, que nos levaria a desistir de saber ou conhecer seja lá o que for. Por isso endossamos sem hesitar a magnífica verdade, no mesmo gesto com que a repelimos, excluindo-a de nossos horizontes.

Apesar de Kant, Spinoza, Nietzsche, Wittgenstein, Walter Benjamin e tantos outros pensadores que conhecemos e admiramos, continuamos a ser empedernidamente cartesianos, ao menos no que se refere ao velho e persuasivo "discurso sobre o método para bem conhecer a razão e buscar a verdade nas ciências". O que nos move e comove é só o método, seguro e infalível. Não somos capazes de dar atenção à realidade dos fatos senão quando a Razão e as Ciências parecem não dar conta da tarefa. Então exclamamos, com um suspiro de desconsolo: "É... Cada caso é um caso".

Saber ou conhecer é um processo dinâmico que nos permite corrigir, a cada tentativa, os erros cometidos nas tentativas precedentes. "Cada caso é um caso" inviabiliza essa possibilidade. É só o pífio resultado a que chegamos depois de tentar a infalível solução genérica, abrangente, e verificar que esta não é suficiente para explicar o que cada caso requer. Algo sempre escapa. A não ser que nos satisfaça lidar com padrões e modelos abstratos, abrindo mão da realidade concreta dos fatos.

E se o caso for poesia?

Pois é, cada caso é um caso... O meu é simples. Dentre as muitas tarefas às quais me dedico, existe uma, uma só, que é para mim absolutamente vital, imprescindível: analisar e interpretar poesia. É o que tenho feito, a vida toda, sempre com renovado prazer, apesar das crescentes dificuldades. E não abro mão. Por quê? Porque, dentre as tarefas que me atraem, lidar com poesia é a única imune à repetição, à rotina. Assim como

Poesia para quê?

cada caso é um caso, cada poema é um poema. Analisar e interpretar um deles não é tarefa que possa ser reduzida a uma fórmula, a uma receita aplicável a qualquer outro. Por essa razão é o que mais aprecio fazer, é o que tenho feito, e continuo a fazer, como se cada vez fosse a primeira. E também como se fosse a última. (Você vê alguma incongruência nisso? Se a resposta for afirmativa, então esse tema – o aplicativo dos sonhos – não é para você.) Se analisar e interpretar poesia pudesse ser convertido em fórmula, nem valeria a pena tentar. Que graça pode ter dedicar-se a esta ou àquela tarefa sabendo de antemão aonde se vai chegar? Nenhuma novidade, nenhum desvio, nenhum imprevisto, nenhuma surpresa? Melhor nem começar.

E um aplicativo para escrever poesia? Você tem curiosidade de saber o que penso a respeito? Sua curiosidade procede, interpretar e escrever são vasos comunicantes, a contaminação é inevitável. Mas neste livro fiz o possível para me concentrar na poesia alheia, não na minha própria. Confesso que não tenho, por ora, nenhum interesse num aplicativo para escrever poemas. Se um dia a ideia me atrair, invento um, para meu uso exclusivo. Será o aplicativo mais egoísta do mundo. Farei o possível para escondê-lo até de mim mesmo. Mas por enquanto não me preocupo com isso. Continuo a fazer o que posso, com caneta e papel, e as palavras que sobram das hecatombes diárias. O que me preocupa no momento, isto sim, é a ideia de uma máquina-aplicativo não para escrever, mas para interpretar poesia. Cumprido o breve desvio, retomemos a ideia.

Pouco atrás, fiz referência a alguma "receita ou fórmula *aplicável* a qualquer poema"... Pois é, essa hipótese áurea não me sai da cabeça: *um aplicativo para analisar e interpretar poesia.* Para mim, é o aplicativo dos sonhos, dos *meus* sonhos. A primeira vantagem

279

seria desobrigar os poetas, quase sempre constrangidos, de fazerem acompanhar seus poemas da competente declaração de intenções: neste passo, o que eu quis dizer foi *isso*; já ali o que tencionei revelar foi *aquilo*, e a palração não tem fim. Ninguém jamais atinará com o que o poeta *quis dizer*, e ele próprio dificilmente saberá o que realmente *disse*. Só um bom aplicativo seria capaz de demonstrar que declarar ou adivinhar intenções não é analisar nem interpretar, e que, se o caso for "ler poesia", especular sobre as intenções é um mau começo. A segunda seria provar que ler um poema não se limita a passar os olhos pelas palavras que o constituem, e, com alguma reverência, concluir: gostei. Ou não gostei. Gostar é só um ponto de partida, aliás imprescindível, mas é necessário que isso se dê *antes de ler*. Ler é o que deve ou pode acontecer depois, e consiste em verificar o que foi realmente dito e não que intenções levaram o poeta a escrever. A terceira e última vantagem, a mais valiosa, é que tal aplicativo proporia não a minha nem a sua interpretação, sempre tendenciosas, unilaterais, mas uma interpretação plural, impessoal, objetiva e isenta, justa.

De quebra, ficaríamos livres também da ideia (?) segundo a qual um poema terá tantas interpretações quantos forem os leitores que dele se acercarem – outra "verdade" inquestionável, endossada até por especialistas. Se fosse assim, por que precisaríamos do poema? Ficaríamos só com a infinita variedade de leitores possíveis, cada qual com seu legítimo direito de enxergar o que bem entender, de fantasiar e devanear no rumo que preferir, aleatoriamente. Por que simular que estamos tentando analisar e interpretar *este* poema? É claro que cada poema admite mais de uma interpretação, mas não na medida da infinita variedade de leitores que eventualmente dele se aproximem, e sim no limite estrito da complexidade e das ambiguidades formuladas pelo próprio poema. Não se trata, pois, de contrapor a interpretação plausível, porém unilateral, de determinado leitor, a outra interpretação, igualmente plausível e também unilateral, de um segundo leitor, e assim por diante. Se o poema de fato comporta mais de um entendimento, daí decorre que a interpretação mais adequada – aplicativo dos sonhos – será não esta ou aquela, mas a que for capaz de dar atenção a todas elas, ainda que eventualmente "contraditórias" ou "excludentes".

Ler poesia é tarefa que exige reflexão apurada, sentir e pensar no mesmo ato, foco, atenção, concentração, conhecimento de causa, senso de objetividade, capacidade de discernir, deduzir, armar raciocínios, desenvolver argumentos plausíveis e, sobretudo, aceitar que algo pode ser isto *e* aquilo ao mesmo tempo, sem que sejamos obrigados a optar por *isto* em detrimento *daquilo*, ou vice-versa. Se você achar que esses atributos valem para qualquer tarefa, menos para "ler poesia"; se você achar que ler um poema nem tarefa é, não passando de inócuo passatempo, estritamente pessoal, subjetivo, intransferível, que não pode ser traduzido em palavras; então, repito: meu aplicativo dos sonhos não é o aplicativo dos seus sonhos.

Já sabemos: cada caso é um caso. O seu, evidentemente, é outro. Qual é, então, o seu caso? Qual é o seu aplicativo dos sonhos? Entendo perfeitamente: você não tem tempo a perder com isso. Todo o seu tempo há de ser consumido na tarefa de colecionar aplicativos, todos os aplicativos do mundo, não é verdade? Então, seja coerente (afinal, nunca se sabe): inclua no seu repertório um aplicativo para analisar e interpretar poemas. De repente aparece um por aí. Um aplicativo? Sim. Ou, quem sabe, um poema.

Mas será só o aplicativo dos sonhos, algo que não pode ser convertido em realidade. Não porque não haja no mundo inteligência suficiente para se servir da lógica binária, dos algoritmos e dos protocolos, para criar a tão desejada (por mim, claro) ferramenta. Hal, o protagonista de 2001: *uma odisseia no espaço*, não teria analisado à perfeição o poema que quisesse, se isso estivesse nos seus planos? Não seria fácil, reconheço, mas nada impossível. O sonhado aplicativo, no entanto, jamais poderia ser baixado para nenhum *tablet* ou *smartphone*, pela simples razão de que não é economicamente viável. A pergunta que determina a criação de aplicativos não é "para que serve?", e sim "quanto custa?" e, mais ainda, "quanto vale?". Um aplicativo para analisar e interpretar poesia custaria muito caro. E não valeria nada.

Você não acredita? Continua cético? Então (ficção por ficção, esta seria só mais uma), ofereça na sua rede social um fantástico aplicativo para analisar e interpretar poemas, cobre a bagatela de R$ 0,10 (isso mesmo, dez centavos — de real, não de euro ou dólar) pelo uso ilimitado da licença, e prepare-se para o resultado. Quem se interessaria pela esplêndida maravilha? Qual seria a demanda? Por isso, nenhuma plataforma se arriscaria a investir os vultosos recursos necessários à consecução de tão preciosa engenhoca. De qualquer modo, continuemos sonhando. Analisar e interpretar poesia? Por ora, só à moda antiga, à margem do admirável mundo novo dos aplicativos.

A poesia como deve ser

O longo caminho que percorremos, de Confúcio e Platão aos nossos dias, põe em destaque não só a surpreendente sobrevida da poesia, como sua radical ambiguidade. A poesia tem

Poesia para quê?

sido amada e reconhecida, desde a origem, como a essência de todas as artes, a substância imprescindível que alimenta, na verdade, todas as manifestações do espírito humano. Mas é também a mais modesta, a mais apagada dessas manifestações: sua repercussão é inversamente proporcional à importância que nossa cultura lhe atribui. Por isso, desde sempre, a velha arte dos aedos só não passa despercebida quando ganha o apoio da música, da dança, do teatro. E aí temos, no palco, nos salões, nas telas iluminadas ou na praça pública onde nossos espetáculos se desenrolam, o músico, o cantor, o bailarino, o ator, o guerreiro e até o atleta, todos a reverenciarem a poesia que os anima, sem a qual não chegariam perto de realizar nenhuma das suas aclamadas performances. É só então que as palavras do poeta chegam a brilhar por um instante, no bojo da euforia desencadeada pelas outras artes, e em seguida desaparecem, tragadas pela insaciável avidez de mais comoção gregária, sempre renovada. Durante o espetáculo (sentidos exaltados, espírito em transe), quem de fato repara na poesia ali presente? Terminado o espetáculo, quem se lembra?

Assim tem sido há séculos, e o ambíguo modo de ser da poesia (ao mesmo tempo cerne de todas as artes e a mais irrelevante das manifestações artísticas) não impediu que o poeta prosseguisse em sua caminhada. Assim foi, até que o mal disfarçado orgulho dos grandes românticos, como Hölderlin, Goethe, Novalis e outros, se insurgisse contra o descaso votado à arte suprema, rainha de todas as artes: *a poesia é o autêntico real absoluto, quanto mais poético, mais verdadeiro; só poeticamente é possível viver.* Quem reparou? Quem lhes deu ouvidos?

Bem, um punhado de poetas, como Baudelaire, Rimbaud, Lautréamont... E isso foi tudo. O espetáculo prosseguiu, cada vez mais ávido de avanço e progresso, indiferente à jactância dos bardos oitocentistas. Foi preciso aguardar um largo tempo até que poetas como Georges Brassens, Violeta Parra, Bob Dylan, e logo em seguida os nossos Vinicius de Moraes, Chico Buarque, Caetano Veloso e outros, como vimos, restabelecessem o consórcio com a música e devolvessem a poesia aos palcos e à praça pública. Avanço, progresso? Sem dúvida! Mas, ao mesmo tempo, retorno às origens. Alheio ao velho-novo apelo, o espetáculo prosseguiu em seu ritmo cada vez mais acelerado, vindo a culminar na entronização do efêmero, marca iludível deste nosso tempo esvaziado de valores verdadeiramente humanos.

Os poetas antigos se alimentavam da expectativa de uns poucos momentos de glória, e da convicção cada vez mais esgarçada de que eram amados e reconhecidos. Qual é a expectativa dos poetas de hoje, que já não se iludem com nenhuma espécie de convicção? No reino do efêmero, governado pelos estrategistas de marketing e seus aplicativos (assim como a República platônica era governada pelos filósofos), parece não haver lugar para a poesia, ao menos não para a poesia consagrada pela tradição secular, esta que exige leitura atenta, concentração, sutileza e rigor, e um largo tempo de maturação. Hoje não há lugar para manifestações que não possam ser percebidas e usufruídas no ato, em poucos segundos. Onde já se viu parar para analisar e refletir? Poesia, essa poesia, não passa de insidioso convite ao mergulho em si mesma, desculpa de egoístas, incapazes de viver a verdadeira vida, espaço comum, partilhado por todos. No reino do efêmero não há lugar para a autocontemplação.

Boa razão, já se vê, para que alguns poetas insistam em lutar pelo cobiçado aplauso e façam todas as concessões possíveis

Poesia para quê?

para obter a sua cota de brilho e repercussão. Parecem acreditar que essa é a única maneira de garantir a sobrevivência da poesia — ou ao menos assegurar o lugarzinho inglório de cada um no magno espetáculo. Descolado e jactancioso, o neopoeta não sabe, mas desconfia de que será imediatamente esquecido, e não conseguirá outra coisa senão transformar seu desejo de poesia em mera sucata largada na vertigem do tempo infinito que pulsa no dia a dia.

E nada disso é privilégio exclusivo dos tempos atuais. Lançar mão de truques e artimanhas, para tirar proveito e se dar bem, sempre foi o expediente preferido dos oportunistas, carentes de escrúpulo e de autoconfiança. A diferença é quase imperceptível: o que antes era só "vício", praticado às escondidas, hoje tende a passar por "virtude", abertamente alardeada. Não é o que "todos" fazem? Não é a única maneira de o indivíduo fazer valer seus "direitos"? Se não aderir, você será irremediavelmente tachado de tolo e posto à margem da História. Prêmios, regalias, recompensas... não é o que todos esperam? Que razões haveria para hesitar?

Na trincheira oposta, alojam-se os puristas, os adeptos ortodoxos da poesia "como deve ser". Estes, com base nos mesmos argumentos, voltam as costas para a sociedade do espetáculo; repudiam as redes sociais, os aplicativos e a deplorável avidez com que nos empenhamos freneticamente em consumir e descartar; e propõem a solução contrária: a poesia "preservada", universo à parte, indiferente à degradação que rege este mundo embrutecido, esvaziado de humano, que o progresso e a alta tecnologia nos impuseram, com nosso pleno assentimento.

E aí temos, desenhado com tintas fortes, o quadro que nenhum Maniqueu rejeitaria: o Bem e o Mal, inconciliáveis, a lutar bravamente pela definitiva destruição do Outro. Ou, antes, fingindo reinar absoluto, para provar que o Outro sequer existe. A poesia "como deve ser", cerrada em sua indevassável pureza? Ou a neopoesia descartável, autoproclamada rainha do império do efêmero? Qual das duas é o Bem, qual delas é o Mal? Pergunta retórica, já se vê. Tanto faz, não é mesmo? Depende da trincheira em que você escolha abrigar seu exército. Ou seus sonhos.

A defesa intransigente da tradição é tão deplorável quanto a apologia irrefletida do avanço e do progresso. Hoje, nada distingue o Bem do Mal. Iguala-os e confunde-os a intolerância exacerbada, o descompromisso com toda e qualquer verdade possível. Se de ambos os lados a radicalização é a mesma; se os mesmos argumentos circulam, soberanos, de parte a parte, com sinal trocado; se o mundo real em que vivemos é um só, este que aí está; se nenhum dos lados é capaz de criar outro mundo, ainda e sobretudo quando apelam para a Transcendência ou para o Ideal; daí se conclui que Poesia e Utopia estão longe de ter esgotado o secular diálogo que vêm travando, e ainda podem, quem sabe, nos ensinar a lição suprema: conviver com as diferenças.

A vida real é decepcionante? *"Les événements m'ennuyent"*, como se queixou Valéry? O que fazer, então, com os acontecimentos que entediam? Ignorá-los? Varrê-los para baixo do tapete das metáforas? O tédio está aí fora ou só quem se entedia é este ou aquele poeta? A poesia ensina: é preciso encarar a ambiguidade como um aliado e lutar para que os acontecimentos se libertem das amarras do Poema, cumpram sua trajetória e retornem à casa própria, o coração da realidade comum a todos nós, quem sabe revigorada. A Utopia que há séculos nos instiga não almeja mais do que isso.

Poesia para quê?

Utopia? Não foi daí que partimos? Platão, a *República*, a vida como deve ser, a expulsão do poeta... Vencido o largo percurso, é chegado o momento de repensar o que chegamos a saber.

O que nos move a todos, poetas e não poetas, é a certeza de que um dia, *in illo tempore* (tempo remoto, do qual não temos registro, só podemos conjecturar), a poesia era perfeitamente integrada na sociedade. Não sabemos como teria sido, mas Platão garante: poesia integrada na sociedade houve, sim, de algum modo continua a haver, mas representa um perigo inominável. Por isso é preciso bani-la, caso contrário estará comprometido o bom propósito universal da Cidade Perfeita, idealizada na *República*. Desde então, os bem-pensantes, os homens práticos e realistas regozijam-se com o banimento da poesia e do poeta, aos quais votam sua indiferença, quando não seu arrogante desprezo.

Os poetas, em contrapartida, sonham desde sempre com a restauração desse tempo mítico e lutam com todas as suas forças para que a poesia volte a fazer parte integrante da sociedade, como foi (ou teria sido?) na origem. Será essa a "verdadeira vida", como diz Rimbaud. Boa razão para que Lautréamont chegasse a sonhar: *a poesia será feita por todos*. Vale dizer que a poesia tem sido, há séculos, privilégio de uma minoria de iluminados, os poetas, que em ocasiões especiais produzem os seus poemas, para regozijo de alguns e desprezo da maioria. Mas são ocasiões especiais, momentos raros e fugazes. Antes e depois, é tudo a desumanizada mesmice de sempre. No entanto, não é assim que *deve* ser. O que deve ser é: *a poesia feita por todos*. Quer dizer, então, que *todos* um dia seremos poetas o tempo todo, não apenas alguns de nós, nos raros momentos de exceção, como vem sendo há séculos? Então não há escapatória: nesse dia, a poesia deixará de existir ou passará despercebida, não atrairá mais a atenção (ou o desprezo) de ninguém. Poesia não será mais artefato verbal (*wordswordswords*, palavras-armas, como diz José Paulo Paes) e se converterá em ato, modo de ser e não de dizer, a fim de impregnar substancialmente todas as nossas atividades cotidianas, tornadas então... poéticas, em si, e não graças às traquinagens de um ou outro poeta.

A lúcida loucura de Lautréamont não deve induzir ninguém a imaginar que, a partir do dia em que todos formos poetas, esqueceremos os afazeres cotidianos e passaremos a vida a declamar os nossos poemas. Só ficaremos sabendo que poesia não é isso. Poesia, como a conhecemos, na verdade não *é*, apenas *está sendo*. O Ser da poesia é Devir, destinado a deixar de ser o que é, para se transformar em outra coisa. Quem sabe (a esperança, ensina Vinicius de Moraes, não custa nada, e é sempre melhor ter do que não ter) essa Outra Coisa um dia se transmude na vida como deve ser.

Referências bibliográficas

ABRAMS, M. H. *The Mirror and the Lamp*: Romantic Theory and the Critical Tradition. Nova York: Oxford University Press, 1973. [Ed. bras.: *O espelho e a lâmpada*. São Paulo: Editora Unesp, 2010.]

ALVES, Castro. O navio negreiro. In: *Espumas flutuantes e outros poemas*. Org. Lília Silvestre Chaves. São Paulo: Ática, 2005.

ANDRADE, Carlos Drummond de. A máquina do mundo/Claro enigma. In: *Poemas*. Rio de Janeiro: José Olympio, 1959.

_____. *Obra completa*. Rio de Janeiro: José Aguilar, 1967.

ANDRADE, Mário de. *Poesias completas*. 4.ed. São Paulo: Martins, 1974.

APOLLONIO, Umbro (ed.). *Futurist Manifestos*. Nova York: The Viking Press, 1973.

AUDEN, W. H. The Poet and the City. In: SCULLY, James (org.). *Modern Poetics*. Nova York: McGraw-Hill, 1965.

_____. *The Dyer's Hand and Other Essays*. Nova York: Vintage International, 1989.

BANDEIRA, Manuel. *Itinerário de Pasárgada*. Rio de Janeiro: Livraria São José, 1957.

_____. *Poesia e prosa*. Rio de Janeiro: José Aguilar, 1958. v.1.

BARROSO, Ivo. Entrevista concedida a Range Rede. *Revista de Literatura*, Rio de Janeiro, ano I, n.1, 1995.

BAUDELAIRE, Charles. Le spleen de Paris: petits poèmes en prose. In: *Oeuvres completes*. Paris: Gallimard, 1996. [Ed. bras.: *O esplim de Paris*: pequenos poemas em prosa. Trad. Oleg Almeida. São Paulo: Martin Claret, 2010.]

BÉGUIN, Albert. *L'âme romantique et le rêve*: essai sur le romantisme allemand et la poésie française. Paris: José Corti, 1946.

BENJAMIN, Walter. The Work of Art in the Age of Mechanical Reproduction. In: *Illuminations*. Ed. e intr. Hannah Arendt. Nova York: Schocken Books, 1977.

BERMAN, Marshall. *Tudo que é sólido desmancha no ar*: a aventura da modernidade. São Paulo: Companhia das Letras, 1986.

BERNARD, Suzanne. *Le poème em prose, de Baudelaire à nos jours*. Paris: Niget, 1959.

BILAC, Olavo; PASSOS, Guimaraens. *Tratado de versificação*. 9.ed. Rio de Janeiro: Francisco Alves, 1949.

BODKIN, Maud. *Archetipal Patterns in Poetry*: Psychological Studies in Imagination. Londres: Oxford University Press, 1965.

BORN, A. van den (org.). *Dicionário enciclopédico da Bíblia*. Petrópolis: Vozes, 2004.

BORNHEIM, Gerd A. (org.). *Os filósofos pré-socráticos*. São Paulo: Cultrix, 1967.

BOSI, Alfredo. *O ser e o tempo da poesia*. 6.ed. São Paulo: Companhia das Letras, 2000.

BRADBURY, Malcolm; MCFARLANE, James (eds.). *Modernism*: 1890-1930. Londres: Pelican Books, 1981.

BROOKS, Cleanth. *Modern Poetry & the Tradition*. Chapel Hill: The University of North Carolina Press, 1967.

CAMÕES, Luís de. *Os Lusíadas*. Ed. e org. Emanuel P. Ramos. Porto: Porto Editora, [s.d.].

_____. *Os Lusíadas*. Ed. comentada por Otoniel Mota. São Paulo: Melhoramentos, 1944.

CAMPOS, Augusto de; PIGNATARI, Décio; CAMPOS, Haroldo de. *Teoria da poesia concreta*. São Paulo: Edições Invenção, 1965.

CAMPOS, Geir. *Pequeno dicionário de arte poética*. Rio de Janeiro: Conquista, 1960.

COLLINGWOOD, R. G. *A ideia de história*. Lisboa: Editorial Presença, [s.d.].

CONFÚCIO. *The Great Digest, The Unwobbling Pivot, The Analects*. Trad. e coment. Ezra Pound. Nova York: New Directions, 1951. [Ed. bras.: *Os analectos*. Trad. e org. Giorgio Sinedino. São Paulo: Editora Unesp, 2012.]

COSTA, Sosígenes. *Obra poética*. Rio de Janeiro: Leitura, 1959.

CRUZ E SOUSA. Evocações. In: *Obra completa*. Ed. do centenário. Org. Andrade Muricy. Rio de Janeiro: José Aguilar, 1961. p.468-664.

DURÃO, Frei José de Santa Rita. *Caramuru*. São Paulo: Edições Cultura, 1945.

ELIOT, T.S. Tradition and the Individual Talent. In: *Points of View*. Londres: Faber & Faber, 1941.

_____. *The Use of Poetry and the Use of Criticism*. Londres: Faber & Faber, 1950.

_____. Reflections on vers libre. In: *To Criticize the Critic*. Londres: Faber & Faber, 1978.

FEDER, Lilian. *Ancient Myth in Modern Poetry*. Nova Jersey: Princeton University Press, 1977.

FERRY, Luc. *Homo aestheticus*: a invenção do gosto na era democrática. Sao Paulo: Ensaio, 1994.

FRIEDRICH, Hugo. *La estructura de la lírica moderna*. Barcelona: Seix Barral, 1974.

FUSSELL, Paul. Meter. In: *The Princeton Encyclopedia of Poetry and Poetics*. Org. Alex Preminger. Princeton: Princeton University Press, 1974.

GOMES, Álvaro Cardoso (org.). *A estética simbolista*. São Paulo: Cultrix, 1985.

GRIECO, Agripino. *Evolução da poesia brasileira*. Rio de Janeiro: Ariel, 1932.

GULLAR, Ferreira. *A luta corporal*. Rio de Janeiro: Civilização Brasileira, 1975.

GULLAR, Ferreira. *Poema sujo*. Rio de Janeiro: Civilização Brasileira, 1976.

HEGEL, G. W. F. *Estética*: poesia. Lisboa: Guimarães, 1964.

HEIDEGGER, Martin. *El ser y el tiempo*. 2.ed. Cidade do México/Buenos Aires: Fondo de Cultura Económica, 1962. [Ed. bras.: *Ser e tempo*. Trad. e org. Fausto Castilho. Editora da Unicamp/Vozes: Campinas/Petrópolis, 2012.]

HOMERO. *Ilíada*. Trad. Otávio Mendes Cajado. São Paulo: Difusão Europeia do Livro, 1961.

HORÁCIO. *Arte poética*. Ed. bilíngue. Lisboa: Livraria Clássica Editora, [s.d.].

HUXLEY, Aldous. *Admirável mundo novo*. São Paulo: Abril, 1980.

JAEGER, Werner. *Paideia*: a formação do homem grego. Lisboa: Aster/Herder, [s.d.].

KAHLER, Erich. *The Disintegration of Form in the Arts*. Nova York: George Braziller, 1968.

KENNER, Hugh. *The Pound Era*. Berkeley: University of California Press, 1973.

LENCASTRE, Maria José de. *Fernando Pessoa*: uma fotobiografia. 3.ed. Lisboa: Imprensa Nacional/Casa da Moeda, 1984.

LESSING. *Laocoonte*: o sobre los limites de la pintura y la poesía. Buenos Aires: El Ateneo, 1946.

LIMA, Luiz Costa (org.). *A literatura e o leitor*: textos de estética da recepção. Rio de Janeiro: Paz e Terra, 1979.

LIPOVETSKY, Gilles. *O império do efêmero*: a moda e seu destino nas sociedades modernas. São Paulo: Companhia das Letras, 1989.

MATTOSO, Glauco. *Raymundo Curupyra*: o Caypora. São Paulo: Tordesilhas, 2012.

MEIRELES, Cecília. Vaga música. In: *Obra poética*. 2.ed. Rio de Janeiro: Aguilar, 1967.

MICHAUD, Guy. *Message poétique du symbolisme*. Paris: Nizet, 1969.

MICHAUD, Yves. *L'art à l'état gazeaux*: essai sur le triomphe de l'esthétique. Paris: Hachette, 2003.

MOISÉS, Carlos Felipe. *O poema e as máscaras*: introdução à poesia de Fernando Pessoa. 2.ed. Florianópolis: Letras Contemporâneas, 1999.

_____. Vida experimental. In: *O desconcerto do mundo*: do renascimento ao surrealismo. São Paulo: Escrituras, 2001.

_____. Réquiem para o ex-poeta. In: *Frente & verso*: sobre poesia e poética. Rio de Janeiro: Confraria do Vento, 2014.

MONLOUBOU, L.; DU BUIT, F. M. *Dicionário bíblico universal*. Petrópolis: Vozes, 2003.

MUMFORD, Lewis. *Art and Technics*. Nova York: Columbia University Press, 1952.

NAGEL, Thomas. *A última palavra*. São Paulo: Editora Unesp, 2001.

NOSEK, Leopold. Destruição da cultura, destruição de significados e representações. *Ciência e Cultura*, São Paulo, v.56, n.4, out./dez. 2004.

NUNES, Benedito. *O dorso do tigre*. São Paulo: Perspectiva, 1969.

ONIMUS, Jean. *La connaissance poétique*: introduction à la lecture des poètes modernes. Paris: Desclée de Brower, 1966.

PAES, José Paulo. *Resíduo*. São Paulo: Cultrix, 1980.

_____. A poesia no purgatório. In: *Gregos e baianos*. São Paulo: Brasiliense, 1985.

PAVESE, Cesare. *El oficio de poeta*. Buenos Aires: Nueva Visión, 1957.

PAWELS, Louis; BERGIER, Jacques. *Le matin des magiciens*. Paris: Gallimard, 1960.

PESSOA, Fernando. *Poemas de Alberto Caeiro*. 3.ed. Lisboa: Ática, 1958.

_____. *Mensagem*. Org. David Mourão Ferreira. 9.ed. Lisboa: Ática, 1959.

_____. *Páginas íntimas e de autointerpretação*. Texto estabelecido e prefaciado por Jacinto do Prado Coelho e Georg Rudolf Lind. Lisboa: Ática, 1966.

_____. *Livro do desassossego*. Campinas: Editora da Unicamp, 1974. v.II.

_____. *Poemas de Álvaro de Campos*. Org. Cleonice Berardinelli. Lisboa: Imprensa Nacional/Casa da Moeda, 1992.

PESSOA, Fernando. *A língua portuguesa*. Org. Luísa Medeiros. Lisboa: Assírio & Alvim, 1997.

PLATÃO. *República*. Buenos Aires: Editorial Universitaria de Buenos Aires, 1963. [Ed. bras.: *A República de Platão*. Trad. e org. J. Guinsburg. São Paulo: Perspectiva, 2006.]

_____. *Íon*. Intr., trad. e notas Victor Jabouille. Lisboa: Editorial Inquérito, 1988.

POE, Edgar Allan. Análise racional do verso. In: *Poemas e ensaios*. 4.ed. São Paulo: Globo, 2009.

POUND, Ezra. *The Cantos*. Nova York: New Directions, 1971. [Ed. bras.: *Os cantos*. Trad. e intr. José Lino Grünewald. Apres. Gerald Thomas. Rio de Janeiro: Nova Fronteira, 2015.]

PROENÇA, M. Cavalcanti. *Ritmo e poesia*. Rio de Janeiro: Organizações Simões, 1955.

RAYMOND, Marcel. *De Baudelaire au surréalisme*. Paris: José Corti, 1966. [Ed. bras.: *De Baudelaire ao surrealismo*. Trad. Fúlvia M. L. Moretto e Guacira Marcondes Machado. São Paulo: Edusp, 1997.]

RICHARDS, I. A. *Poetries and Sciences*. Nova York: W. W. Norton, 1970.

SÁ-CARNEIRO, Mário de. *Poesias*. Lisboa: Ática, 1953.

SANT'ANNA, Affonso Romano de. *Que país é este?* Rio de Janeiro: Civilização Brasileira, 1980a.

_____. *Música popular e moderna poesia brasileira*. Petrópolis: Vozes, 1980b.

SARAIVA, F. R. dos Santos. *Novíssimo diccionario latino-portuguez*. Rio de Janeiro: Garnier, 1924.

SARTRE, Jean-Paul. *Que é a literatura?* São Paulo: Ática, 1989.

SERVIEN, Pius. *Science et poésie*. Paris: Flammarion, 1947.

SHATTUCK, Roger. *The Innocent Eye*: on Modern Literature and the Arts. Nova York: Simon & Schuster, 1984.

SMITH, Barbara Herrnstein. *Crença e resistência*: a dinâmica da controvérsia intelectual contemporânea. Trad. Maria Elisa Marchili Sayeg. São Paulo: Editora Unesp, 2002.

SPINA, Segismundo. *A lírica trovadoresca*. 4.ed. São Paulo: Edusp, 1996.

SPINA, Segismundo. *Na madrugada das formas poéticas*. 2.ed. São Paulo: Ateliê, 2002.

STEVENS, Wallace. The Noble Rider and the Sound of Words. In: SCULLY, James (org.). *Modern Poetics*. Nova York: McGraw-Hill, 1965.

STOCKMAN, Katia. *La poésie à l'ère de la diffusion électronique*. Montreal, 1996. Tese (Doutorado em Literatura) – Faculté des Arts et des Sciences, Departement de Littérature Comparée, Université de Montréal. Disponível em: <www.pum.umontreal.ca/theses/pilote/stockman/these.html>. Acesso em: 2 nov. 2005.

THOMAS, Dylan. Notes on the Art of Poetry. In: SCULLY, James (org.). *Modern Poetics*. Nova York: McGraw-Hill, 1965.

TOMPKINS, Jane P. (ed.). *Reader-Response Criticism*: from Formalism to Poststructuralism. Baltimore: The Johns Hopkins University Press, 1981.

VIEIRA, Yara F.; MONGELLI, Lênia M. (orgs.). *Pintura e poesia*: Fernando Pessoa por Alfredo Margarido. Campinas/São Paulo: Editora da Unicamp/Edusp, 2015.

VIRGÍLIO. *Geórgicas-Eneida*. Trad. M. Odorico Mendes. Rio de Janeiro: W. M. Jackson, 1949.

WEIDLÉ, Wladimir. *Les abeilles d'Aristée*: essai sur le destin actuel des lettres et des arts. Paris: Gallimard, 1954.

WILLIAMS, William Carlos. Free Verse. In: *The Princeton Encyclopedia of Poetry and Poetics*. Org. Alex Preminger. Princeton: Princeton University Press, 1974.

WISNIK, José Miguel. *Sem receita*. São Paulo: Publifolha, 2005.

WITTGENSTEIN, Ludwig. *Tractatus logico-philosophicus*. São Paulo: Editora Nacional/USP, 1968.

ZUMTHOR, Paul. *Introduction à la poésie orale*. Paris: Seuil, 1983. [Ed. bras.: *Introdução à poesia oral*. Trad. Jerusa Pires Ferreira, Maria Inês de Almeida e Maria Lúcia Diniz Pochat. Belo Horizonte: Editora UFMG, 2010.]

_____. *La poésie et la voix dans la civilisation médiévale*. Paris: PUF, 1984.

_____. *Escritura e nomadismo*. São Paulo: Ateliê, 2005.

SOBRE O LIVRO

Formato: 14 x 21 cm
Mancha: 23 x 44 paicas
Tipologia: Venetian 301 12,5/16
Papel: Off-white 80 g/m² (miolo)
Cartão Supremo 250 g/m² (capa)
1ª edição Editora Unesp: 2019

EQUIPE DE REALIZAÇÃO

Edição de texto
Jorge Pereira Filho (Copidesque)
Fábio Fujita (Revisão)

Capa
Negrito Editorial

Imagem da capa
Vintage typewriter © jakkapan21/istockphoto

Editoração eletrônica
Eduardo Seiji Seki

Assistência editorial
Alberto Bononi

www.mundialgrafica.com.br